ものと人間の文化史

136

看板

岩井宏實

法政大学出版局

目次

看板考

着る・装う

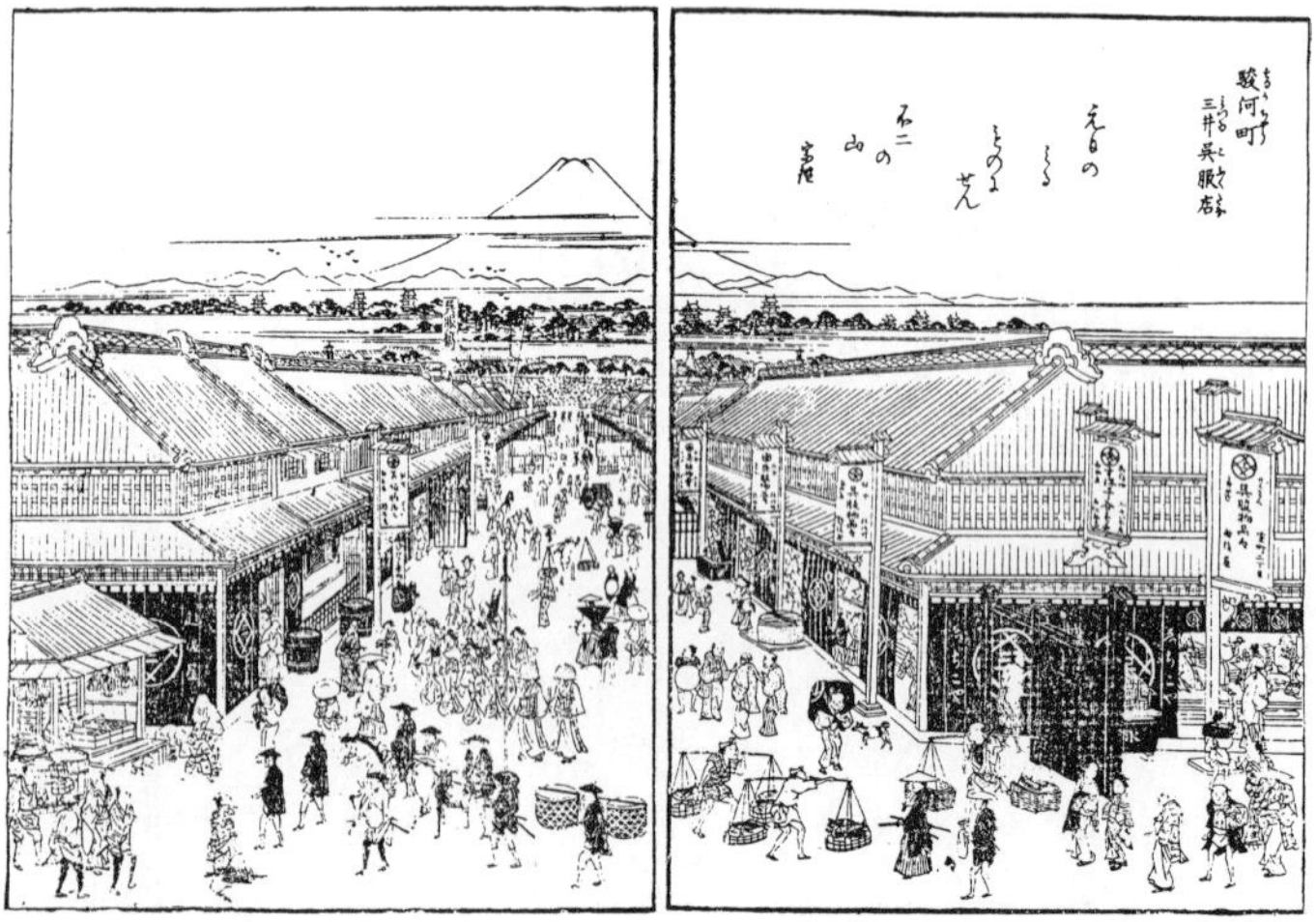

食べる・飲む

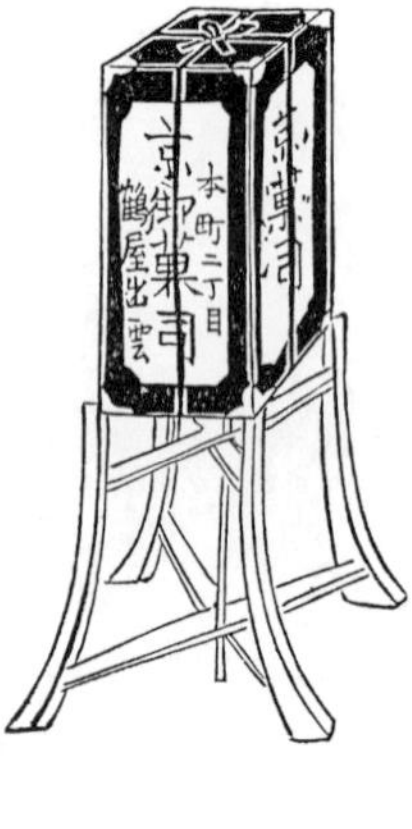
京御菓司
本町二丁目
鶴屋出雲

焼芋

学ぶ・嗜む

作る

治す・癒す

商う・行き交う

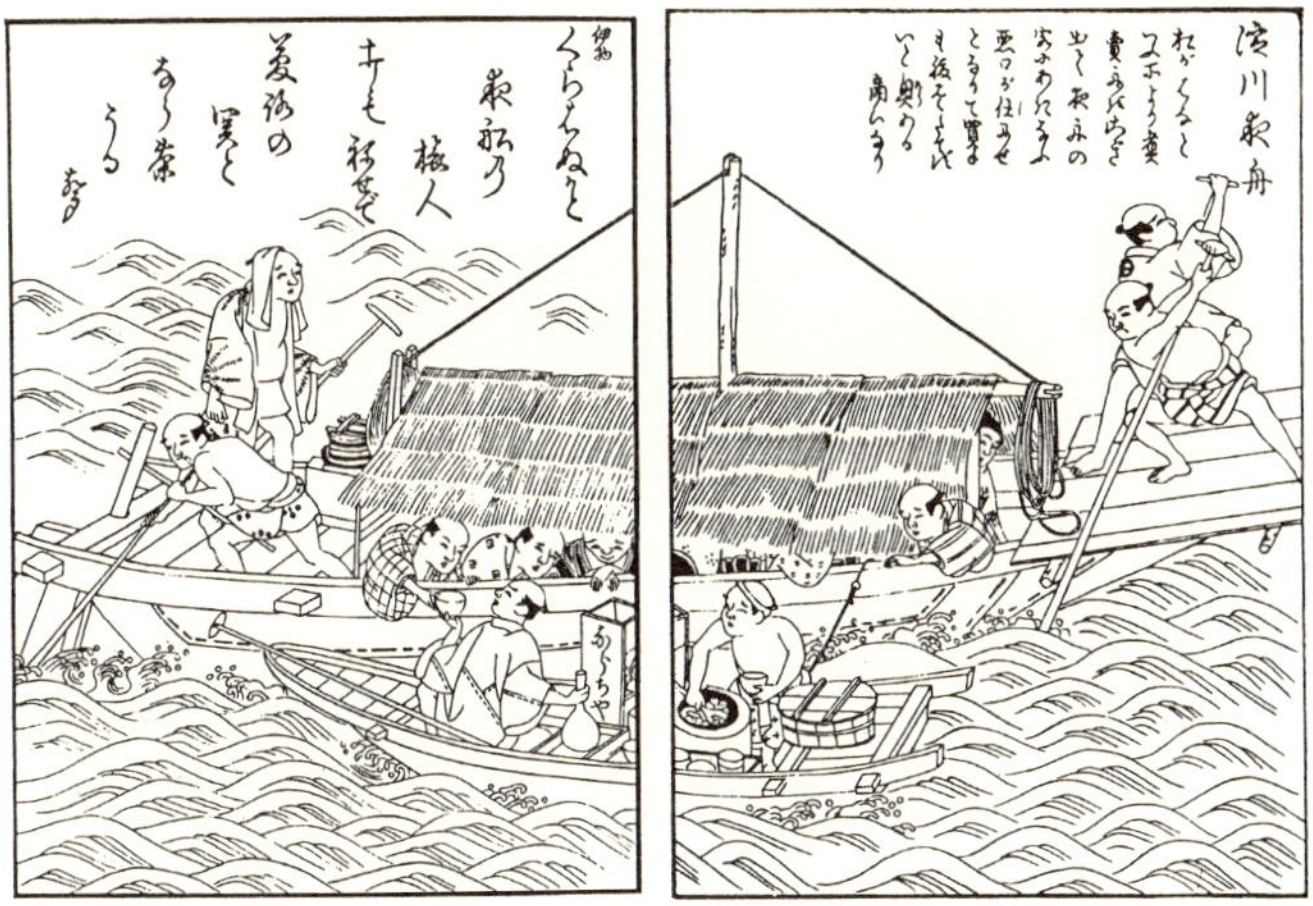

看板考

看板娘・笠森お仙（鈴木春信画）

1　民具研究と看板

「看板」は商家などで商品・屋号などを表して、店頭あるいは人目につきやすいところに掲げるものである。だが嫁入道中などの荷持が着る紋付の袢天《はんてん》も、武家の中間《ちゅうげん》、小者《こもの》などが着る主家の紋所などを染めだした袢天も、人力車の提灯も、木曽山中では木印のこともカンバンという。また世間に発表する得意の名目も「表看板」といい習わしていて、人々に商いだけでなく広く目印・標識の意味に使われるほど看板の目印としての効力は大きかったのである。

商《あきな》いの看板はその造形・意匠の面白さもあるが、それは商いのありようと、商品にたいする人々の意識・感覚を如実にあらわす商業資料であり、澁澤敬三が「我々同胞が日常生活の必要から技術的に作り出した身辺卑近の道具」と規定した民具である。こうした看板にはじめて注目したのが大森貝塚の発見で知られるエドワード・S・モースであった。彼は日本滞在中に日本の庶民の暮らしをつぶさに見聞して、日本の民具や住宅に深い関心を寄せた。彼は『日本その日その日』や『日本のすまい――内と外』を著わしているが、「近頃、私は日本の家内芸術に興味を持ちだした（中略）時間が許しさえすれば、私はこの種の品物を片端から蒐集したいと思う」と、『日本その日その日』で述べている。(1) この「家内芸術」と呼んだのは「家庭で使用する用具」で、日本の庶民の生活用具すなわち民具であった。モースは多くの民具を収集して、それはアメリカのセイラム・ピーボディー博物館に、モース・コレクションとして収蔵されている。それは三万点に及ぶといわれるが、その中に江戸時代の中期から明治初期にいたる看板が三百余点ある。看板の起源は古く古代に遡るが、その全盛期は江戸中期から明治初期までなので、モースの日本滞在はその終りの時期にあたり、さまざまな看板を目にしたのであろう。

日本における民具研究は明治時代にいたってはじまるのであるが、そのはじめはもっぱら人類学、土俗学の名のもとにおこなわれ、その先駆者として坪井正五郎が挙げられる。彼も商業民具としての看板に関心をもち、『工商技藝・看板考』（哲学書院・明治二〇年一〇月）を著わした。そこでは五一種類の看板を取り上げ、個々の看板の形状・意匠をはじめ、それぞれの商品ならびに商いの特色などを述べ、さらに看板の変遷と生活とのかかわり、看板製作の要諦などにもおよんでおり、看板研究の出発点をなすものであった。この頃から店舗の構造が著しく変わり、江戸時代以来の看板が姿を消しつつあった。しかしそうした看板に注目して看板の収集をしていた杉浦丘園が、坪井正五郎の示唆によりさらに看板の収集とその検証に精を出し、「看板について」（『工藝』四号・昭和六年四月）に小文をものし、さらに自ら収集した百余点の看板を考証し、『家蔵看板図譜』（私家版・昭和十五年三月）を出版した。これもたんに看板の解説だけでなく、それぞれの業種についてその歴史を概説したもので、看板研究に貢献するものであった。

澁澤敬三は祖父澁澤栄一（青淵）が昭和六年（一九三一）に死去したあと、昭和八年頃から青淵記念として実業史博物館の設立を企画し、実業史関係の資料の収集をはじめた。その収集資料の中には看板や広告に関するものがきわめて多く、そういうものに深い関心を寄せるようになったばかりでなく、後に日本広告主協会の会長にもなった。しかし彼は公の席で広告史について述べることはなかったが、昭和三〇年（一九五五）八月に電通主催夏季大学において特別講演として「日本広告史小考」を論じている。それは後に彼の『犬歩当棒録』（角川書店・昭和三十六年九月）に収録されている。彼は日本の商業発達史の中での広告の意味、さらに広告の展開、そこにおける看板の占める位置、看板の発達について絵巻物や職人尽絵その他の絵画資料や文献資料をもって考証している。その間に早稲田大学や上智大学で広告学を担当していた松宮三郎の『江戸の看板』（東峰書院・昭和三十四年十月）がある。

2　看板の役割

看板はそれぞれの店に何を販売しているかを知らしめる標識であるから、看板の発生を考えるにはまず店舗の成立を見ねばならない。わが国においては店舗はまず市の成立をもってはじまると考えられる。わが国最古の市は「三輪の海柘榴市《つばいち》」である。それは大和盆地を南北に縦貫する重要な交通路の一つであった上ッ道がやや東へ湾曲して、大和川上流の初瀬川を渡河するところ、すなわち大和川（初瀬川）と上ッ道との水陸交通の交叉する重要な地点にあった。この市は平安時代中期には長谷寺参詣客で賑わったといわれるが、市や店舗の具体的様相は明らかでない。したがっていわゆる標識としての看板そのものの存在も知る由はない。しかし、おそらく店頭の実物が看板としての役割を果たしていたものと考えられる。

このことは平城京の東西両市についてもいえることである。藤原京が平城京に遷されたのは和銅三年（七一〇）三月で、同時にまたここに東西両市が遷されたのであるが、『万葉集』巻第三（三一〇）に

門部王東の市の樹を詠ひて作る歌一首

東の市の植木の木垂《こだ》るまで逢はず久しみうべ恋ひにけり(2)

と、東の市の植木の枝が垂れ下るまでも久しく逢わなかったので、こんなに恋しく思うのももっともだというもので、街路の樹の枝葉が繁茂していた東市を想像することができる。また『万葉集』巻第七（一二六四）には

西の市にただ獨り出でて眼並べず買いてし絹の商《あき》じこりかも(3)

と、西の市にひとりで出かけて、自分だけで見て買った絹の、買いそこないであることよというもので、これが西の市の景観で、美しく飾られた絹が看板の役割を果たしていたことが想像される。すなわち今日の言葉でいう実物看板というべきものであった。

平城京の東西市には絹の他に絁《あしぎぬ》・布・糸・麻・白米・黒米・糯米《もちごめ》・麦・大豆・小豆・大角豆・索《ひねり》餅《もち》・塩・味噌・荒醤・酢・胡麻油・糖・酒・海藻・野菜・果実・薪・炭・薬・香・紙・筆・墨・木履・木工品・竹製品・鉄器類など多くの商品が販売されていたようであるが、それらはいずれも

肆標《いちくろのしるし》として販売商品を看板として標示していたようである。

しかし、『令義解』の「開市令」の条には

凡市毎肆立標題行名。謂。肆者。市中陳物処也。題行名者。仮如。題標牒云。絹肆布肆之類也。(4)

と、天長一〇年(八三三)には、肆すなわち市毎に販売する品名を標記したものを立て、その標には「絹肆」などと書かせたのである。いまいう看板の出現をここに見ることができるのである。

平安京においては平城京の東西市の倍の規模の東西市が設けられたのであるが、その市の建物の外観は明瞭でないが、『扇面法華経冊子』の下絵によると、丸太の柱に板葺屋根で、床を張らない簡素な造りで、商品は地面に置いたり、棚に載せたり、軒端にかけたりしている。しかし、『延喜式』巻四十二の「左京京職・東西市司」の条に、

凡市皆毎鄽立牓題号。各依其鄽。隋色交関。不得彼比就便偉越。(5)

とある。鄽はさきの肆と同じであり、肆すなわち店舗で、そこには牓を立て号を題せよ。要するに肆の名を書いた看板を立てること。たとえば糸鄽、米鄽などと書きつけ、その牓号以外の商品は販売してはならないというのである。要するに鄽は専門店化され、それぞれ販売商品の看板を標識せねばならないとするものであった。これがわが国の看板の嚆矢《こうし》といえるが、実際どんなものであったかは今は知ることができない。

古い看板の形態をうかがう資料としては土佐光信画の『星光寺縁起絵巻』(長享元年・一四八七)が最古のものらしい。ここには筆売の尼の家に筆の看板が描かれている。『洛中洛外図屏風』上杉家本

には烏帽子《えぼし》屋に烏帽子の絵の看板、筆屋に筆の絵の看板が描かれていて、当時は自家のシンボルを描いた暖簾を入口にかけ、看板には商品の絵を描くのが一般的であったようである。また同時代の喜多院の『職人尽図屏風』には蝋燭屋・数珠屋・櫛屋・人形屋・扇子屋・髪結屋・占師・両替屋などの看板が見られ、髪結床では鋏と櫛の絵、占師では易の卦の絵、両替屋では小判を描いている。

3　商品広告としての看板

看板がその本領を発揮するのはなんといっても商工業が発達する江戸時代、とりわけ元禄以降である。桃山時代から江戸時代初期にかけては『洛中洛外図屏風』などに見られるようにまだ大形のものはなく、たいていが小形の長方形か高札形のもので、軒先に吊り下げたものが多かった。だが明暦の大火（一六五七）以降、江戸の町が復興し、消費生活が旺盛になるにつれ、職種による様式の定型化が見られる一方、金銀箔、蒔絵、鍍金などをほどこしてその華美を競い、広告としての看板に大金をかけるようになった。そのため天和二年（一六八二）以降、看板は木地に墨書、金具は銅製に限るという禁令をくりかえし幕府が発布したほどであった。もうこの頃になると看板の主流は京・大坂・堺から、政都であるとともに一大商業都市となった江戸に移ったのであった。そして元禄時代以降は江戸においてさまざまな看板がつくりだされたのである。

明和（一七六四～七二）から安永（一七七二～八一）の頃になるといろいろな形状・意匠の看板があ

らわれる。看板はその用いる場所によって大きくは屋内用と屋外用に分れる。屋内用には店の正面に立てる大きな衝立《ついたて》式の置看板、壁に掛ける掛看板、これをいっそう装飾的にした飾看板がある。置看板は小間物問屋・白粉屋・紙屋・饅頭屋・薬屋等で多く用いられた。屋外用には軒看板・立看板・屋根看板がある。商家の軒先に吊るす軒看板がもっとも多く、これは店の左右どちらから来ても見られるように吊るし、両面に書いたり刻んだりしたもので、朝晩店を開けるときと閉めるときに掛けはずしせねばならない不便はあるが、置看板や掛看板や立看板、屋根看板を設置していても軒看板は吊るし、商人はこの軒看板が古ければ古いほど店の値打ちがあると考えた。いまでも閉店のことを俗に「看板」というのは、閉店の際この看板を店内に取り込むからである。立看板は街路に置く立体的なもので、多くは箱型になっているので箱看板ともいう。夜間店内に仕舞う小型のものと、台石をおき支柱を立てた豪華な常設のものとがある。二メートルにもおよぶ大きな欅《けやき》材の看板を長い支柱につけて屋根の庇の上に位置するぐらいに立てた三井越後屋の立看板はその代表的なものであった。こうした立看板は主として江戸に発達したが、大坂は道が狭いので定設の立看板は発達せず、むしろ屋根の上に大きく取り付けた屋根看板が多く見られた。

夜間の営業に重きをおく商家では行灯看板や提灯看板を用い、遊女屋・待合茶屋・旅籠屋などは掛行灯、鰻屋などは軒行灯、芝居茶屋などは提灯を用いた。ほかに米屋・魚屋・髪結屋・茶屋・甘酒屋・居酒屋・蝋燭屋・質屋などは表障子を利用した障子看板、餅屋・寿司屋・砂糖屋などは旗看板・幟看板が多かった。

また、文字を使わず商品そのもの、あるいはそれに関係する実物などを看板にすることも多かった。これは文盲にも一目で理解され、その種類も実に多かった。笠屋・麻苧《あさお》屋・鏡屋・数珠屋・籠屋などは実物現品を看板とする実物看板であったし、茶屋・酢屋・味噌屋・醤油屋・油屋などは商品を収める容器を形どったものを看板とする容器看板であった。

江戸時代も明和・安永のころになると、世間一般に判じ絵の摺物を交換する遊びが流行ったり、浮世絵の画題に文字の代りに判じ絵を用いる風が広まり、洒落本・浮世草子が生まれて江戸風の「洒落」とか「通」が庶民生活の中の一つの流れになってくるとともに、看板にもそれに応じた意匠が工夫された。そしてここに中国の招牌《しょうはい》に通じる板看板のほかに、望子《ぼうし》に通じる模型看板が出廻り、さらに判じ物看板さえ出現したのである。もともと看板は商品を顧客に認識させる手だてであるから、ものによっては実物が小さくてわかりにくい場合がある。そのために大きく模型品をつくったもので、それが模型看板である。足袋屋・蝋燭屋・矢立屋・袋物屋・帳面屋などは実物の模型をつくった。また商品に深い関係があって、そのものが商品をよく物語るものがある。酒屋は造酒屋に欠かせぬ杉の酒林を看板とし、味噌屋は味噌を盛るのに必要な道具である切匙《せっかい》の模型を看板とし、足袋屋は足袋型の大きな模型を看板とした。判じ物・語呂合わせ看板では、湯屋は弓に矢をつがえた形のものをつくり、「弓射る—湯入る」とし、饅頭屋は荒馬の馬形をつくり「あらうまし」とした。また櫛屋の看板には「十三屋」と書いたものがある。それは九と四を足して十三となる洒落であり、うどん・そば屋に「二八」とあるのは代金十六文をいい、質屋の看板に将棋の駒を下げることがあるのは、入れば金になる、すなわち将棋のナリ金を意味する。楊枝屋の看板に猿の置物を置くのも、猿をマシロというのにかけて、磨けばマシロシの意味である。こうした看板こそが江戸看板の特徴で、庶民の洒落と通を如実に表現している。上方でもこうした看板はあるにはあるが、どちらかというと上方においては洒落と通の心情を反映した看板は少なかった。

4 広告媒体の拡大と発展

明治時代初期には商圏が著しく拡大されたが、それにも広告媒体として伝統的な看板が役立てられた。岸田吟香のはじめた目薬「精錡水《せいきすい》」や守田治兵衛の「宝丹《ほうたん》」という薬は、かなり広範囲に販売された。明治十年（一八七七）四月八日の『新潟新聞』に載った東京・新潟間の紀行文に

道々目を驚かしたるは、小学校の校舎と岸田氏の精錡水に守田氏の宝丹の招牌なり。致る処として、少しく村落の形状をなせば、必ず此の三つを見ざるなし

とある。この時期に看板が関東信越各地に設置されていたことに注目される。また『東京日日』の明治九年（一八七六）八月二六日の読者通信欄には青森からの通信として、

精錡水は米町の滝屋にて大看板を輝かせり。宝丹の看板も其近所にて見たり。

とある。もちろんここでいう看板は従来のように店舗に設置するだけでなく街頭や道筋など、不特定多数の通行人を対象としたのであった。すでに明治五年（一八七二）四月、東京では「車馬の往来に便せんが為め、市中店前の立看板一般に取除くべき旨」の布告がだされている。[6] 立看板が店頭に相当活発に利用されていたことがわかる。

ところで、こうした看板は、在来型の木彫看板もしくは板に墨・朱その他の顔料で文字や絵を描いた描き看板がふつうであったが、ブリキやトタンなどの薄鉄板にペンキで描いた近代的な看板もあらわれた。ブリキは「ブリツキ」といわれ、それにペンキで描いたもので、このペンキ塗り看板は東京で理髪店の川名浪吉が掲げたのが最初だといわれる。[7] このトタン看板は明治時代末期から急速に発達した。明治初期からのトタンはもっぱら輸入品であったが、明治三十九年（一九〇六）に八幡製鉄所で国産トタンの製造が始められたことによって、トタン看板は増大した。

こうした看板は鉄道沿線にも設置された。花王石鹸の長瀬富郎が明治二十四年（一八九一）に隅田川の川蒸気に看板を出したのが、鉄道看板の嚆矢であった。そして明治二十八年（一八九五）まず東海道、次いで翌年には総武・甲武・川越・青梅・東北各沿線に設置され、明治三十二年（一八九九）三井呉服店が美人画の広告看板を新橋駅頭に掲げて乗降客を驚かせた。

この明治三〇年代の半ば頃から明治四〇年代にかけて看板屋が活動しはじめた。東京では商盛社・

イサミヤ・共栄社・白馬社・福利屋・自在屋などがそれである。

5　暖簾の起源と展開

看板とともに標識―目印として重要なものに暖簾《のれん》がある。暖簾《のれん》は禅語のノウレンから出た名称で、僧堂内の風気を防ぐために下げたようである。それより古くは、日除けのための幌すなわちトバリというようなもので、蔀《しとみ》をあげたときの日除けに使われ、ときには障子の役割も果たしたようである。

だが、実際に家の出入口にさげるようになったのは鎌倉時代も末期になってからで、これに店舗の屋号や文様をあしらうようになったのは、室町時代も末期になってからのことである。そのさまは「洛中洛外図」などの風俗図や扇面図にしばしば見られる。桃山時代になると長暖簾が看板とともに店の入口に大きく吊るされ、軒先には間口いっぱいの横長の水引暖簾が掛けられるようになった。喜多院の「職人尽貼交屏風」はその情景をよく描いている。もちろん、そこには店名あるいは屋号が書かれ、ときには商品名あるいは商品を象徴したり判じさせたりする文様が描かれたり、染め抜かれたりした。

こうした暖簾の発達には堺商人の知恵と力があった。堺は戦国時代末期から三十六人の会合衆によって自治制がしかれ、自由都市として活気にあふれていた。平安時代末期以来座が形成され、座を中心に商いを営んでいた時代は、一店一品主義であったから、その商店が何を販売しているかの標識は

呉服屋の長暖簾（国貞画）

そう必要ではなかったと思われる。しかし堺のように外国貿易などによって都市が繁栄し、商業活動が活発になると、同業者も多くなり、それぞれ商品や商店の存在を消費者に知らしめ、他の商店と区別するため屋号または紋章を表示して軒先に吊るした。すなわち暖簾である。これが大坂・京の町にひろまったのであった。したがって、どちらかというと看板は江戸を中心に多様なものが生まれ、暖簾は上方から発達したともいえる。

江戸時代、大坂ではとくに「のうれん」と称して長暖簾が多く掛けられた。大坂では家の中を明るくしておくと福の神がとび出してしまう、明るい家には金が溜まらないという俗信があったので、間口が狭く奥行の長い暗い建て方の家屋に加えて、さらに長暖簾を掛けていっそう薄暗い感じのする店にしたのであった。そして、商業活動のより活発になった元禄（一六八八～一七〇四）のころから紺地の木綿に屋号――商標を白く染め抜くことが普及したようである。紺は褪色がおそいのと洗濯すればするほど色が冴える利点があったからである。ただ刻み煙草屋だけは、煙草の葉色である茶色木綿が用いられた。

染め抜きについては、江戸では武蔵屋、越後屋、常陸屋、上総屋、伊勢屋、近江屋など国名を屋号とし、それを記したものが多く、大坂では鴻池、殿村、和田など姓を記したものや、炭屋、米屋など取扱う商品の屋号を示したものが多い。それは諸国から寄り合った商人で成り立っている江戸にたいし、たとえ他所から来たものであったとしても、いまはすでに大坂の地に定着し、「生え抜き」になった商人の多かったことを物語っており、そこから家業を大切にし、商売替えを忌む気風が生まれ、暖簾は大坂商人の象徴となり、古い暖簾は老舗たることを物語り、暖簾の古いことが店の信用をあらわした。したがって、「のれんうち」という主家を中心とする分家、別家など同族結合の商人世界が形成され、暖簾こそその商いの象徴と意識されたのであった。

ところで、看板の用をなす暖簾にはいくつかの種類があるが、布丈三尺（一メートル一三センチ）、横幅は三布《みの》（一布の幅約一尺余＝三四センチ）がほぼ標準寸法で、布丈五分の一から三分の一の上部を縫い合わせ、下部を垂れとし、上端に乳《ち》をつけて竹竿を通して、出入口に掛けるのであるが、この三布のほかに五布、七布と門口の幅に合わせて、門口いっぱいに掛けたものである。

大店ごとに江戸の呉服屋などでは長暖簾、水引暖簾、日除暖簾（太鼓暖簾）を併用していた。長暖簾は四尺二寸（一六〇センチ）で、水引暖簾は一布を横に門口一杯に張るもので、他の暖簾はみな掛看板と共に夜間は取り込んだのであるが、水引暖簾だけは夜間もそのままとし、家印としたのであった。日除け暖簾は一名太鼓暖簾とも称し、他の暖簾と違って大風呂敷のような一枚物の上下に乳を付け、軒先から道路にせり出して、下部に石などで重しを付けたものである。この暖簾が風に煽られるとパーンパンと音がしたことから太鼓暖簾の異名がついたのである。このほか半暖簾と称して布丈一尺五寸（約五六・七センチ）のものを三布にした暖簾があり、そば屋やすし屋など飲食店が多くこれを掛けた。

なお、暖簾の色でいえば、呉服屋の紺（藍）暖簾、菓子屋の白暖簾、煙草屋の茶暖簾、遊女屋の柿暖簾、居酒屋の縄暖簾といわれ、それぞれ特有の色暖簾を掛けたのであった。一般商家では手堅さを身上として藍暖簾が多い。藍は薄藍から濃藍まで濃淡さまざまに染められ、藍の香りは虫が嫌うので、呉服屋はほとんどが藍暖簾を用いた。菓子屋が白暖簾を用いたのは菓子の主要な原料が砂糖であることに起因する。この白地の真中一布に屋号を墨書したものが多い。ただし寒期には藍暖簾を掛ける店もあったが、それも真中の一布だけは白地として屋号などを書いた。薬屋も白暖簾を掛けることがあったが、それは薬屋もはじめ砂糖を薬として扱ったからであった。煙草屋は葉煙草を刻んで売るので、その乾燥した煙草の葉の色である茶暖簾にしたのである。遊女屋では島原・吉原で太夫と格付けされた遊女のいた店だけが柿色暖簾を掛けた。この色は市川団十郎の三枡の大紋を染め抜いた素襖《すおう》の色だという。

居酒屋は江戸時代も寛政年間（一七八九〜一八〇〇）になって盛んになった。田楽《でんがく》や煮染《にしめ》を食べさせるとともに安上がりで酒を飲ませる煮売酒屋であった。そうした店を居酒屋と呼ぶが、自分の家で落着いて酒の飲めない連中が利用するので、大家や旦那衆やれっきとした武士などが立寄るところではなかった。席も長床几《しょうぎ》が主で、そこに腰掛けて飲むのであった。こうした店の標識が縄暖簾である。

一本の横竹に幾筋もの藁縄を垂らしたもので、その原型は恐らく送られてくる酒樽を締めた藁縄を利用したものであったのであろう。

6 看板娘

人間を看板に見立てる風も江戸時代後期からあった。それは看板娘と呼ばれるもので、江戸谷中《やなか》の笠森稲荷近くの「鍵屋」という茶店に働いていた笠森お仙（一七五一〜一八二一）が有名である。お仙は父親の手伝いをしながらずっと働いていたが、十八歳の時に当代一の美人画の絵師鈴木春信（一七二五〜七〇）に一目惚れされ、錦絵に描かれた。その錦絵が江戸市中の評判となり、お仙を一目見たいと人々が押し寄せ、商売も繁盛した。なお、天保四年（一八三三）渓斎英泉著『浮世絵類考』には、「明和六年、谷中笠森稲荷の茶屋鍵屋の娘おせん、浅草楊枝店柳屋仁平治娘の姿を錦絵にゑがきて出せしに世人大にもてはやせり」とあり、鍵屋のお仙とともに柳屋の娘であるお蔭も春信が描いており、お蔭も看板娘であった。この二人はたんに浮世絵だけでなく、絵草紙や双六《すごろく》はては手拭にまで染められた。

看板娘は春信の艶筆によって盛名を馳せたが喜多川歌麿（一七五三〜一八〇六）によってますます有名になった。歌麿は看板娘として浅草寺随身門前難波屋きた、薬研堀高島ひさを描き、この二人は「寛政の二美人」と評された。こうした世情から看板娘をおく水茶屋が増え茶代も高くなった。この茶屋娘のファッションは「前垂れ」に心くばりがなされ、夏は縮《ちぢみ》や麻、冬は羽二重や縮緬《ちりめん》、それに紺地に白の縫い取りをしたり、裏をつけたりと工夫が凝らされた。

こうした看板娘は一般に十三歳から十八歳までで、せいぜい二十歳までであったが、あまりに看板娘が江戸市民の心を惑わせるというので、幕府から禁令が出され、茶屋に出す娘は十三歳以下の子どもか、四十歳以上の年増に限るとされ、年頃の娘は出してはいけないということになった。

7 縁起物看板

「福助足袋」は早くから知られている。福助を看板とすることもある。明治時代になって「福助薬」を名乗る薬も出現するが、福助は幸福を招来するという縁起人形の一種である。童顔の大頭にちょん髷《まげ》をつけ、裃《かみしも》姿で正座している人形で、多くは座布団の上にのせて置き人形とされる。この人形の起源は、一説に京の大文字屋という大きな呉服屋に頭の大きな小男の主人がいて、一代で大福長者になったが、町の貧民に施しをして助けたので、貧民たちが彼の像を作って報恩したのが福助人形のはじめであるという。かつて世上頭の大きい小男の人を「大文字屋」といったのは、その話からきているのだといわれる。

だがもう一説には、享和二年（一八〇二）、長寿で他界した摂津国西成郡安部里の百姓佐五右衛門の子佐太郎がモデルだというのである。背丈は長じてのちも一向に伸びず、身長わずか二尺（約六〇

福助薬の看板（名古屋市博物館）

センチ）にみたなかった。こうした大頭の小男であったから、地元での評判にいたたまれず、東海道の旅に出た。たまたま小田原宿で誘われて、江戸の両国の見世物に出たところ、福助の名で大いに評判をよんだという。その見物衆のなかにいたある旗本が、福助を三十両で買い取って召し抱えると、その旗本は幸運に恵まれた。また福助もその家の女中を嫁にし、自画像を売り出したところが大流行したという。それが享和四年（一八〇四）で、以来、とくに茶屋や遊女屋などの水商売の家の神棚に祀られ、のちには一般家庭にもひろまった。

ここでは、召し抱えられた旗本の女中を娶ったことになっているが、一説にまたお福という女が福助に嫁ぐという話があり、のちに福助とお福の人形を一対として縁起棚に飾る風も生まれ、文化年間（一八〇四〜一八）には、麻裃姿の福助とお多福の面に紅前垂れ姿のお福が一対になって、祝詞を述べてまわる門付《かどづけ》があったという。なお福助は徳助、お福はお多福とも呼ばれた。

招き猫も看板としてよく用いられる。招き猫は片前足をあげて坐っている姿態の像で、縁起物の一つである。その格好が人を招く姿に似ており、また芸者の異名をネコと呼ぶのにちなんで、花街や飲食店などで愛用され、正月に買い求めて店の入口に置く風がある。また猫は人だけでなく福をもたらす霊力をもっていると信じられた。東京都世田谷区の豪徳寺は、彦根藩主井伊直孝が猫に招かれて入った寺だといわれ、そのため井伊家代々の菩提寺となって繁盛し、その故事にもとづいて招き猫を描いたお札が出され、境内にも猫塚が祀られたという。

招き猫の由来についてはもう一つの話がある。『近世江都著聞集』に書かれている話であるが、信州埴科の百姓清左衛門という者の家から出た遊女薄雲は、京町一丁目の三浦屋四郎左衛門抱えの太夫で、高尾と同じ廓で全盛を争ったのであるが、大の猫好きで知られた。いつも猫を抱いて道中し、愛猫のために友禅の布団を作り、緋縮緬《ひぢりめん》の首輪には純金の鈴をつけてやったという。ところがこの愛猫が、ある日化け猫に間違われて殺されてしまった。悲しんだ薄雲は吉原をあげて葬式を出し、土手の道哲寺に埋葬してやった。この猫塚は関東大震災まであったという。

この話を客の一人である日本橋の唐物屋《からものや》の主人が聞いて、薄雲を慰めてやろうと、わざわざ長崎から伽羅《きやら》の銘木を取り寄せ、愛猫の姿を彫って薄雲に贈った。薄雲はたいへん喜んで、木彫りの猫を片時もはなさず、その猫を抱いて道中した。この猫の模造品を作るものが出て売り出したところ、たちまち全国の水商売を営む人びとにひろまった。これが「招き猫」のはじまりだというのである。

8 看板屋

看板はその材質・形状・意匠がきわめて多様である。したがって製作には多岐にわたる技術を必要とする。袋物屋の看板の一つである煙草入れの看板は、実物と同じ材質の皮革製で、しかも実物よりも巨大であり、真鍮製品を用いたり、金銀箔をあしらったような特別なものは別として、江戸時代において主流を占めるのは木製で、しかもきわめて造形的なものが多い。そのため看板製作者は高度の木工技術を必要としたはずである。

すでに工芸的木工技術としては、扁額製作と木版印刷の版木製作が早くから存在していた。扁額は古代中国の宮苑廟祠などの門殿の上部に、その名称を記した木札を掛け、それを扁または額と呼んだことにはじまり、仏教寺院の諸仏殿にもその殿堂名を書いた額が掛けられた。この中国の宮殿仏寺の扁額が飛鳥時代に、貴族の室内扁額が平安時代後期にわが国に伝来し、神社の鳥居と社殿にも扁額が掛けられるようになった。こうした扁額の外枠も装飾的加工が施され、墨書のほかに陽刻彩色の文字も用いられるようになった。

また古代末期から版経・下絵・摺仏がいろいろ版行されたが、いずれも木版刷で彫板《ほり》―型木《かたぎ》などと称する版木を用いた。すでに宝亀元年（七七〇）の百万塔陀羅尼《だらに》が知られるが、奈良興福寺で印刷された春日版をはじめ、奈良の諸大寺でさかんに仏典の印刷がおこなわれた。この木版印刷は江戸時代まで印刷の主流を占めるので、そのため版木の彫刻はきわめて重要であり、また技術を要したのであった。

　こうした扁額や版木製作と看板製作が一体となるのが一つのタイプで、看板屋の根元であったのではないかと考えられる。したがって看板屋の看板に「額処・はんぎ所」や、「御額・看板・版木印刷処」と書かれた吊看板が伝わっている。だから看板屋は扁額・版木の製作者でもあったといえる。

　ところが看板には凝った造形的なものばかりではなく、板看板で文字を書いたり彫ったりした文字看板が多くなるし、障子看板・行灯《あんどん》看板などを掲げる職種が多くなってくると、看板屋といえば文字書きというようになる。寛政元年（一七八九）板の喜田有順著『類子草』に、

> 看板書き　世上に看板を書せ候事はやり候。元祖は浅草諏訪町西側に罷在。寛政元酉年の比より、舟宿たばこや御料理卸取肴御奈良茶など丶、障子に紙も彼方より出し張候て、好之通書候て渡世といたし候。

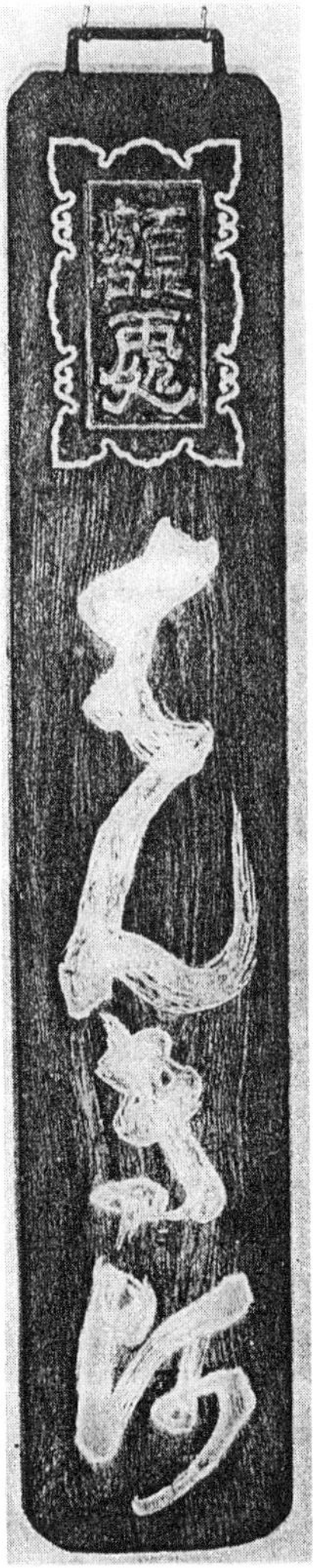

看板・額・版木屋の看板
（日笠健一氏）

といい、また天保二年（一八三二）刊の山田桂翁著『宝暦現来集』にも、

看板書と云事、寛政頃より町方看板行燈など書歩行、最初は障子行燈之類張替置て、来るを待て為書たり、今は紙を持来たり、張たり書たり、次第に世話もなきやうに調法にぞ有ける。

と、看板書きが店々を訪れたことを記している。こうした看板書きのことは『燕石雑記』や『式亭雑記』にも記されている。

ここから市井の看板書きよりも、著名な文人などにも揮毫を依頼する風も生まれた。江戸時代中期の文人画家であり書家である池大雅は、京都の著名な薬屋の看板に、実に洒落た文言で雅趣ある文字を書いたし、また京都の書道と文房の老舗であり薬種も扱っていた鳩居屋の薬種看板に揮毫している。江戸時代中期の物産学者・劇作者・浄瑠璃作家の平賀源内は、江戸神田和泉橋の鰻屋の亭主に頼まれて、看板に「今日は丑」と書いて大評判となったという。このように多くの文人たちが看板の揮毫を頼まれ、腕を揮ったのであった。

註

（1）『日本その日その日』Ⅰ、東洋文庫、平凡社、一九七〇年、二三七頁。
（2）『日本古典文学大系　萬葉集一』岩波書店、一九五七年、一六七頁。
（3）『日本古典文学大系　萬葉集二』岩波書店、一九五九年、二三六頁。
（4）『新訂増補國史大系・令義解』吉川弘文館、一九八一年、一九九頁。
（5）『新訂増補國史大系・延喜式後篇』吉川弘文館、一九八一年、九二七頁。

（6）石井研堂『明治事物起源』下巻、春陽堂、一九四四年、八七七頁。
（7）水田健之輔「本朝広告看板小史」『広告界』、誠文堂商店界社、一九二八年、六三頁。

着る・装う

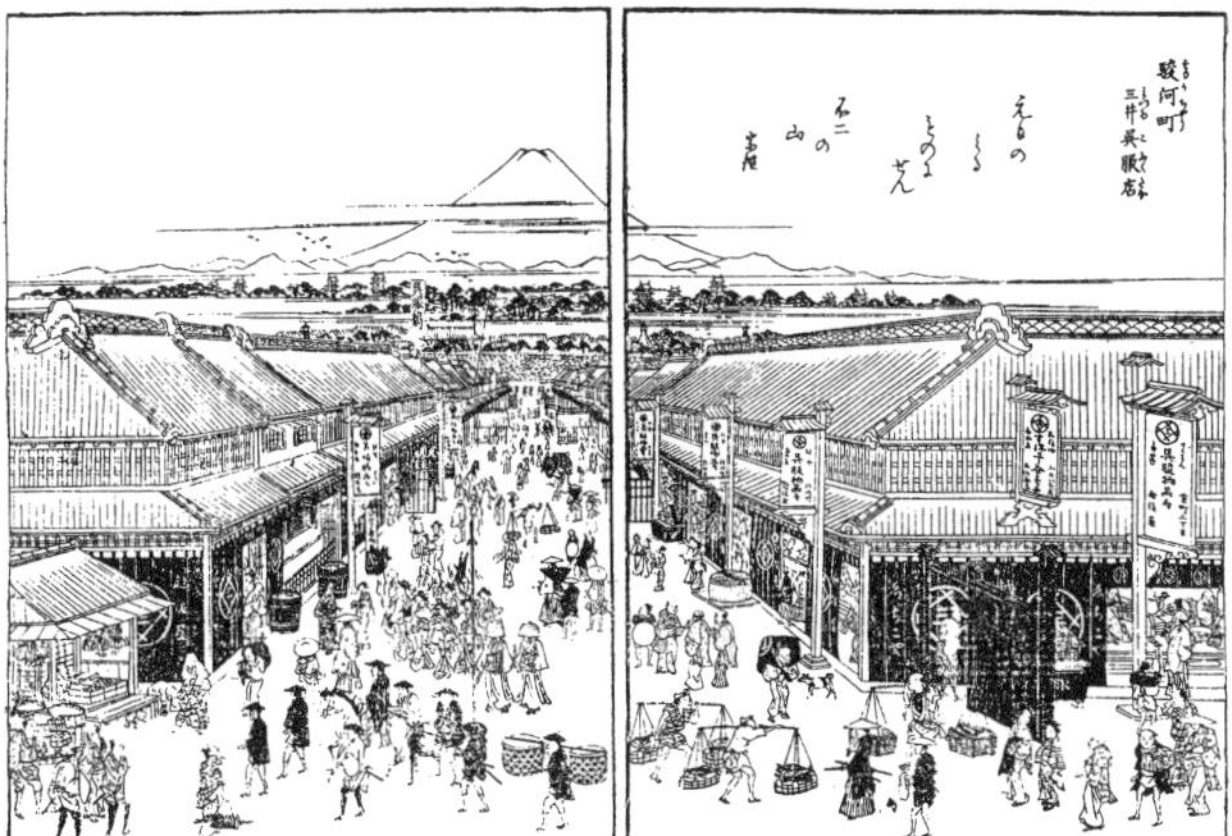

駿河町越後屋呉服店（『江戸名所図会』）

1　呉服屋

和服の源は小袖にある。元来小袖は臑《すね》までの丈の白小袖が庶民に用いられ、高貴のあいだでは肌小袖として装束下に用いられた。それは平安時代末期からであった。男女共に上衣下衣の二部式の被服構成で、形態的にもすぐれていた。室町時代になって当初臑までの長さであった小袖丈はしだいに身丈の長さになり、表着となって白小袖という無地小袖から模様小袖となり、今日の和服の淵源として完成したのであった。

桃山時代に入ると、刺繡・絞り・箔押しなど手のこんだ装飾がほどこされるようになり、江戸時代も元禄時代（一六八八〜一七〇四）ともなると、豪華で華麗な友禅や描絵《かきえ》あるいは多彩な染小袖が、豊かになった町人の生活の中に馴染んでいった。そしてこの頃からいわゆる引裾の着装形態をとるようになったのである。住居の畳は清浄なものであったため、着物も畳の上をひきずって歩いてもあたりまえであった。のちに喜田川守貞は『守貞漫稿』（嘉永六年＝一八五三刊）で、江戸では極貧の家以外、女は裾をひくと書いている。

こうした小袖は元禄絹の綿入で、春・秋は綿を抜いた袷《あわせ》となり、夏は単衣《ひとえ》や帷子《かたびら》を着るのが慣わしとなった。この小袖にたいして庶民の麻の綿入や木綿は布子《ぬのこ》と呼んだ。いずれにしても元禄という華やかな時代の到来以降、人びとの衣生活も豊かになりまた多彩になった。そうしたところから多くの呉服屋が誕生するのであった。ところで呉服というのは元来絹織物の意味で、太物《ふともの》というのが麻や木綿の織物を意味する言葉であった。したがって売る商品によって、呉服屋と太物屋は別であったが、大店になると呉服と太物の両方を販売した。だから看板や暖簾《のれん》にも呉服・太物を並列に墨書し、その下に「○○屋」と屋号を書いた。屈指の大店であった越後屋は、呉服を売る店と、太物を売る店は路をはさんで別々になっていた。

この「越後屋」の屋号で知られる三井家は、近江源氏の末裔佐々木氏に仕えた武士三井越後守高安を家祖とする。その高安の息子高俊が町人となり、質屋を開いたのが商人となった始まりである。高俊の長男俊次は早くから江戸に出て呉服屋を開き「釘抜三井」と称していた。その弟高利は延宝元年(一六七三)五二歳のときに江戸と京都に呉服を扱う店を開き「越後屋」を名乗った。江戸と京都に店を持つ商人を「江戸店持《たなもち》京商人」といい、これは当時の呉服商人の典型的な経営方針であった。つまり、西陣を中心とする京都で呉服を仕入れ、大消費地江戸で販売したのである。

はじめに江戸本町で店を構えていたが、天和二年(一六八二)の江戸の大火で店が焼失すると、翌年には間口七間余(約一三メートル)もある日本橋駿河町の大店に移転すると同時に両替店も開き、営業範囲をいっそう拡大した。呉服の店に置いてあるのは反物だけでなく、高い天井にはディスプレイとして着物を掛けた。それはまさに実物看板でもある。この店には数百人が働き、そのうち手代が四、五〇人もいて客の応対をした。そして、それまでの呉服屋は切り売りをせず一反単位でしか売らなかったが、この店では客の注文に応じて切り売りもした。すなわち薄利多売を目指したのである。

(右)越後屋呉服店の看板（江戸東京博物館）と「現金掛値なし」の看板（文部省史料館）

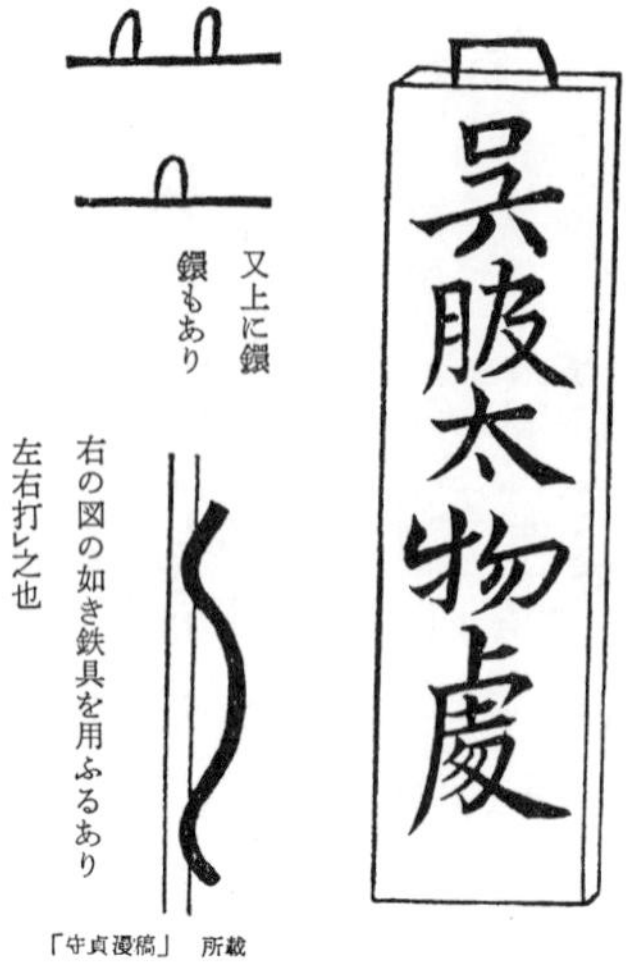

呉服太物屋の看板（『守貞漫稿』）

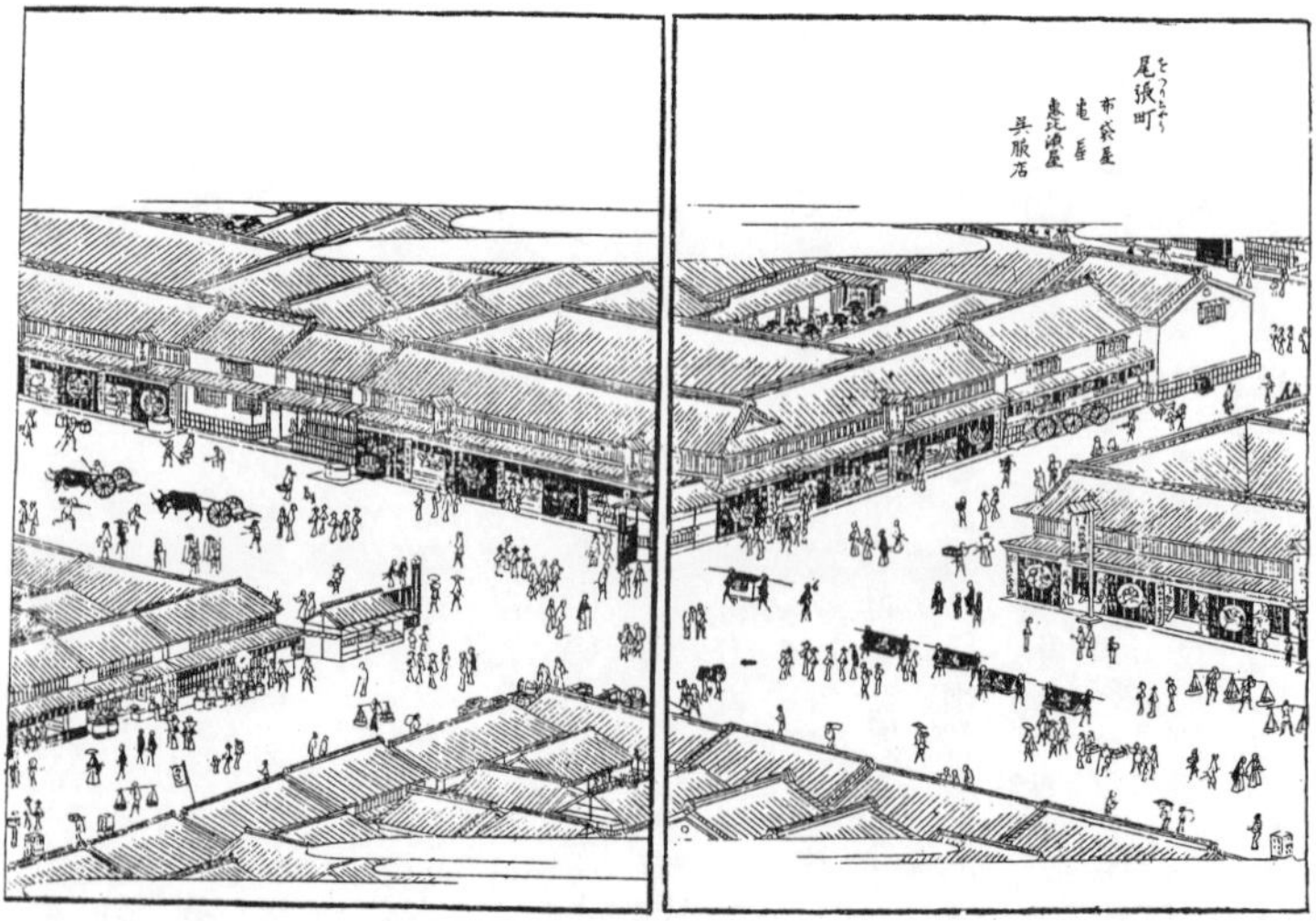

尾張町呉服店（『江戸名所図会』）

この商法は庶民に歓迎されて一寸四方の布や、袖口の縁取り用の布を片袖分だけでも売ったという。さらに画期的な商法は「現金掛値なし」「一厘もまけなし」であった。店頭にはこの文字を書いた掛看板が掛けられた。当時はすべての呉服屋は商品を先に渡して、代金は後払いで盆と暮れの二回の節季に回収する「掛売り」であった。この間の金利の負担は大きく、また貸倒れの危険のあることから、支払いは現金だけとし、商品に掛値をつけず正価で販売し、いっさい値引きをしなかったのである。

また、広告宣伝にも巧みであった。呉服店本店には五〇両を投じてつくらせた欅《けやき》材の二メートルにおよぶ看板を、軒先の上にまで高く立てて遠くからでも見えるように、太い長い材に肘を付け、さらにその上に小屋根を付けた柱に取り付け、それを五か所に建てさせた。実に見事な立看板である。このほかに吊看板も多く吊られ、それもまた上部中央に家紋を描き、その両側に「げん銀」「かけ祢なし」と書き、その下中央に「呉服物」の字を中心に両側に「三井」「越後屋」と書いた格調あるものである。なお、この越後屋は現金掛値なしというだけあって、客の注文に即座に応じるシステムをとっており、注文があると客を待たせてすぐさま多くの縫子《ぬいこ》によって仕立てて渡すというものであった。

こうした越後屋の商法について、井原西鶴は『日本永代蔵』巻一において、「俄か目見の熨斗《のしめ》目、いそぎの羽織などは、其使をまたせ、数十人の手代細工人立ならび、即座に仕立、これを渡しぬ」と讃辞を呈している。

越後屋のほかに名の知られる呉服屋としては、銀座尾張町に布袋《ほてい》屋・亀屋・恵比須屋があったが、亀屋と恵比須屋には屋根付の屋根看板が取り付けられ、布袋屋には立看板が立てられていた。なお、呉服屋の看板には縦一メートルぐらいの長方形の板の両面に人物を描いた吊看板もある。一面はおそらく花魁《おいらん》であろうか、黒髪の優美な衣裳をまとった美人で、その裏面も凝った頭飾りを付け、手のこんだ絵柄の衣裳をまとった美人であり、いずれも衣裳の豪華さを表現している。

2　貸衣裳屋

江戸時代も中期以降、衣生活も華やかになるが、自前で着物を誂《あつら》えたり、上物を買うことのできない人びとのために、町には古着屋（古手屋）が存在した。誰かが着て古くなった着物を安く売る店で、その顧客の対象は庶民の中以下の人々であった。江戸時代では江戸神田柳原土手・日本橋富沢町・芝日陰町などが有名で、古着は上物では打掛から江戸褄模様の小袖、帯、下着まで陳列されていて、好きなものを求めることができた。

この古着屋が貸衣裳屋を兼ねたのであった。一般には奉公人などの雇われ身や下層ともいえる町人たちが古着に依存し、また祭りには貸浴衣を利用するというように、割合に需要はあった。もう一面では芸事の世界でも貸衣裳は便利でもあった。歌舞伎衣裳はもともと座元が蔵衣裳として保持していて、自前で調達できない給金の低い役者に貸したのであった。それはまた歌舞伎芝居をはじめ芝居の役どころによって扮装様式が定型化したことによって、貸衣裳が可能になり、むしろ貸衣裳のほうが便利であるということにもなり、貸衣裳屋は成り立ったのであった。

明治時代になるとまた貸衣裳屋の需要が多くなった。それは下級官吏にまで洋礼装が必要となり、官吏のフロックコート、モーニングなどの礼装一式と、庶民の喪服も扱うようになる。そうしたことから貸衣裳屋が古着屋から独立するのであった。この貸衣裳屋の看板は江戸時代前期においては、長い長方形の板の上部に「い」の字を浮彫りにし、その下に女性の着物姿が美しく描かれている。その衣裳の模様は複雑で、しかも華やかに彩色していて、豪華な衣裳の存在を表現しているのである。なお上の「い」は金色がほどこされていて、人目を引くように浮き出している。これは屋号の表示であろうか、貸衣裳の衣を表現しているのか……。なおこの看板の裏には薬名も書かれているが、それはこの店が薬屋を兼ねていたのかも……不明であるが趣のある看板である。

貸衣裳屋の看板（文部省史料館）

3　鬘屋・櫛屋

カツラといえば、古くは頭の装飾であった。古代には布や草木の枝葉を頭に巻きつけて飾り、それをカツラと呼んだ。木綿の裂《きれ》を巻いた木綿鬘《かつら》、葡萄蔓の葡萄鬘、榊の枝のマサキ鬘などがそれである。のちにはカモジすなわち頭髪に添える毛をカツラというようになり、タマカツラ（玉鬘）という言葉もカモジをさしていた。カモジの本名がカツラであり、要するに頭に添えるものがカツラであった。

近世になって歌舞伎芝居が発達すると、登場人物の役柄を表象するため扮装が必要となり、扮装の方法として添鬘がさかんにおこなわれた。だが、添鬘よりもすっぽりと頭からかぶって完全な仮装鬘にする方法が考え出された。ここにカモジの名称が転化し、仮装鬘をカツラと呼ぶようになった。今日いうところのカツラの原型がほぼここにできあがったのである。

この芝居に使用するカツラは、登場人物の身分、境遇、性格を端的に印象的に表現し、それぞれの役に応じた髪型が生まれ、カツラを見ただけでただちに芝居の外題と登場人物を連想させたのであった。芝居と遊里は江戸の花で、江戸時代の町の粋人を気取る若者も、そうした役者のカッコウヨサをまねたし、また当時においても髪の少なくなった老人の付髪があったので、一般にもカツラの需要はあった。ここにカツラ屋なる商売が生まれ成り立ったのである。

その店先にはカツラの模型看板が下げられた。カツラ型に切り抜いた板製のもので、文字ではなく一見してすぐカツラ屋であることがわかるものであった。店をのぞくと各種のカツラがずらりと並び、ときには店先にカツラ師がすわり、毛をそろえたり、台に毛を植えたり、油で整えて光らせたりしていた。それが江戸時代のカツラ屋の店頭風景であった。

緑の黒髪、それが日本人の美の象徴であった。装いのポイントはなんといっても黒髪に櫛目をとおし、きれいに髪を整えることである。その装いに櫛はかかせないもので、櫛の使い方ひとつでいかようにも髪型は変えられ、装いも変えることができる。櫛は実に奇妙な魔力をもつものである。櫛という言葉もクシビ（奇妙）という語からでた言葉である。したがって、古墳時代から既に櫛はあった。それは竹製の長い竪櫛で、奈良時代になって唐にならって横長の櫛が生まれ、平安時代以降棟の丸い半月形のものができ、それが近年までの櫛の原型となった。

カツラ屋の看板（日笠健一氏）

櫛屋の看板（日笠健一氏）

だが、庶民も装いをこらすようになった江戸時代には、延宝（一六七三～八一）に利休形、正徳（一七一一～一六）に角形・棟広、享保（一七一六～三六）に京形・江戸形、宝暦（一七五一～六四）に大櫛・町形、江戸時代末期に深川・利休・月形・政子形といろいろの形の櫛が流行した。また金・銀・象牙・鼈甲《べっこう》・硝子《がらす》など種々の材質のものができ、木櫛でも蒔絵《まきえ》・螺鈿《らでん》・粉溜と豪華なものが出まわった。そして、山城櫛・和泉のコギ櫛・摂津築嶋櫛・伊勢山田櫛・長門櫛・薩摩の藤櫛・黄楊《つげ》櫛・紀伊のユスノ木櫛・筑紫櫛など、各地で特産の櫛ができた。

しかし、一般には黄楊の櫛が愛用され、「七十一番歌合」の四十二番櫛挽の場には、黄楊の木を挽いて櫛を作っている職人の姿が描かれていて、室町時代以来の黄楊櫛作りのさまがうかがえる。今日でも製作法はよく似ていて、石馬という台に黄楊材をはさみ、鋸で一本一本歯を挽き、ヘラで歯を削ったり磨いたりして形を整え、歯ができると外側の縁取りをして鉋をかける。そして鹿の角で磨きをかけて仕上げるのである。

こうした櫛だけを売る店が昔はあった。そうした店には大きな櫛の模型看板がかけられた。縦横一尺以上もある大きな木の櫛形を作り、それに屋号や店印を描いたり刻んだりしたものであった。

4　白粉屋・紅屋

「おしろい」はもともと女性が顔の化粧に用いる白粉の女房詞《ことば》であった。女性が顔に白粉を塗るということは、人間が神に変身する扮装であった。女性は本来男性よりも強い霊力をもっており、邪馬台国女王卑弥呼がそうであったように、もっとも神に近い存在であった。

こうした白粉の起源はきわめて古く、大陸から伝えられた鉛白、すなわち塩基性炭酸鉛をもってはじめて白粉をつくったのは、大僧都観成と伝えられ、『日本書紀』持統天皇六年（六九二）閏五月の条に、「戊戌に、沙門観成に絁《ふときぬ》十五匹、綿三十屯、布五十端賜ふ。其の造れる鉛粉を美《ほ》めたまへり。」とあり、この記事をもってわが国における白粉の起源とされている。平安時代になると白粉はもっぱら米の粉が使われるようになる。『延喜式』巻三七典薬寮の規定には白粉を造る料として、「糯米一石五斗、粟一石」とある。それとともに白粉はもっぱら装身の用となり、貴族のあいだでは男子も白粉を塗って化粧するものさえ現われた。

慶長・元和（一五九六～一六二四）の頃、泉州堺の銭屋宗安や小西清兵衛らが、中国の明から辰砂《しんしゃ》を焼いて造る製法を習って帰って製造をはじめ、それが伊勢の射和《いさわ》でも造られ伊勢白粉の名で知られるようになった。一方堺の製造所が京に移り、京白粉として世間に広まった。江戸では白粉だけでなく櫛笄《くしこうがい》や袋物、小間物も売ったという。

こうした白粉屋の看板は、元禄三年（一六九〇）刊の『人倫訓蒙図彙』の図を見ると、凸形の箱の表に紙を貼り、胡粉《ごふん》で白く塗ったものに、白鷺の図が描かれている。凸形は白粉を塗ると肌が盛りあがってきれいになるということと、白鷺のように白くなるという意味であるらしい。

化粧の具としては、白粉と並んで紅がある。紅は紅花の汁を絞って作ったもので、古くはこれを顔に塗り唇につけた。『源氏物語』の常夏の巻に「べにといふものいと赤らかにかいつけて」とあるのは頬紅らしい。『栄華物語』の御裳着の条に「歯黒の黒らかに着けて、べに赤く化粧させて」というのは口紅であろうと思われる。平安時代には絰粉《あかこ》といって白粉と混ぜて顔に塗ることもあったらしい。

江戸時代の元文年間（一七三六〜四一）頃から顔に紅を塗るのは隈取舞踊など特殊な場合を除き、普段は白粉だけとなり、紅はもっぱら唇に塗るだけになった。そして天明年間（一七八一〜八九）頃からは艶紅あるいは笹紅という玉虫色に光る特殊な紅が一時流行したが、幕末にはすたれてしまった。ところで、「京紅」といって皿につけた紅を紅猪口《べにちょこ》、紙や金属製の板につけたのを板紅といい、これを紅差指《べにさし》（薬指）につけて唇に塗るのが口紅の塗り方であった。下唇を濃く左右を薄く塗るのが粋な塗り方であった。紅は唇だけでなく目にも爪にもつけ、目の横につけるのを目弾《めはじ》き、爪につけるのを爪紅《つまべに》といった。こうした紅の製造元としては、京では井筒屋清右衛門、近江屋休源、紅屋平兵衛などがあったという。

こうした紅屋の看板は、上方では丸く面取りをした長い板に「紅」と屋号を記した吊看板を掛けるのが通例で、江戸では木綿地の紅染の小旗を竿につけて立てるのが一般的であった。

5 足袋屋

夏はもちろん、春秋も暖かいときは素足でも過ごせるが、晩秋から早春にかけては、足袋は欠かせぬものである。江戸時代に武家のあいだでは足袋をはく時期が規定されていたこともあった。その時期は九月から翌年の二月までとされ、藩によってはこの規定を農民にまで及ぼしたところがあった。

ところで、足袋ははじめ革足袋であったが、明暦三年（一六五七）の江戸の大火のあと、皮革の暴騰によって木綿足袋にかわってきた。また、はじめは紐で結んだのが、コハゼにかわり、色も白、旅行用に紺、このほか薄柿、浅黄、ネズミなどの色足袋もでき、地も木綿・絹から金巾《かなきん》（目を堅く細かく薄地に織った綿布）・メリヤスなども用いられるようになり、足袋の需要はふえた。普段ばきはたいてい自家製であったが、よそ行きはやはり仕立屋の足袋を買ったようである。

普通、正装のさいは白足袋にかぎられる。神官や相撲の行司などは公の席ではかならず白足袋をはき、一般にもハレの席に出るときは白足袋をはく。普段用あるいは略式用には黒繻子《しゅす》または紺キャラコが標準で、薄柿・浅黄・ネズミや柄物もこれに準ずる。仕事用には藍染の縞物なども用いる。歌舞伎などの芸能用は演目によってそれぞれ色や柄がきまっている。かつては洒落者は白足袋でなく紺のキャラコを愛用し、夏には単衣物の足袋をはき、七枚コハゼが粋だとしていた。

こうした足袋は、実用的には足をくるんで温めるという防寒の役割をもっているのであるが、格式や心意気の象徴とも考えられていた。力士は十両以上になってはじめて足袋をはくことが許されるし、昔は若者組に入ると一八歳までは小若衆として足袋を許されず、一九歳の中若衆になってから足袋をはくことができたのであった。

かつては「足許を見られる」という言葉があるように、下駄・草履とともに足袋に気をつけた。清

足袋屋の看板
(右)日笠建一氏
(左)ピーボディ博物館

下駄屋の看板（ピーボディ博物館）

潔で爪先のツンときまった足袋をはくように心がけたものであった。大坂の「食い倒れ」、京の「着倒れ」と並んで、江戸は「はき倒れ」の土地柄であったので、江戸そして東京ではことに足袋に粋を凝らす風があったのである。

足袋の仕立屋では、まず甲の親指側、四本指側、底の三枚、両足で計六枚の型紙おこしがなされる。そこから生地の裁断、縫製、仕上げまでにだいたい一六工程があった。

足袋屋の看板は江戸、京、大坂ともにだいたい同じ形で、足袋の形に刳り抜いた板看板で、それを軒先に吊るした。だが、京、大坂ではそこにもっぱら屋号を書くだけであったが、江戸では屋号はもちろん書くが、「股引」または「大丈夫」と書くこともあった。それは股引は足袋屋で作り、また売っていたからである。大丈夫というのは長持ちしますという意味である。

またこの看板は、生活のなかでいろいろの喩《たとえ》言葉に使われた。江戸では自分は万事心得ているのに、相手がまだわからず意に応じないことを、「たびやのかんばん」といった。それは足袋屋の看板は一つだけしか吊らない、すなわち片方だけしかないので、片方がなっても片方がまだならないという意味に使ったのである。京、大坂では下男や丁稚らが主人に追放されることを「たびやのかんばん」といった。それは追放されることを「足上がり」というので、足袋屋の看板は足形で、それを軒に上げているのでこの言葉を使ったのであった。

6 下駄屋

下駄は日本固有の履物である。木製の台部に鼻緒をつけたもので、素足でもどんなときでも履くことができ、日本人には適したものであった。江戸時代には山下駄、駒下駄、芝翫《しかん》下駄、家鶏《かけい》下駄、吉原下駄、桐下駄、堂島下駄、中切下駄、庭下駄、赤塗下駄、草履下駄、江戸下駄、半四郎下駄、吾妻下駄、船底下駄など各種の形の下駄があって、庶民の暮らしに資していた。

板に鼻緒をつけただけであると歩きにくく、すぐにへってしまうが、二つの歯をつけた知恵はすばらしい。下駄の原初的な形態は田下駄に求められ、これは弥生時代の遺跡から大量に出土している。歯のついた歩行用の下駄も古墳時代に考案されていた。京都府乙訓郡大原野の鏡山古墳や、東京都の等々力《とどろき》古墳などから、その実態を物語る石製模造品の下駄が出土している。

前者は前緒の穴が親指の方に寄っていて、後緒の穴は後歯の後の方についている。一昔前、前緒の穴が内側に寄った下駄がはやったことがあるが、これは横に平べったい足の小指の方が板台からはみ出ない工夫であったらしい。また婦人の下駄で後緒の穴が後歯の後についたものも現われた。これなど足が深く入って下駄に密着し、歩行中脱げにくいという利点があるという。古墳時代の下駄がすでにこうしたことを考慮して作られていたということは注目される。

後者は前歯、後歯がまんなかで分かれて四つ歯になっていて、その上鼻緒穴は六つあいている。すなわち鼻緒穴が三個ずつ反転してあいている。これは場合によって前後逆向けて鼻緒をつけて履くことができるのである。

これが果たして便利であったかどうかを考えるに、実は新潟県などで近年までその形式の下駄が使われていて、その効用を発揮していた。新潟県頸城地方で、砂浜などで履く浜下駄はみなこれと同じ形で、浜を歩くさいはどうしても前の方に力を入れるため、下駄の前の方が磨滅して前緒が切断され、しかも再び前緒をすげ得ないほど減ることがある。そうした場合下駄を反転して鼻緒をすげるのだという。ここには四つ穴もあって、それは後緒はそのままで、前緒だけ反転させて踵《かかと》の部分の一つ穴にすげるものである。こうしてみると古墳時代の庶民の知恵が今日にも生きていることがうかがえるし、逆にいえば今日考え得る知恵を、すでに古墳時代の人々が考えついていたということである。

この連歯下駄のほかに差歯《さしば》下駄があるが、今日も雨下駄はほとんどこの形である。歯が磨滅すれば差しかえすることができるという便利さがある。差歯を強固にするために台木に穴をあけて、差歯のほぞを台部の表面まで入れた下駄がある。今日も鹿児島の宝島あたりでは重宝している。

ところで、江戸時代初期の山下駄は四角の桐材に男は縄、女は組紐の鼻緒をすげ、貞享年間（一六八四〜八八）頃には馬蹄の型に歯をえぐって駒下駄と名付け、宝永年間（一七〇四〜一一）には相州小田原名物として桐の台に樫歯を差した小田原下駄ができ、その後下駄の台に藺《い》の畳表をつけた草履下駄が流行し、寛延年間（一七四八〜五一）には男女用共に贅沢な下駄が現われ、その種類も利久、京草履のほかに江戸吉原の禿《かむろ》のあいだに用いられたコッポリが現われた。江戸時代も末期になると台の高い杉製の吉原下駄、羽根虫引付、中折、跡歯、吾妻下駄などがあり、ことに吾妻下駄は日和下駄、略して日和といい、文化年間（一八〇四～一八）に流行した。なお、駒下駄は焼杉製で庭下駄ともいわれ、日常家庭内での履物として重宝された。

こうした下駄を売る店の看板は、横型看板と吊看板が主である。横型看板の一種は縦五〇センチ、横二〇センチ以上もある下駄一足を店先に置くもので、豪華なものでは漆蒔絵《うるしまきえ》のものもある。なかには洒落たものがあり、下ぶくれの「おかめ」の顔の板に、おかめの顔に合わせて鼻緒を巧みに顔の線に似せてすげたもので、庶民の目をひく招き看板である。吊り看板では縦七〇センチ、横四〇センチぐらいの長方形の板の中程を刳り抜いて、そこに下駄を吊るしたものが京あたりでよく用いられた。なお下に屋号や店の紋を描いたものもある。

7　眼鏡屋・鼈甲細工屋

わが国に眼鏡が伝わったのは、天文二〇年（一五五一）フランシスコ・ザビエルが、戦国大名大内義隆に望遠鏡や時計、鏡や楽器などとともに眼鏡を献じたのが最初だといわれている。だがその実物はのこっていないので、どんなものであったかはわからない。今日のこっているものでもっとも古いのは、久能山東照宮の徳川家康遺品のなかにあるもので、それは鼈甲《べっこう》の縁にガラス玉を入れたものである。これはあきらかに舶来品で、国産の眼鏡は元和年間（一六一五～二四）に浜田弥兵衛がジャワに渡り、そこで眼鏡の製法を学んで帰り、生島藤七にその技術を伝えたのがはじまりだというが、それより以前に長崎で作られたという説もある。

江戸時代には最初実用の面から考え出された鞍部、すなわち二枚の眼鏡をつなぐ支柱に、装飾的な彫刻をほどこしたものが作り出された。それは「天狗眼鏡」と称されるものである。そうした天狗眼鏡は江戸時代を通じてみると、白鼈甲・木・金属製のものも見られるが、大半は鼈甲・水牛・馬爪製であった。沢庵禅師の遺品といわれる眼鏡は金属製であるが、そうしたものは珍しく、江戸時代末期になると真鍮枠のものがしだいに増加してくる。それとともに玉枠が小さくなり、掛紐にかわって金属製の両こめかみに挟む手がついている。これを「頭痛押さえ」と称した。この形式になると鞍部の装飾がなくなり、小型になり、今日の眼鏡に近い形状になった。こうしたなかで、江戸に「眼鏡の仕替」という商売がおこり、新しい眼鏡を売ったり、あるいは古いものを下取りしたり、破損を修理して歩いたというから、徐々に眼鏡が民間に普及したものと思われる。

明治六年（一八七三）ウィーンで万国博覧会が開かれたとき、東京四谷の朝倉亀太郎が眼鏡の製造法を学んでくることを命じられ、帰国後顕微鏡などとともに眼鏡を製造し、そこから大いに広まったという。明治四年（一八七一）に断髪令がでたこともあり、眼鏡の手が長くなり、いわゆる長手押さえの形式となり、さらに巻蔓《まきつる》となった。そのため眼鏡の顔面固定がたやすくなったのである。明治二〇年代になって、ようやく日本人の顔貌に適応した眼鏡として、その形状・形式が固定してくる。そして老眼以外に近視眼の人も常用することが多くなった。明治中期の文士や学者の肖像にそれらを見

眼鏡屋の看板
(日笠健一氏)

鼈甲細工屋の看板
(上)文部省史料館
(下)日笠健一氏

ることができる。そこから眼鏡が当時のインテリの象徴とみなされ、虚栄装身の具ともなってしまうのである。明治三〇年前後からは若い婦人のあいだにも眼鏡をかけることが流行し、同時に色眼鏡も流行したのであった。

　ところで、眼鏡の枠は多く鼈甲を用いたのであるが、鼈甲はもともと主に亜熱帯の海に生息するタイマイ（玳瑁）という亀の背中の甲羅、腹の甲羅および爪のことで、この亀は長崎・鹿児島・沖縄の近海でも獲れたといわれる。そうした鼈甲細工はわが国においても古く、正倉院御物のなかにいくつか見ることができる。しかし、本格的に鼈甲細工がなされるようになったのは桃山時代で、長崎からはじまり、それが後に江戸に移入され、江戸鼈甲細工となった。この鼈甲細工で代表的なものが櫛《くし》・笄《こうがい》・簪《かんざし》などの装身具であるが、眼鏡の枠ももとは鼈甲を用いたので、眼鏡は鼈甲細工屋でも売られた。

　眼鏡そのものの看板としては、たいてい軒看板・吊看板で、その一つは長い板の上部に眼鏡の図を描き、レンズの部分を刳り抜き、そこにガラスをはめ込んだものである。ガラスははまっていることがよくわかるように、赤色のものを多く用いた。下には「目《め》が祢《ね》類　志な志な」あるいは「御眼鏡」と書いている。また眼鏡の模造品を大きく真鍮でつくり、板に取り付けたものもある。鼈甲細工屋の看板では、長方形の板の上部に櫛と笄を組み合わせた造り物、中央部に簪《かんざし》、下部に眼鏡の造り物を取り付けている。この場合の眼鏡はやはり天狗眼鏡の形で、レンズの部分は刳り抜いてガラスをはめている。

8 鏡屋

鏡は三種の神器の一つに数えられるように神聖視され、神社の御神体として祀られ、また魔除けの具として宮殿内の寝台である御帳台にも掛けられた。それは初めて鏡に接したとき、鏡面の反射と輝きに魔力を感じたからであった。こうした鏡もその初めは大陸からの伝来であった。日本列島に最初に登場した鏡は、朝鮮半島で製作された多鈕細文鏡《たちゆうさいもんきよう》であった。それももともとは顔や姿を映す具ではなく、呪術用具であったとみなされている。その移入の時期は弥生時代前期末のことであったが、中期以降になると前漢鏡・後漢鏡が出現し、それらは北九州に多く出土する。こうした漢式鏡は多く径六、七寸で、背面には幾何学模様や四神を浮彫りにしたものであった。

やがて弥生時代後期に日本においても鏡の製造が始まった。それは漢式鏡を真似た倣製鏡《ほうせい》で、古墳時代になると三国六朝鏡が出現し、三角縁神獣鏡が注目される。奈良時代になると円鏡・葵花鏡・稜鏡・丸鏡などさまざまな形の鏡が作られ、なかには径一尺五寸にもおよぶ大形のものもあり、意匠も凝らされた。それらは正倉院遺品の中にも見られる。しかし、この時代の鏡も一部を除けばほとんどが、社寺堂塔の荘厳具であったり、祭祀用具であった。

平安時代の中頃から日本独自の和鏡が成立する。その背景には貴族をはじめ化粧をする階層の増大による、映像具としての鏡にたいする需要の増大があった。その映像機能を高めるために、錫と水銀を銅鏡面に塗布する技法が登場し、鏡台が用いられるようにもなる。そして、和鏡はその材質や製法技術あるいは図像文様においても、鎌倉時代に頂点を極める。室町時代になると宋・明鏡に学んだ柄鏡が出現し、以後の和鏡の主流となるのである。

桃山時代には箱鏡台が生まれた。それは抽斗《ひきだし》のついた箱の上に穴があって、そこに鏡台を立てて鏡を立て掛ける仕組みになったものである。江戸時代になると柄鏡が広く普及した。柄鏡は鏡の背面中央に紐が不必要なので、背面いっぱいに図像文様を表わすことができ、ここに自由で瓢逸な江戸時代人の好みを反映した文様がつけられた。そして、江戸時代の中頃には貨幣鋳造法にみられる成型鋳造法を利用するようになり、大量生産が可能になったので、広く庶民のあいだにも広まった。

江戸時代は芝居と遊里の華やかな時代であった。俳優や遊女はその化粧の濃厚さと髷《まげ》の麗わしさ、衣裳の豪華さなどから朱塗定紋付のような大きく豪華な鏡台も生まれ、なかには蝋燭台が付き、上に火を蔽うための障子が付き、化粧品を入れるための抽斗が幾つも付いたのが見られた。

民間では一般に組立鏡台というものが使われていた。これは折りたたんで仕舞えるようにした長梯形の二つの鏡架を組み合わせて、そこに鏡を載せる仕組みになっていて、その情景は『絵本常盤草』をはじめ、多くの絵本に見ることができる。江戸時代の末期からガ

鏡屋の看板
（文部省史料館）

ラスの鏡が現われ、それをビードロ鏡と呼んだ。また鏡の種類も多くなり、姿見用・柱掛・手鏡・懐中鏡、さらに室内装飾用の大鏡もあったし、旅行用の旅鏡台というものもあった。なお、こうした鏡は金属製で曇りやすいので、石榴《ざくろ》の実の汁で鏡面を磨く職人もいたし、使わないときは漆塗の鏡筥に納めて保存していたのである。

こうして鏡が広く普及してくると、鏡を製造・販売する店もできてくる。そうした鏡屋の看板は、一般に経《たて》長の板の上部を柄鏡の形に切り抜き、そこに金属製の柄鏡を嵌め込み、その下に大きく「御鏡所」と墨書したものであった。鏡の部分に実物を嵌めるのではなく、鏡の形に彫り込んだものもある。鏡屋は概して大坂に多かったようである。

9　袋物・巾着屋

袋物は身のまわりの物を携行したり、保存したり、使用するのに便利なように作られた布帛《ふはく》製の物入れであるが、古代においては衣類・食糧・道具を入れるのに用い、これを補強する意味から上刺《うわざし》がなされた。また宮中の事務や警備のために定宿する宿直《とのい》の者が、宿泊のための夜の諸物を入れたところから宿直《とのい》袋とも呼んだ。腰に提《さ》げるものとしては、発火具が重要なものであったから、燧石《ひうちいし》袋は早くから用いられた。さらに銭や薬なども入れて用いたし、また身辺によい香りを漂わすために香袋を提げることも行われた。

室町時代以降になると、印籠《いんろう》・巾着《きんちゃく》あるいは茶道具を納める袋物が高級織物で作られるようになった。そして江戸時代になると、喫煙の風習が起こってさまざまな煙草入れが考案され、皮革製の煙草入れも現われ、さらに高級なものでは金銀箔の絵を施したものも見られた。そしてまた、はじめはたんに鼻紙入れにすぎなかった懐中用の袋物は、鼻紙袋から鼻紙・書付・楊枝《ようじ》の三徳入れ、次いで婦人が懐に入れて持ち歩く箱形の紙入れ、すなわち箱迫《はこせこ》へと変化していった。

袋物の一つである巾着《きんちゃく》は、室町時代から絵巻物に見られるが、盛んに用いられるようになったのは江戸時代になってからである。一般に銭・薬・御守札などを入れて腰に提げるので、ビロード・絹《けん》帛《ぱく》・縮緬《ちりめん》・織物・羅紗《らしゃ》・革などで作られていて、形は丸形が多いが大小さまざまあった。こうした袋物は江戸時代以降は日常生活で多用されたので、いきおい町においても袋物類を製造販売する店が多く現われた。

袋物としては煙草入れもまた種類が多い。はじめは奉書紙に刻煙草を包んでたたんだものであったが、貞享（一六八四〜八八）ごろから油紙の煙草入れができ、享保（一七一六〜三六）ごろからは緞《どん》子《す》・羅紗《らしゃ》などの織物に意匠を凝らした立派なもの、さらに皮革製の鋲金具をつけた丈夫なものができた。形も紙入れ型の懐中物あるいは袂落物のほかに腰提物ができた。懐中物あるいは袂落物は煙管《きせる》をその間に挟んで用いるものであるが、よく煙管を落としたり紛失するおそれがあるので、腰提物・腰差物が一般に用いられたのであった。煙管の筒には竹・革・羅紗などのほか紙捻《こより》を編んだ物や籐製のものがあった。

煙草入れ屋の看板
(上)原野農芸博物館
(下)日笠健一氏

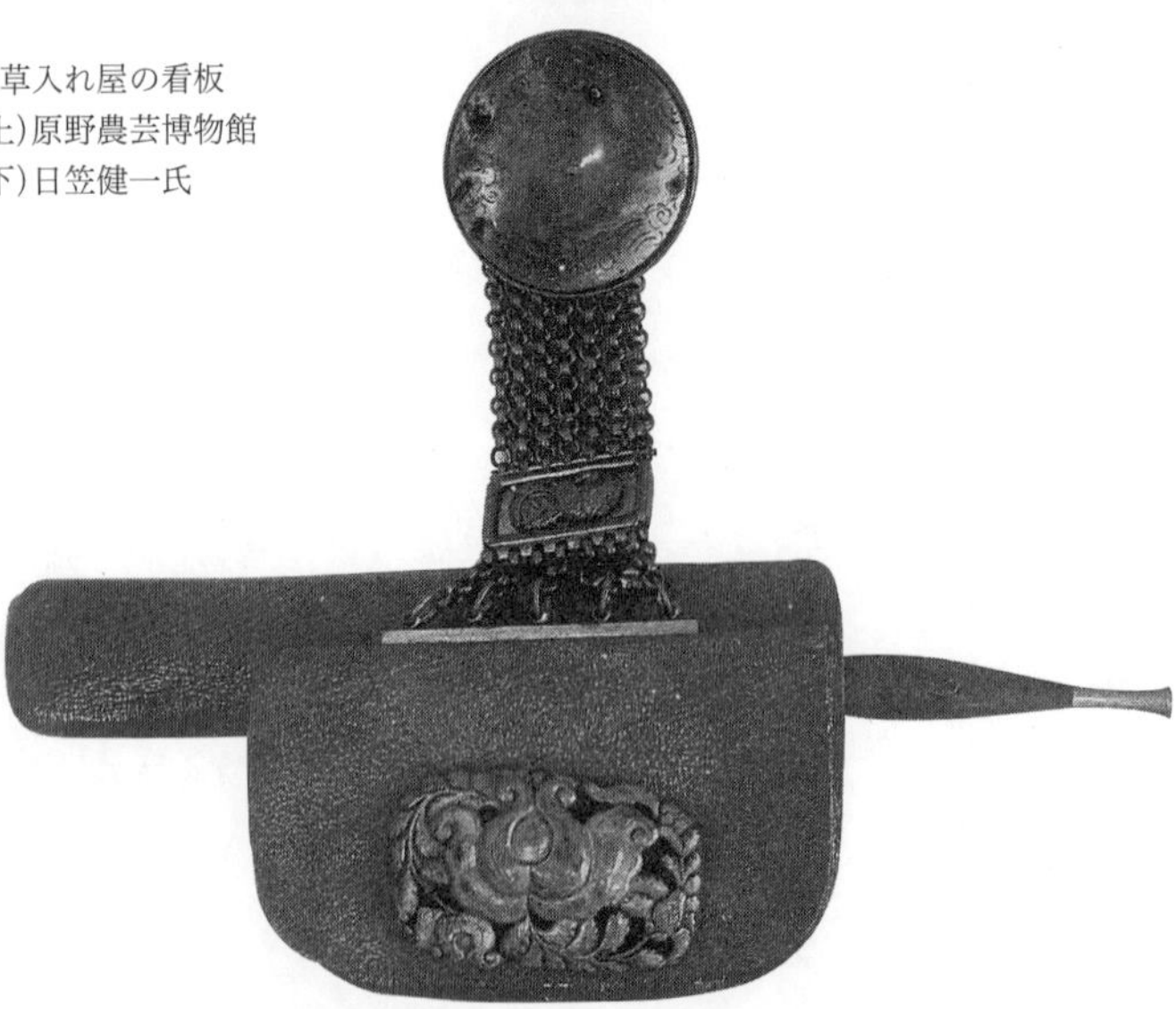

袋物の看板では煙草入れが豪華で人目を引いた。それは実物看板で、煙草入れと煙管筒とをセットにした皮革製で、なお表面に花鳥風月などの絵を金銀箔であしらったもので、それには真鍮《しんちゅう》や銀の金具や鎖がつき、さらに金属製の円板がつないであって、この円板が根付《ねつけ》の役を果たすことになっているのである。

煙草入れの名物として江戸時代に世に知られたのが、大坂淀屋橋の馬皮製のもの。黒塗りの馬皮製で、紐も革を用い、隅金具は鉄や真鍮製が普通の仕様で、なかには紐のかわりに鎖を用いたものもあった。天保時代以来江戸にもこの種の煙草入れを売る店が二～三軒できたが、そこでも「大坂淀屋橋名物煙草入」と名乗ったというほど有名であった。凝ったものでは煙草入れの蓋の表に金や銀色で模様を描いてあった。こうした煙草入れの看板は、やはり煙草入れの巨大な雛形で、もちろん実物そっくりの仕様で皮製であり、蓋の表には金箔で淀屋橋の絵を描き、その橋柱の部分には「淀屋橋」と橋名を入れた見事なもので、これを軒先に吊るしたのであった。煙草入れを売る店は煙草入れだけを扱うのではなく、多くはいろいろの袋物もいっしょに売っていて、いわゆる袋物屋でもあった。

なお、実物を大きく象って模した模型看板も吊るされた。巾着を看板とするとき、実物は小型であるため、これも大きく象った模型看板となるが、そのほとんどは皮革製で高級なものであった。江戸の趣味人のあいだではこうした皮革製の高級品が好まれたようである。

10　扇屋・団扇屋

扇は日本人の暮らしの中で、きわめて大きな意味をもっている。まずはあおいで風をおこして涼をとるのに用いられるが、そればかりではなく神事・礼式の具として用いられている。世に知られる那智の火祭には、扇三十二面が鏡八面とともにとりつけられた、豪華な扇神輿の渡御がおこなわれるし、あちこちの神事に扇が欠かせぬものの一つになっていることが多い。そして村や町の祭はもとより、家の祭や年中行事のハレの日、成人式や婚礼に扇は欠かせぬ礼法の具として、ひろく生活の中で用いられている。

また、宮廷貴族のあいだでは、容儀服飾の具として身辺に所持し、その扱いにも一定の作法さえあった。四天王寺の『扇面古写経』に見られるように、写経をしたり絵を描く文雅の具ともされた。室町時代においても詩や歌が書かれたし、その風は近世・近代にもうけつがれた。

平安時代にはまた扇を用いた遊戯が流行し、扇の良否、扇面に書かれた詩歌や書風の優劣を源平二派に分かれて競いあったり、台の上に的を立てて三尺ほど離れて坐り、開いた扇を投げて的を落し、的の落ち具合や扇の開き方で点数をきめて技の優劣を競う、投扇興という遊戯もあり、ながく近世にまで優雅な遊びとしておこなわれた。

室町時代には扇流しの模様が屏風の図柄として盛んに用いられ、将軍のお成りのときなどはその屏風を出す風習があったし、実際の扇流しは江戸時代に江戸の隅田川でおこなわれ、扇は風雅の趣きの大きなアクセサリーであった。さらに武家のあいだでも重宝され、殿中で用いて殿中扇、戦陣で用いて軍扇となり、「黒塗十二本指骨」その他の故事を生んだという。

屋島の合戦で那須与一が扇の的を射た話は有名である。これも扇が軍陣に用いられていた証拠である。また江戸中期以降は、切腹に短刀のかわりに扇を用いて、切腹の作法をする風が生まれ、これを「扇腹」あるいは「扇子腹」と呼んだ。

民間では仕舞や舞踊その他芸事にはなからず扇が手にされ、その扇の使い方で芸態がかわるというほどであった。そして、近世には友禅模様の友禅扇、蒔絵をほどこした蒔絵扇、丁字《ちょうじ》をひいた丁字扇、麝香《じゃこう》をつけた麝香扇など、華麗な扇もあらわれた。こうした用途の広さから室町時代にはすでに町に扇屋ができた。なんといってもそれは京都に多く、いまにいたるも扇の老舗は京都にかたよっている。

この扇屋の看板は昔から実物看板と模型看板が主である。開け放たれた見世に各種の扇が、たたん

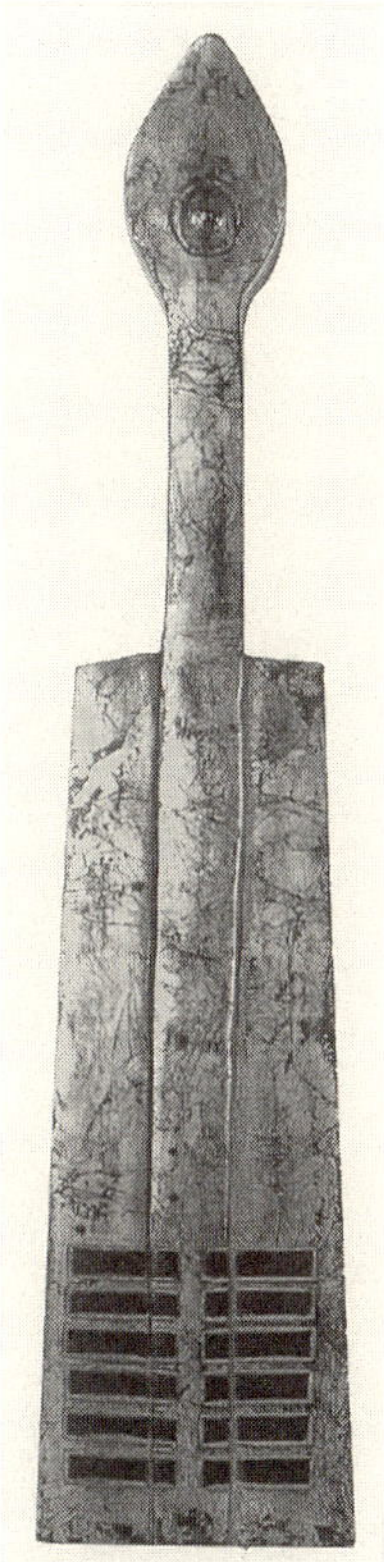

扇子屋の看板
（原野農芸博物館）

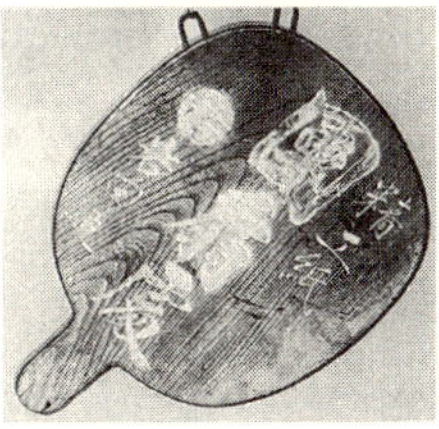

団扇屋の看板
（日笠健一氏）

であるいは開いて、またなかにはなか開きにして並べられる。もうそれだけで商品を明示でき、りっぱな看板の役割をはたしているのであるが、さらに遠くからでも扇屋であることがわかるように、現物を大きく拡大した扇が吊るされた。なかには骨の長さが三尺以上もあるような大きな扇、それもあでやかな模様物を開き、末広の一端に紐をつけて軒に吊るすのである。また、大小とりまぜて連結して吊るすこともあった。この実物看板が風に揺らぐ情景は、見ただけでも涼をさそうように感じられて、楽しいものである。

模型看板の方は、多くは骨の長さ一尺ぐらいの大きさで、扇を開いた型に板を切り抜いて接合している。もちろん一枚板は扇面の部分だけで、骨の部分は竹・木・金属製とさまざまで、数も五本から六本と少なくし、要《かなめ》は金具を用いている。上に吊り金具をつけて軒に吊るすのである。多くは日の丸の扇にし、扇面の部分に「扇子」あるいは屋号を記している。これはきわめて頑丈にできている。

扇子《せんす》にたいして団扇《うちわ》は、唐の文化が入ってくるとともに、わが国で使われるようになったといわれている。もとは円形と方形の二種類あったが、しだいに円形のものが一般化し、「団扇」の文字が用いられるようになった。文名をうたわれた郡山藩家老の柳沢棋園（柳里恭）が、「奈良団扇の讃」を書いて風流な団扇として賞讃した奈良団扇は、はじめ奈良の春日大社の神官によって作られたもので、骨太の竹に和紙を貼り、漆を塗った漆団扇であるが、そこから洗練されて上部に透し模様を入れた「透団扇」が作られ、また漆のかわりに柿渋を塗った「渋団扇」が作られた。元禄五年（一六九二）の奈良奉行所役人榊原兵庫の記録によると、上のものすなわち透団扇が四万余、下のものすなわち渋団扇が三五万余、高畑《たかばたけ》の町で生産されたという。

この奈良団扇の渋団扇にならって作られたのが讃岐の丸亀団扇である。寛永十年（一六三三）に金《こん》毘羅《びら》参詣客に㊎の印を入れた渋団扇を土産として売り出したのが、丸亀団扇のはじめといわれる。のちに竹骨と和紙の間に漁網を入れる工夫がなされてより強靱になり、それが丸亀団扇の特色ともなった。渋団扇は台所の火おこしなどにも重宝されたが、田に水を入れるとき、この渋団扇で水をせき止めたというくらい堅牢なものであった。なお、丸亀団扇のほかに京都の深草団扇、美濃の岐阜団扇などの著名な特産品もあった。

団扇が一般に広く用いられるようになったのは江戸時代になってからであるが、元禄時代には婦人は屋内でも外出のときでも、扇子を使わず団扇を持つようになったといわれる。また団扇に描かれる絵も、浮世絵や役者の似顔絵がさかんになり、江戸時代後期には、透し骨などの高級な団扇も作られ、歌麿・豊国、国貞らの浮世絵もそれを飾った。こうした華美な団扇を片手に、縁台に腰掛けて夕涼みをする粋な婦人の姿はいろいろの絵に見られ、その風情をうかがうことができる。

寛政三年（一七九一）に江戸町奉行が風俗取締りをしたときに、団扇もその対象にされたが、それほど団扇は華美になり、広く普及していたのであった。この風はひとり江戸ばかりでなく、上方でもまったく同じ風潮であった。また、団扇数本を扇風機のプロペラのようにして、手でこれを回転させて風をよぶ道具も遊里で用いられた。

団扇は風を起こして涼をとったり、日常的に火をおこすのに用いる以外に、盆踊りや風流踊りのさいに用いることも多い。この場合は扇と同じく採物《とりもの》の性格をもつ。また相撲の行事が勝負を決するのに用いたり、武将が戦陣で軍勢を指揮するのに用いる軍配は軍配団扇の略であり、団扇の一種である。

こうした団扇の看板は、実物を模して彫り物にしたり、造り物にしたいわゆる模型看板であった。たいていは団扇形の板に「団扇処」などの文字と店名を彫刻するが、なかには「あせ知らず」あるいは「涼風」と彫刻した洒落たものもある。また、二本の団扇を組み合わせた模型看板がある。

11 半天屋

半纏《はんてん》とも書く。羽織に似ているが、羽織のように襟が折り返らないのと、左右両脇の襠《まち》も入れず、胸紐のないのを特徴とする着物で、はおって着るところから半天羽織ともいった。また襠のないところから、着ると少し窮屈なので窮屈羽織ともいわれた。また、地襟の上に黒八《くろはち》か黒繻子《くろしゅす》の掛襟をかけるのが普通である。民間服のごく略服で、綿を入れた綿入半天は寒さを防ぐのに用いられ、縞物が多い。江戸時代の天明年間(一七八一～八九)から文献に見え、男女とも町家でこれを着るようになったのは文化年間(一八〇四～一八)からで、上物には結城・縮緬類があるが、労働着は木綿製で、天保改革後は女の羽織着用が禁止されてからは半天の需要が高まった。

大工・左官・植木屋など大家に出入する職人には、その家の苗字と紋所・屋号のついた半天を盆と暮に出した。これを「仕着せ半天」といい、その家の印章のあるところから一名「印半天《しるしばんてん》」ともいっ

半天屋の看板（文部省史料館）

た。多くは家紋・屋号を白抜きにした腰くらいまでの丈のものであった。ほかに皮革製の皮半天もあったが、これは職人でも上位の者の着るものであった。鳶《とび》といわれる町火消の頭目が着用する黒・茶・こげ茶色の革半天は表裏の色が異なるのが特色であった。

半天の丈の短いのを蝙蝠《こうもり》半天といい、文政年間（一八一八～三〇）頃から旅人・旅商人・三度飛脚などが多く用いた。それは木綿の茶紺弁慶縞のものであった。

半天にたいして法被《はっぴ》というのは、武家の仲間・駕籠《かご》かき・大店の下僕などが着用する表着で、「六尺看板」ともいった。六尺というのは駕籠かきの俗称で、駕籠かきの息杖《いきづえ》が六尺物であったからそういう。看板というのは法被に主家の紋所をつけたことにはじまる。当初は丈が膝くらいまでで、袖は広袖ときまっていたが、江戸時代末期から身の丈と同じの対丈になり、外出には尻からげをしたものである。

寛政年間（一七八九～一八〇一）頃から半天の流行するにしたがって、法被が半天に近づき、半天が法被に近づき、形態的にも染織上からも混同され、その区別がはっきりしなくなった。

半天・法被はもともと紋所をつけたものなので、半天屋で誂《あつら》えるのが普通であった。その半天屋の看板は一般に大きな黒線つきの布地に、各種紋所の半天のミニチュアを一二ぐらい整然と縫いつけたもので、店先に張りつけたのであった。そのほか一枚の半天のミニチュアを旗のように軒先に立てるものもあったという。

12 質屋

物件を担保にして金融することは古代から行われていたが、これを営業とするものが現われたのは中世であった。鎌倉時代の無尽銭土倉などがそれであり、富裕な酒屋もまた質行為を行なった。それらが江戸時代になって質屋と呼ばれるようになった。それは簡易な金融機関であるため庶民に広く利用され、都市にも農村にも大小さまざまな質屋が営業したのであった。

質屋は衣服を主としていろいろの生活用品を質物（質種）として取り、庶民の生活と深いかかわりをもった。そして質屋が発達すると、送り質屋と元質屋に分かれ、送り質屋は元質屋から資金の供与を受け、質物を元質屋に送るというシステムさえ生まれ、それは農村で発達した。

江戸で享保八年（一七二三）、質屋・古着屋・古着買・小道具屋・唐物屋・古道具屋・古鉄屋・古鉄買の八業種が、八品商人として組合を結成し、またそれぞれ仲間組合をつくり、質屋も質屋仲間組合を結成したのであった。この質屋の看板は将棋の駒形の一面に「質」あるいは「志ちや」、もう一面に屋号を記したものが多い。質屋というのは質物を預かって金を貸すことを商売としているので、将棋で相手の陣地に入ると駒が裏返り「金（きん）になる」、つまり質屋に入ると、「金（かね）に替えられる」という謎かけめいた意味である。

もう一つの看板は円板を三段重ねたものの下に、円板の周辺に沿ってたくさんの紐を長く吊るした

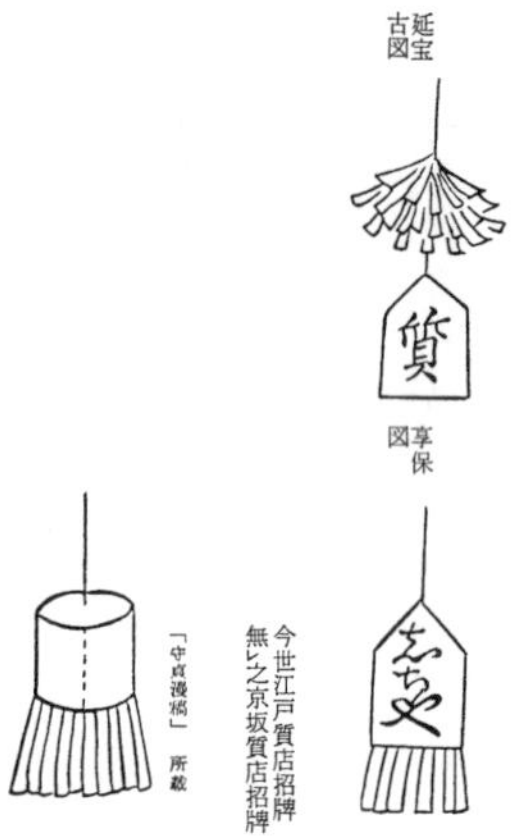

質屋の看板（『守貞漫稿』）

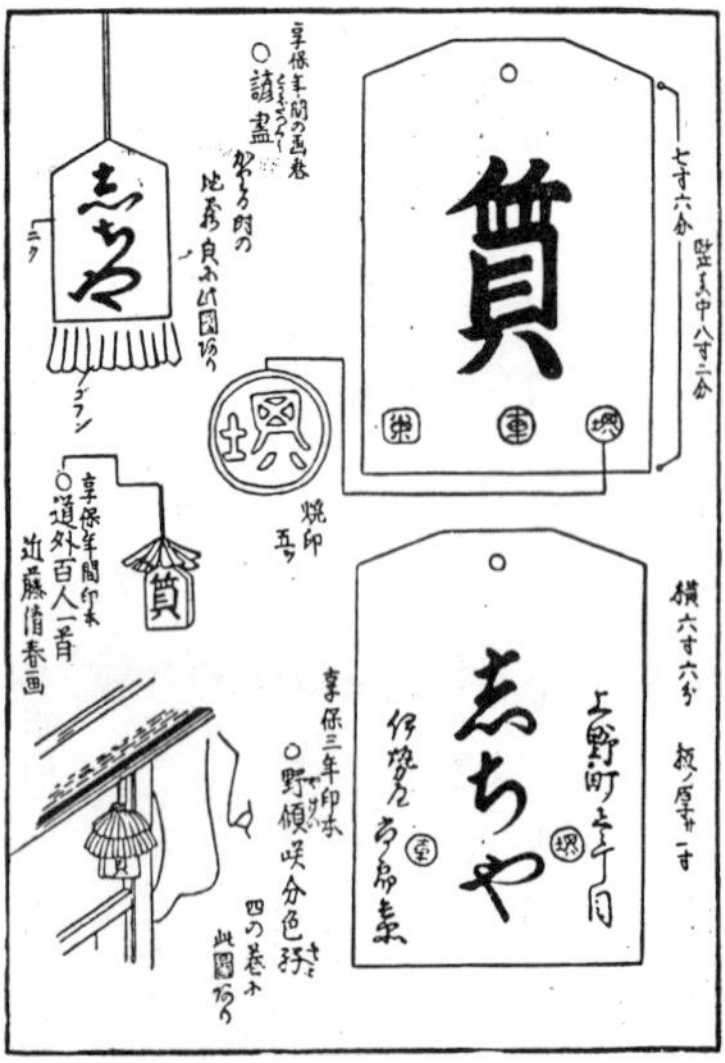

質屋の看板（『用捨箱』）

ものである。三段の円板は質屋で使う槌と思われ、それを三段にしているのは三か月の期間を意味しているようである。また下に吊り下げられた多くの紐は、質札の反古紙の変形と思われ、流れるを意味しているようで、全体として「三か月経つと質流れになる」ということを暗示する判じ物看板である。

13　髪結床

髪結いが職業として成立した時代ははっきりしないが、『洛中洛外図屏風』に、五条橋畔とおぼしきあたりで、民家の軒を借りて庇《ひさし》がけした髪結床で、たっつけ姿の職人がかまちに腰をおろした武士の丁髷《ちょんまげ》を結っている情景がみられ、絵馬の形をした看板に鋏や糸が描かれている。こうしたことからみると、桃山時代には簡易な髪結床が生まれていたようである。

江戸時代に入って髪結を業とする者が多くなってくると、慶長十四年（一六〇九）の高札に、「ふり売一銭ずり（剃）新規禁止従来からのものよりは手札をとるべきこと」と、髪結鑑札のことが布《ふ》れられ、正式には寛永十七年（一六四〇）二月に髪結鑑札が与えられるようになる。そして『武江年表』の万治元年（一六五八）の条に、八月江戸中髪結株一町に一ヵ所ずつ八百八株に定まると記されていて、翌万治二年（一六五九）の万治鑑札六〇〇枚が江戸で発行され、以後しだいに増加していった。

文政六年（一八二三）完成の式亭三馬の江戸の髪結床を舞台とした滑稽本『浮世床』に、

大道直して髪結床必ず十字街《よつつじ》にある中にも、浮世風呂に隣れる家は浮世床と名て連牆《のきならび》の梳髪鋪《かみゆいどこ》、間口二間に建列子、腰高の油障子、油で口は粘するも浮世と書きたる筆法は、無用な所に飛帛を付け、蝕字《むしくい》とやらに号たる提燈屋の永字八法云々。

とあるのをみると、髪結床の看板は障子看板で、油障子に「浮世」という文字を書いたようであるが、ほかにその床にちなんだ碇《いかり》、かぶ菜、達磨《だるま》などの絵を障子いっぱいに描き、そのかたわらに「何々床」と、主人の名の一字を冠せて、銀床、鉄床などと呼んだ。客は職人や遊び人が多く、仕事休みには同類がここに集まって雑談をしたり、碁・将棋を打って一日を過ごすことも多かった。髪結床すなわち床屋は、市井における一種の情報交換の場ともなっていたのである。

こうした髪結床が理髪店となってからは、異なった看板すなわちヨーロッパから輸入された、いわゆる外来看板が出された。それは一五四〇年(天文九)フランスの外科医メヤーナキールが考案した、赤、白、青のねじれた縞模様で、赤は動脈、青は静脈、白は繃帯を示したものである。わが国へはすでに明治四年(一八七一)にとり入れられていた。

14 麻屋

生活の中で麻類の利用は古く、わが国では縄文時代後期の千葉県木更津市菅生遺跡から大麻《たいま》の種子が出土し、弥生時代になると山口県下関市綾羅木《あやらぎ》郷遺跡から苧麻《ちよま》の織物片が出土し、また土器圧痕が残されている。奈良時代になると絹が発達し貴族たちの衣服に用いられたが、一方で麻は庶民の衣料として一般化した。そして東国には上総細布《さいふ》・常陸曝布《さらし》などの特産が生まれ、中世には信濃国・越後国が麻の産地として知られ、越後青苧座や越後布座などの独占業者さえ出現した。

江戸時代には麻・紅花・藍、あるいは麻・藍・木綿と、実生活に重要な三種の「三草」の一種として尊重され、各地に特産品が生まれたが、ことに奈良晒《さらし》・越後上布《じようふ》・近江高宮布・近江蚊帳《かや》は有名であった。武士も本来は農民からの出自であったので、麻の衣料に親しんでいたためその伝統を重んじ、裃《かみしも》も麻布を用いたので麻の需要が多くなった。とくに越後上布は糸が細く薄地で、布をしごいて天保銭の穴に通せるほどの上質品まで織られた。上布は上納布のことで、幕府に献上されたことからの名称で、晒は真白くさらした布で繊維が良く強いので、今日でも用いられている。麻は水分の吸収性に富み、またその発散が早く肌触りが良いので、衣服として重宝されたのであった。

このように麻布は衣生活を豊かにしてくれるものであったので、神事に神饌とともに麻布を捧げることもあった。それが簡略化されて麻布の素材である麻苧《あさお》を捧げる風がある。その麻苧を神に捧げる風が人間に捧げることにも及び、贈品に麻布をかけ麻苧で締め結ぶ風がおこり、水引が普及するまでは金封にも麻苧を掛けたのであった。したがって、麻苧も日常生活にきわめて重要なものであった。このほか麻苧は布はもとより皮革などの縫製糸にも重宝されたし、綱や網の素材としても大きな役割を果たしてきた。

麻屋の看板（「本麻奈良晒」あかい）（現在，奈良市東向通）

そのため町には麻屋が生まれ、麻苧・麻布を販売した。その店の看板は笊に麻を被せて長く垂らしたもので、店頭に吊るすのが一般的であったが、その前は店先にことさら柱を立ててそれを下げたという。しかしもっと凝った看板もあって、それは今日にも用いられている。一丈ぐらいもある麻苧を多く束ねて、二つ折りして二尺ぐらいはきつく縒《よ》って、その下に六角ないし八角の一尺ぐらいの木の枠をはめ、そこから下は麻苧を大きくまたふんわりと垂らしたものを店頭に吊ったのである。この中央の木枠に「あさ」とか屋号を刻んだのである。

15 法衣店

江戸時代から仏教の民衆化が進むとともに僧尼の数も多くなってくる。それとともに法衣《ほうえ》の需要も増え、都市には法衣店も多く現われた。法衣は僧尼の着用する衣服で、インドの仏教教団では僧伽梨《そうぎゃり》(大衣《だいえ》)、鬱多羅僧《うつたらそう》(上衣《じょうえ》)、安陀会《あだえ》(下衣《げえ》)の三衣《さんえ》のみが許されていたが、風土・気候の異なった国々への伝播の中でさまざまに変遷していった。中国・韓国の法衣は簡素であるが、日本では三衣すなわち袈裟《けさ》を儀式のための披着物として様式化し、その下に衣服として体につけるものを法衣・法服・衣《ころも》と称するようになった。それらは法会・儀式の際に用いるために、華美な形状や色彩のものが考案されたのであった。

この法衣屋の看板は、寛文五年(一六六五)刊の『京雀』に「衣屋は子供の着物出しておき」というように、法衣は小さく子供の着物に見違えるような雛形にして店頭に出したのであった。しかし後には板に法衣を模した形を刳り抜いて看板とした。その刳り抜いた形はデザインとしてもきわめて楽しいものである。

16　数珠屋

仏を拝むときや念仏を唱えるとき、手に掛けてつまぐる法具である数珠《じゅず》は、古代インドのバラモン教で用いられていたものが、二～三世紀ごろに仏教徒の間にとり入れられた。日本には仏教伝来後間もなくもたらされたという。養老六年（七二二）の法隆寺資材帳にすでに「誦数」の名前がみえ、正倉院には奈良時代の数条の「誦数」やそれを納める数珠箱が伝来している。

平安時代になって密教が伝来し、真言を数多く念誦する修行法が盛んに行われるようになってからは、数珠は修法に必須の法具となった。また称名念仏が流行するとともに、寸暇を惜しんで念仏や真

法衣屋の看板（文部省史料館）

法衣師（『今様職人尽百人一首』）

言念誦することを誇るようになり、常に身に持つ法具として僧俗を問わず親しむものとなった。

数珠玉は菩提樹《ぼだいじゅ》・木槵樹《もくげんじゅ》・多羅樹《たらじゅ》・蓮の種や、数珠玉と呼ばれるイネ科の多年生草本などの植物の種子、白檀・黒檀などの香木、金・銀・銅・赤銅・鉄などの金属、水晶・真珠・珊瑚・瑪瑙《めのう》・瑠璃《るり》などの玉石や、貝・骨・牙など多くの材料を用いたが、一般には木槵子・珊瑚・水晶が用いられる。珠の数の基本型は一〇八珠で、百八煩悩にして百八尊の正しくして動じない心を表わすとされるが、その半数あるいは四分の一のものなど多種ある。

江戸時代になって寛永十一年（一六三四）幕府のキリシタン禁令にともなって、庶民はそれぞれ寺院を檀那寺として仏教徒となることになった。そして庶民は仏教の教理に基づいて生活したが、祖先崇拝と自らの来世における極楽浄土を求めるとともに、江戸時代に幾度か訪れた生活低迷の世情の中で、現世利益を仏菩薩に求めた。

そのため仏菩薩礼拝と念仏唱導の際に、人びとはみな数珠を手にするようになった。したがって、そうした需要に応えるために町に数珠を売る店もできたのである。

ことに京都は仏教王国で、江戸時代初期に寺院の数は千をはるかに越えた。土地の人たちはみなそれぞれの檀那寺に詣でたが、西国三十三番札所の巡礼も訪れ、彼らは土産として数珠を買い求めたのであった。京都寺町は天正十八年（一五九〇）から翌年にかけて、豊臣秀吉によってつくり出された寺院地域で、東京極《きょうごく》大路の東側に、北は鞍馬口通辺から南は塩小路辺まで、南北に整然と形成された町であった。

数珠屋の店頭（『紀伊国名所図会』）

数珠屋の看板
（文部省史料館）

したがって、ここには数珠屋や法衣屋が多かった。その数珠屋の看板は、数珠そのものを象った木製大型の模型看板である。一木で造形したものは下の房の一方に「じゅずや」、もう一方に「念珠屋」など店名を刻んだものが多い。また木製の大型の珠を作り、それに紐を通して百八珠の数珠にして房を付けたものもある。これは概して大きく、軒に掛けると房の部分が地面につくぐらいの大きいものがあり、遠くからすぐ数珠屋と判別できるもので、壮観である。また長方形の板を刳り抜いて、そこに数珠の模型をつけ、さらに看板の上に屋根をつけた優美なデザインのものもある。

なお、数珠屋はあらゆる仏具も売った。祖先を祀る祭壇は、本来祖霊を迎えて祀るときに慎んで設けるのが古風であった。ところが古代の篤信者の個人祈願から、屋敷内に持仏堂を設けるようになり、さらに家屋内に仏間を設けたり、座敷の一隅に祖先祭祀の祭壇を設けるまでになった。それが仏壇で、江戸幕府の檀家制度によって庶民の家にまで設けられるようになった。仏壇は一般に厨子型の祠殿であるが、宗旨により家によってその規模の大小、構造に精粗がある。

仏壇は内部に壇を設けて本尊持仏あるいは祖師の彫像などを安置し、供養具として香炉・華瓶《けひょう》・燭台・仏器・灑水器《しゃすい》・華籠《けご》などを備える。このうち香炉・華瓶・燭台を一揃えにして三具足《みつぐそく》という。そのほか読経礼拝のための鉦・木魚・数珠などがあり、各種荘厳具も備えられることがある。こうした仏具を専門に売る店であるが、数珠屋で仏具を売ることが多く、これらの店は寺院の多い京都に集中し、京都にはいまも数珠屋町・数珠屋町通・仏具屋町などの名が残されている。地方でも寺院の門前には数珠屋・仏具屋などの店が並んでいる。

17　湯　屋

古代において寺院に設けられた湯槽の建物のことを湯屋といった。寺院のほかに貴族の湯殿はあったが、民間においては個人の湯屋は江戸時代までほとんどなく、中世末にいたって町衆の経営による湯屋ができ、公家・禅僧・町衆らが利用し、しだいに庶民を対象とする町風呂ともいうべき湯屋が広まるが、本格的な湯屋の発達は江戸時代になってからであった。

『慶長見聞集』などによると、徳川家康の江戸入府の翌年、天正十九年（一五九一）の夏、伊勢与市という男が銭瓶《ぜにがめ》橋のほとりに湯屋を建て、永楽銭一文で庶民にも入浴させたという。入浴料をとる湯屋であるので銭湯《せんとう》と呼び、これが今日の銭湯の始まりであった。大坂でもこれにならった湯屋ができるが、大坂では風呂屋と呼んだ。

江戸の銭湯は湯女《ゆな》をおいた湯女風呂もでき、寛永六年（一六二九）に吉原の夜間営業が禁止されたこともあって、湯女風呂は大いに流行り、明暦初年には江戸中に湯女風呂が二百軒以上もあったと、『異本洞房語園』に書かれている。明暦三年（一六五七）には風紀上の理由で湯女風呂は禁止されるが、公衆浴場としての銭湯は大いに発達し、文化五年（一八〇八）三月には湯屋十組仲間が成立し、男女両風呂三七一株、男風呂一四一株、女風呂一一株、計五二三株を数えた。

江戸の町は風が強く埃がひどいので、毎日入浴する習慣があったが、江戸は火事が多いのでできるだけ火を焚かずに用心するとともに、薪が高値であったこと、水が不自由であったことなどから、武家屋敷以外は大町人の家でも浴室を設けることが少なく、大町人の女房や娘も銭湯に出かけたし、宿屋でも客を銭湯に行かせることもあったという。そのため一つの町に銭湯が二軒あることも珍しくなかった。

したがって、江戸の町人にとって銭湯は日常生活上欠かすことのできないものであった。そのため銭湯は人びとの重要な社交の場であり、情報交換の場でもあり、そこでは寛《くつろ》いで四方山《よもやま》話に花を咲かせたのであった。そうしたことから宝暦四年（一七五四）刊の伊藤単朴作『𠑊俗教談銭湯新話』の談

湯屋の看板（『茶話鑑』）

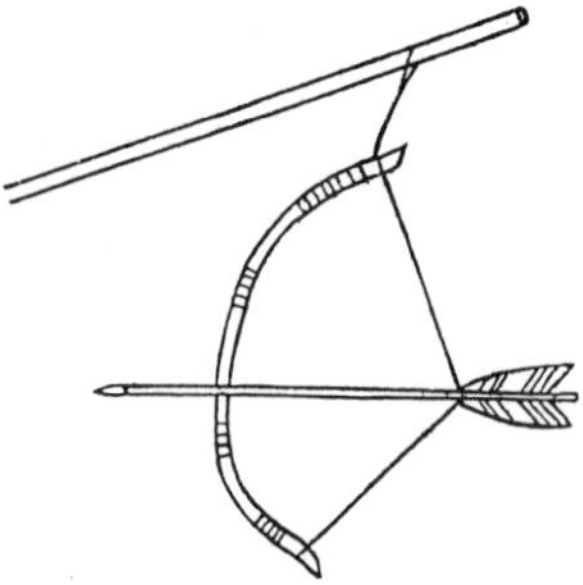

湯屋の看板（『守貞漫稿』）

湯屋（『八十翁疇昔話』）

湯屋の看板（『守貞漫稿』）

義本、享和二年（一八〇二）刊の山東京伝作『賢愚湊銭湯新話』の黄表紙、文化六年（一八〇九）刊の式亭三馬作『浮世風呂』の滑稽本など、銭湯を舞台とした諸作品が生まれたのであった。

こうした湯屋の看板は、屋根の上に矢を一本差したもの、軒に弓と矢を下げたもの、弓に矢をつがえたものを吊した。それは「弓矢」を「湯矢」にかけた意、「弓射る」を「湯入る」にかけた意で、西川祐信の『絵本答話鑑』にもこうした図が描かれている。また後に手拭を二つに切ったぐらいの方形の布に、「ゆ」あるいは「男女ゆ」と紺地に白く染め抜いたものを、長い竹棹に縛り付けて軒先に出して、湯屋の標識としたものもあった。

18　兜屋

兜《かぶと》は頭にかぶる鉄製の武具であるが、頭にかぶる鉢とその周縁に付ける頸部を護る錣《しころ》からなっている。古墳から出土した兜もこの形式のものが見られるが、平安時代の兜は、普通台形の板を五枚から十枚程度、円錐形の星と呼ばれる鋲で留めて、半球状の鉢をつくり上げた星鉢で、鉢の板の枚数から何枚張、表面の筋の間の数から何間《げん》の星兜と呼んだ。南北朝から室町時代には、星にかわって頭の平らな鋲を用いて、表面の筋ばかりが目立つ筋鉢が普及した。

戦国時代には需要が多くなり、間数の粗い筋鉢や、頂辺を突出させた椎形《しいなり》、中央と左右の三枚張のいわゆる頭形《ずなり》などの簡単な鉢の兜が多く作られた。そして表面に毛を貼ったり、いろいろの立物《たてもの》を立

兜屋の看板（国立民族学博物館）

武具甲冑屋の看板（水島義二氏）

てたり、山岳・動物・魚介・器具などいろいろの形をしたものを付けた変り鉢の兜が流行した。こうした兜を伝統的な星兜や筋兜にたいして当世兜と呼んだのである。兜は鎧とともに桃山時代にはまだ使われ、優れた意匠と高度の様式化を達成したといえるが、江戸時代に入り戦乱の時代が終ると、兜は実用品というよりは儀式用の衣裳の一部ともなり、そのためさまざまな装飾的技法と彩色が加えられるようになった。

したがって、そうした用法の兜を調達する兜屋の看板も、いきおい装飾性に富んだものとなった。実物を店頭に置く実物看板もあったが、多くは木彫りで朱・金・緑・黒で彩色し、鉢や錣《しころ》や前立もていねいに彫り、忍緒《しのお》は絹紐を付け、豪華さを表現するものであった。

こうした兜屋には、たんに兜だけでなく鎧や刀剣など武具一切を調達する店もあった。なかには大きな額板に鉄製兜各種や武具を取り付けた看板を屋根に上げた、実物看板、屋根看板ともいうべきものもあった。

19　鞘　屋

鞘《さや》は刀の身を納める筒状の具で、刀の茎《なかご》を入れる柄《つか》と一組をなすものである。ともに朴《ほお》の木で作ることが多い。素木《しらき》のままのものを白鞘というが、白鞘とは別に刀装すなわち拵《こしらえ》と呼ばれるものがある。これは白鞘の上に漆や金具などを施したもので、携行にさいしての装飾と保護を兼ねているが、古く

柄巻屋の看板（吉井哲夫氏）

鞘屋の看板（ピーボディ博物館）

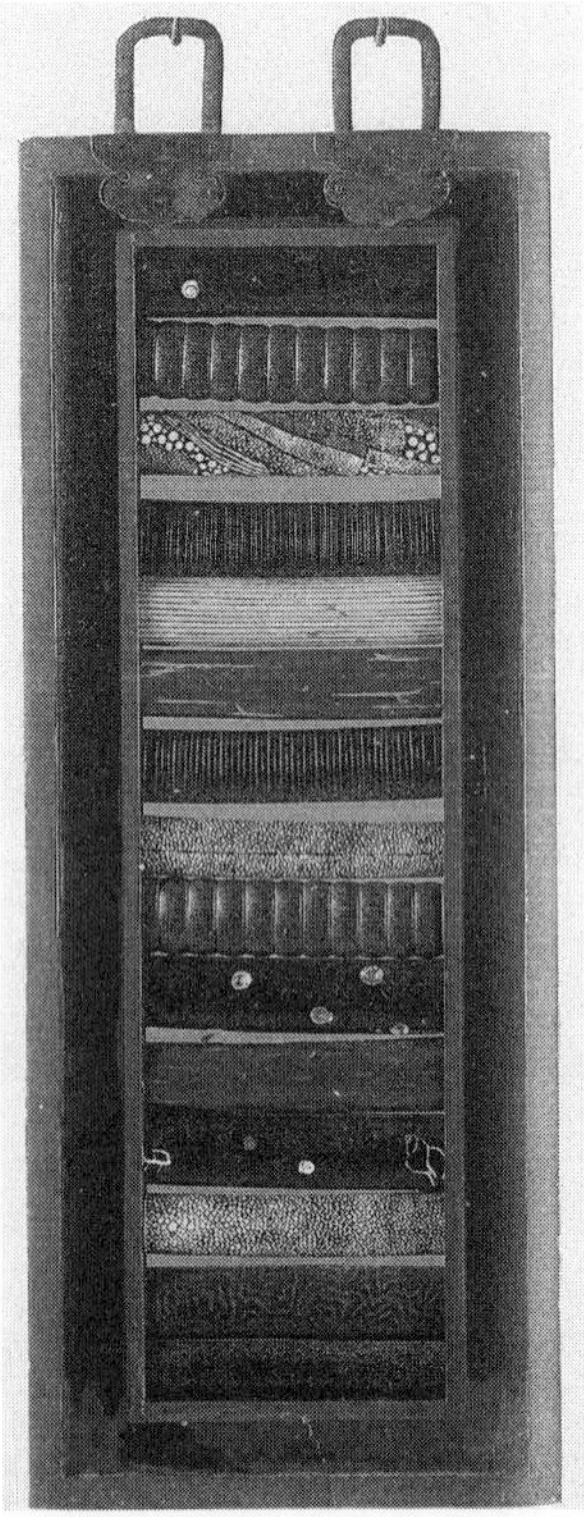

からとくに装飾に気が配られた。こうした刀装はすでに古墳時代から見られるが、正倉院御物に唐大刀や黄金装大刀があり、平安時代に入ると飾太刀の鞘は梨地、細太刀の鞘は紫檀《したん》地・麋《しか》地などに花鳥文を螺鈿《らでん》で飾る風があった。

鎌倉・室町の時代を経て桃山時代は刀の拵えから見ると黄金時代で、鞘に朱塗や黒塗が施され、二条の金の薄金を蛭巻にしたものや、梨地に家紋を蒔絵で描いたものなど、いろいろと華やかな意匠が施された。江戸時代になると正式には黒塗鞘・黒糸巻柄であるが、普段物にも蒔絵・螺鈿・梨子地・平文その他さまざまな技法が用いられて装飾性が高められた。そのため江戸時代にはもう刀は実戦の具というよりも装いの具となっていて、それに応じる鞘師が存在したのであった。その看板も鞘師が装飾性の発揮のために高度の技術を持っていることを誇示するものでもあった。その一つに、長方形の漆塗の中に鮫皮・平蒔絵・梨子地・螺鈿・黒漆塗・朱漆塗などの鞘の部分を横に並べてはめ込んだ、きわめて装飾性に富んだものがある。この看板は店頭に直角に吊して、両面から見せたのである。どちらの方向から来てもすぐさま鞘屋と知ることができるのであった。

20　柄巻屋

刀の茎《なかご》を差し入れて固定する柄《つか》は、太刀や刀は両手で柄を握り、短刀は片手で握るのでそれに応じた長さに作られる。その柄には革や糸を巻いて保護し、実用的には滑りどめとなり、また装飾をも兼備する。そうした柄巻をする職人を柄巻師といい、鞘塗りの工人らとともに各藩にいたが、江戸には幕府の御用柄巻師を筆頭に、戦のない時代になっても武士の身分を象徴する刀剣の重要な部分であるため、その需要に応じるため随所に存在したのであった。

柄巻は室町時代に打刀が発達すると華やかな展開を示したのであるが、一般には朴の木の上に鮫皮を着せ、その上を絹や木綿の組糸や革で巻く。組糸は巻目が小さい菱形の連続する形になるように巻くが、巻き方には多種あって、もっとも一般的なのが、ツマミ巻・片捻り巻・諸捻《もろひね》り巻・平巻・蛇腹巻・片手巻などであるという。一本の柄を巻くのに必要な長さは一丈二尺、糸の色は黒・茶・紺・浅黄・紫などがあり、柄巻の意匠によって武士の身分や、居住する地域さえも見分けられるという。

こうした高度な技術と美術感覚を要する柄巻師の看板は、長方形の板の中央に柄の部分を浮彫にしたもの、あるいは板の中央を刳り抜いて、そこに柄の部分の彫刻をはめ込んだものなど、いわゆる模型看板である。その両脇には柄巻師の名前などが書かれることが多い。

21　糸　屋

衣生活は食生活・住生活とともに人間が暮らしを営むための根幹である。日本では古くから楮《こうぞ》・藤・麻の繊維や絹糸で衣服の布を織り、江戸時代からは棉作の発展により、木綿の糸をもって布を織ることが普及した。主婦や娘たちは日夜糸を紡ぎ、布を織って着物を縫い、家族の衣生活を充実させたのであった。こうした糸は素材を適当な太さと所要の強さにするため、一定の方向に撚《よ》り、強伸度を保つように加工したものであるが、古代の繊維は絹繊維も含めて、特別のものを除いて撚りが掛けられていない。近世初期から中国の明の影響をうけて撚糸機が発達し、撚糸が大部分を占め、そこから縮緬などの織物の発達が促進されたのであった。

江戸時代中期までは自家用の織物の糸はそれぞれ自家で紡ぎ、紡織一体であったが、商品経済の発達により紡織が分離し、とくに衣生活も豊かになって需要が増大すると、各種の織糸や縫糸を売る糸屋も多く現われ、とくに京・大坂・江戸の三都では繁昌したという。江戸の糸屋では織糸・縫糸のほかに、武士の必需品である刀の柄糸や下緒などの組糸も扱った。また地方の糸屋では網・綱などの材料も扱ったという。

糸屋の看板（文部省史料館）

こうした糸屋の看板は、糸枠に紺・黄・赤・白・黒の五色の糸を五段に巻いた形のものを店頭に吊り下げた、いわゆる模型看板である。糸の数も色の順序も決まっているわけではなく、三色のものもあった。また四本棒の方形の糸枠でなく、二本棒の糸枠に五色の糸を五段に巻いた形の模型看板もよく用いられた。これは一辺一尺ぐらいの大きさであるが、色彩豊かでよく人目を引いた。なお、方形の板に枠に掛けた糸の形を彫りつけて看板とするものもあった。これは多く三色の糸を描いていた。また綛《かせ》糸一束を軒に吊るす、いわゆる実物看板もあった。

食べる・飲む

魚売り（『和国諸職絵尽』）

1　そば屋・うどん屋

そばはシベリアからインドにいたる東アジアが原産地で、わが国へは北方から朝鮮半島を経て伝わったといわれている。栽培のはじめについては、『続日本紀』に養老六年（七二二）七月に元正天皇が蕎麦や大小麦を栽培して飢饉に備えよと勅命したという記事が見える。ここから関西のそば業者が、元正天皇をそば栽培の祖神とあがめ、毎年五月二六日天皇崩御の日に、元正天皇陵参拝を欠かさず行なったという。

ところが、『続日本後紀』では承和四年（八三七）七月の仁明天皇のときだというし、また弘法大師が唐から種を持ち帰って栽培させたともいう。さらに、戦国時代に東南アジアの崑崙《こんろん》の商船が、三河国に漂着してそばの種を伝え信州に移植し、そこから信州そばが著名になったなど、さまざまな説がある。しかし言えることは、その頃はまだそば練り、そば搔きの方法で食べていたということである。すなわち、そば粉を熱湯でかたく練って、熱いうちにふうふうと吹きながら食べたのである。

それからやっと江戸時代も元禄（一六八八～一七〇四）のころになって、そば粉をつないで細長いものにする知恵が生まれた。初めは山芋あるいは卵、のちに小麦粉やうどん粉を入れてつなぐようになる。それを練って平たく伸ばして細く長く切って食べる。そこから「そば切り」の名も生まれた。こうして、そばが長く腰の強いものとなり、そこから「そばのように長く、長寿であるように」という意味で、「年越そば」として年越しの食用として広く普及した。それがさらに「引越しそば」の風習を生み、「長くその地に住めるように、長く近所付き合いができるように」といい、隣近所に配ることにもなったのである。そして、享保年間（一七一六〜三六）の末頃から江戸の町にそば屋があらわれた。

そばといえばうどんがある。うどんは小麦粉で作ったもので、奈良時代に中国から伝来し、平安時代に発達した唐菓子である餛飩《こんとん》に由来するという。すなわち、うどんの元祖は唐菓子で、小麦粉を団子のように作り、中にこれも中国から伝来した餡《あん》を入れて煮たもので、これを汁に入れて食べたので、汁の中でころころしているところから餛飩と呼ばれ、熱い湯で煮て食べるので温飩《おんどん》と転化し、さらに食偏の文字に変形して饂飩《うんどん》となったというのである。うんどんという言葉は室町時代初期の辞典に見られ、うどんという言葉は室町時代末期から見られる。

こうしたうどんには、切麺《きりむぎ》（切麦）、冷麺《ひやむぎ》、平饂飩、干饂飩、麦切りなどがあり、冷麺は暑いときによろこばれ、平饂飩は「ひもかわ」と呼ばれた。それは干饂飩の一種で、東海道の芋川から転じたもので、尾張の名和、下総の行徳、仙台などが名産地となった。いまは平打ちした饂飩が「きしめん」と呼ばれ、ことに名古屋のものがよく知られる。このうどんも長いことから「年越そば」にかわって大晦日の食物とされるし、また引越しのさいもそばのかわりに用いられることもある。

なお、江戸時代はそばもうどんもいっしょに売っていたが、のちにそば屋とうどん屋が分かれ、そばは関東、うどんは関西といわれるように、主として東と西に分かれて普及した。したがって、看板

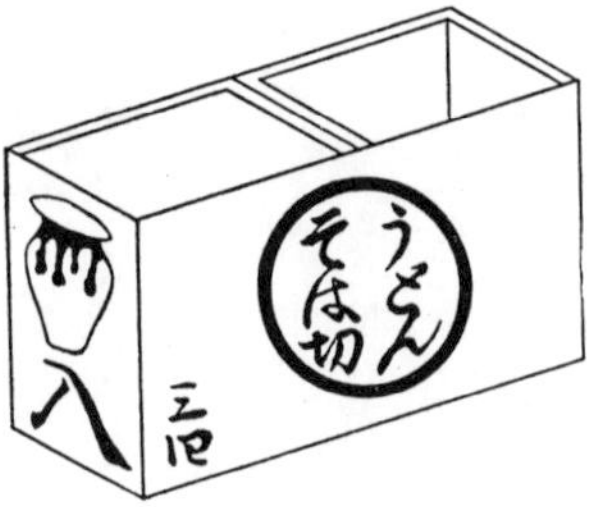

うどん・そば屋の看板（『筠庭雑考』）

麺類屋の看板（『筠庭雑考』）

茶そば屋の看板
（山本重太郎氏）

そば売り（『守貞漫稿』）

もはじめはそばもうどんも一体であった。元禄三年（一六九〇）の『人倫訓蒙図彙』の旅籠屋の図では、その軒先に額様の板の下に細く切った紙をたくさんつけたものに、「そば、うどん、あり」と書いた看板を吊るしている。また、天保十四年（一八四三）刊の喜多村信節《のぶよ》（号筠庭）著『筠庭《いんてい》雑考』にも同型の看板に「いろいろ　麺類　有」と書かれている。また同書には箱形の行燈看板が描かれていて「うどん　そば切」と丸で囲んで書かれていて、もともとそばもうどんも同じ店で売られていたことがうかがえる。

なお、天和二年（一六八二）刊、井原西鶴の『好色一代男』二の巻には、早い例としてうどん屋だけの看板が見える。さきの例と同じように絵馬板型の下に細い紙をたくさん吊るした看板で、そこに「いも川　うむどん」と書かれていて、東海道筋の芋川うどんが名物であったことがうかがえる。事実、万治元年（一六五八）刊『東海道名所記』四の巻の「池鯉鮒より鳴海まで」云々の条に、「伊も川、うどんそば切あり。道中第一の塩梅よき所なり」と言っている。

ところで、江戸時代も末期になると、そば・うどんそれぞれ専門の店もできるようになる。とともに行燈看板が主流を占めるようになる。そば屋はそこに多く「二八《にはち》蕎麦」と記した。そのことについて慶応四年（一八六八）刊の宮川政運『俗事百工起源』は、「二八の事、二八といへるはそばの事にして、二八は九々の数、二八十六文と云へることと売人も買ふ人も思へども左にあらず、二八は蕎麦の品柄を云ひしものなり。二八とは蕎麦粉八合につなぎに饂飩粉二合入りしを顕はして書きしものなりと松岡子、予に語りぬ」とある。二八の割合もはじめは蕎麦粉が八分で饂飩粉が二分であったのが、嘉永年間（一八四八〜五四）には逆に蕎麦粉が二分で饂飩粉が八分というようなものもあらわれたという。

うどん屋の看板も行燈看板であった。そこには「三四」と書かれているものが多い。この方は『筠庭雑考』に「三四とあるは拾二文也」といっており、拾弐文という定価を公示しているという。そうしたことからみると、そば屋の方も拾六文という定価の公示と理解したのもあながち間違いとはいえないかも知れない。

2 米屋

縄文時代晩期から農耕がはじまり、弥生時代に入ると広く各地に稲作が行われた。奈良時代に入ると朝廷に納める租は稲の種実を主体とするようになり、『正倉院文書』のなかのいくつかの国の正税帳によると、納められる形には穀・穎稲《ようとう》・糒《ほしいい》の三つがあり、さらに薩摩・駿河・豊後・紀伊その他の国では、稲穀のほかに粟も租として納められている。このように古代から中世・近世には米が貢租であったから、米の流通には制約があり、時代によって流通の形態も異なるので、米を販売する米屋の業態も複雑であった。

古代の平城京・平安京の東西の市に「米廛」と称する米店があって米を販売していた。室町時代になると、当時最大の米の消費地であった京都の三条室町と七条に上下米場が成立した。この米場というのは京の諸口から入ってくる諸国廻米を独占的に取引きした卸売市場で、上下米場商人がそこで独占的な営業を行い、洛中の米小売商人に卸売していた。小売商人のなかにはあちこちの市に米の量り売りをする女性の米売りもいた。

　江戸時代になると米の市場は大坂と江戸が中心となり、蔵米・納屋米が流通米として市場に出された。蔵米は領主が徴収した年貢米のうちから家臣の禄米として支出した残りを払い下げたもので、大坂には西国・北国諸藩の蔵屋敷が置かれ、蔵元がそれを売り、米問屋や仲買を通じて市場に出された。江戸では幕府の蔵米が札差《ふださし》を通じて米問屋に売られ、諸藩の払下米は脇店八ヶ所米屋が引受けた。納屋米は地主が収納した小作米や農民の保有米で、直接市場に出されて、地方米問屋から消費地の米問屋に送られ、各都市の搗米屋が問屋から米を買い、出稼ぎの米搗を雇って店頭で精白して売った。これが小売の米屋である。

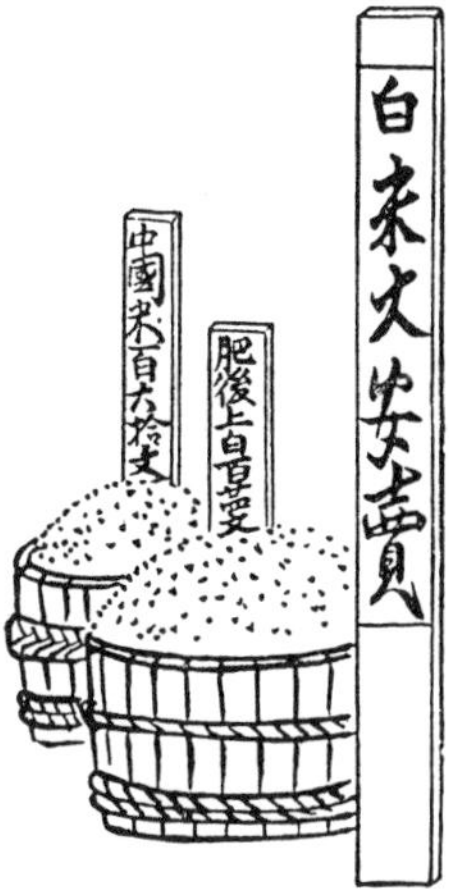

米屋の看板（『守貞漫稿』）

　こうした米屋のうち大坂の米屋は、長い板に白紙を張り、それに「白米大安売」などと墨書して軒に立てかけ、また白米を大きな半切桶《はんぎり》に盛り上げて、そこに米の産地国名と品質の上下と値段を書いた木札を差し込んで立てたのである。すなわち実物看板である。

3　八百屋

野菜の王様は大根である。きわめて古い時代から食用とされていたようである。縄文農耕とくに焼畑耕作の栽培物は雑穀根菜であるので、その時代に根菜として存在したのではないかとは思われるが、柿や桃のような果樹類は種があるので遺物として検出されるが、大根は遺物としては残らないので、その栽培をはじめた時代は明らかではない。しかし、古くから重要な食料として存在したはずである。神事のもっとも重要な儀礼は神饌献供であるが、その神饌にも大根は多く用いられている。神饌は人々が食生活上もっとも恩恵をうけているものを神に捧げて神人共食するものである。こうした神饌に大根が多いことは、大根が食生活上きわめて重要であったことを物語っている。

東北地方から中部地方にかけて、十月十日のトウカンヤ（十日夜）という田の神祭りを「大根の年取り」という地方が多く、この夜いっきに大根が成長するとか、音をたてて地面を割って大きくなるといい、この日まで大根を畑におくとよく実るといい、十日夜を過ぎて大根を抜くとよいという。能登の旧十一月五日のアエノコトという田の神祭りには、かならず二股大根を供える。田の神祭りに大根が大きくかかわることも、大根が作物として重要なものであったことを示している。

ところで、日本の大根は世界でもっとも大形であることと、四季を通じて産出されることが特徴である。それに淡味でしかも甘味があり、生食、煮食、切り干し、塩漬け、味噌漬けなど、たいへん広

八百屋の看板（ピーボディ博物館）

い範囲の食法がとられてきた。また、寒い時期にとくに適している性格上、春を迎える正月の食事にも最適であった。ここから雑煮にも広く用いられてきた。もちろん歳徳神すなわち正月の神様への神饌としての意味も大きかったのである。

それにもまして大根が有用であったのは、殺菌、消毒の効用もあったからである。鰯《いわし》に大根卸しを添えたり、刺身に大根のケンをつけるのもそのためである。また大根はどんな食べ方をしても、またたとえ腐っていてもめったに食中毒しない、すなわちあたらないことである。下手な役者のことを「大根役者」というのも「あたるためしがない」ということからきているという。

この大根はまた聖天さんと実に関係の深いものである。聖天すなわち歓喜天はインドの生殖神であるが、この神は左手に大根、右手に歓喜団子《だんご》を持っている。それは大根が人間の味がするといわれることと、大根とくに二股大根は女性の股を連想させるところから、生殖を象徴するものとされたからである。こうしたところから、聖天さんに祈願するときは大根を禁食して、〝違い大根〟や〝二股大根〟の図の絵馬を奉納する風がある。

このような大根のもつ意味から、野菜全体を代表させ、江戸時代には八百屋の看板として大根を象《かたど》った模型看板が用いられた。それには一本の太い大根、二本の大根が交叉した形のものなどがある。

4　魚屋

島国・日本列島に住む人びとは、古くから多くの魚介類を食べていた。『延喜式』に記されている水産神饌の品目には、鰒《あわび》、堅魚《かつお》、鯛、鯉《こい》、鮎、細魚《さより》などが見える。しかもそれらは多様な調製・調理をしており、鰒ならば長鰒、短鰒、身取鰒、玉貫鰒、耽羅鰒、羽割鰒、薄鰒、束鰒と多様であるし、堅魚も煮堅魚、鮎も塩塗鮎、押鮎、鮨鮎、煮干鮎と多彩で、魚の丸干の腊《きたい》、乾燥した魚である鱐魚《しゆくぎよ》などがあった。また深海の海草である滑海藻《あらめ》、近海の海藻である凝海藻《ころもは》や天草《てんぐさ》なども食していた。

中世の都市には魚棚としてこのような魚介類を売る店が成立し、市の立つところでは露天の店を張るものも現われた。そして江戸時代には城下町、在町に魚屋が見られ、魚市場で仕入れた鮮魚、塩干魚、貝類を座売り、荷売り（行商）が行われ、魚市場では問屋を媒介として仕入れたが、江戸では享保年間（一七一六〜三五）に三八〇人の肴問屋、一六〇余の塩干魚問屋が仲間をつくっていたという。荷売りは盤名や、桶・籠に魚を入れて天秤棒で担って、商品の魚の名を呼びながら売り歩くもので、季節のものを売るときにはことに活発で、江戸では三月三日の雛祭りが近づくと、栄螺《さざえ》や蛤《はまぐり》を、「サザイやサザイ、ハマグリやハマグリ」と呼びながら売り歩いて評判をよんだ。

こうした荷売りは露路裏までも売り歩いたので、茶店では障子に「魚」という文字を書いて看板とするほかあまり見られなかったが、それでも魚を象った模型看板が吊るされていた。

5 味噌・醤油屋

日本人の食物を象徴的にあらわして、「米の飯と味噌汁」という言葉がしばしば使われる。それほど味噌は日本人の食生活に欠かせないものであった。東北地方の農家では一日に三度味噌汁を飲み、味噌をべったりと入れて野菜を煮込むことも多かった。西日本の方はそれほど味噌汁を飲まないが、そのかわり嘗《なめ》味噌としての食べ方が一般的であった。味噌をどろどろに煮て飯に添えて食べるのである。ときには菜などを少々入れ、汁とも菜とも分けがたい田舎の菜っ葉飯、大根飯、芋飯にもうってつけの味であった。ことに芋飯のおかずの第一は味噌だという。芋どころ鹿児島や奄美の島々では、味噌なしでは一日も暮らせないとさえいう。

味噌はまた漬物にとっても大切なもので、野菜や山菜を腐らせずに長持ちさせ、味もついて重宝である。鹿児島や奄美では夏の沢庵《たくあん》はもたないので、味噌漬にするともつという。野菜はもちろんのこと蛸も卵も木の実も、人寄せをして食べ残した豆腐まで味噌漬にして、芋飯にあわせて食べる。ときには果物も味噌漬にして食べるという。沖永良部島あたりでは、これがもっとも上等の漬物であるとさえいわれた。

こうした味噌の効用はさらに多くの味噌料理・味噌漬を生み出していった。金山禅寺から作りはじめたという、大豆に麦麹《こうじ》を合わせて砂糖あるいは蜜を加えて甘くし、茄子や紫蘇《しそ》や生姜《しょうが》を混ぜた「金山寺味噌」。江戸時代に大坂堀江の阿弥陀池前や丼池筋で作って売ったという、金山寺味噌と似た「桜味噌」。大坂淡路町の八百源という八百屋で作り、江戸にも送り出した米麹味噌に鯛肉を混ぜた「鯛味噌」。江戸の平日用の味噌に牛蒡《ごぼう》や生姜《しょうが》・唐辛子や鯣《するめ》などを加え、胡麻油で煎りつめた「鉄火《てっか》味噌」。その他魚味噌・炒味噌・酢味噌など数限りない食品が生まれて重宝された。

一般家庭では「手前味噌」という言葉があるように、昔はみな自家で味噌を作ったものであった。いわゆる「内味噌」で、買味噌をすることを恥としたのであった。代々の主婦はみな味噌作りの技術を身につけ、姑の作った味噌の味を忠実に継承していったのである。そこで他家の味噌は口に合わなくなり、自家の味噌ほど美味しいものはないと信じるようになる。すなわち手前味噌になるのであった。そしてこの言葉が自分で自分を誉めることの譬え言葉として使われるようにもなった。

この味噌は仕込んで三年目の「三年味噌」を食べるのが理想で、三、四年前の味噌樽を並べておくことは家の豊かさを示し、この上もない誇りとしたのであった。味噌を作るさい、味噌樽の味噌の上面を凹形にしておき、そこへタマリダテという竹籠を入れておくと、籠の中にしぜんに味噌の汁が溜まる。これが醤油のはじめであったので、醤油をタマリあるいは「溜醤油」といい、醤油屋を「溜《たまり》屋《や》」といったのである。

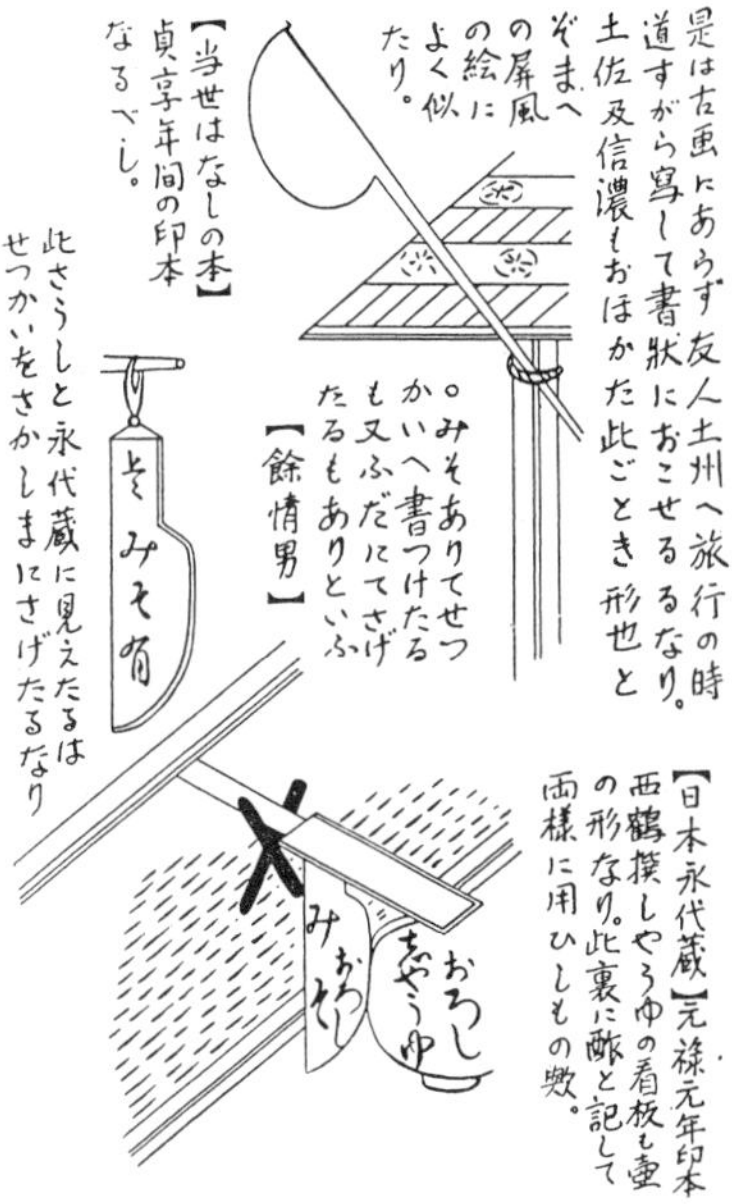
是は古画にあらず友人土州へ旅行の時道すがら写して書状におこせるなり。土佐及信濃もおほかた此ごとき形也とぞ。まへの屏風の絵によく似たり。
【当世はなしの本】貞享年間の印本なるべし。
此さうしと永代蔵に見えたるはせつかいをさかしまにさげたるなり
みそ
。みそありてせつかいへ書つけたるも又ふだにてさげたるもありといふ
【餘情男】
【日本永代蔵】元禄元年印本西鶴撰しやうゆの看板も壺の形なり。此裏に酢と記して両様に用ひしもの歟。
おろし
しやうゆ
みそ
おろし
味噌醤油屋の看板（『足薪翁記』）

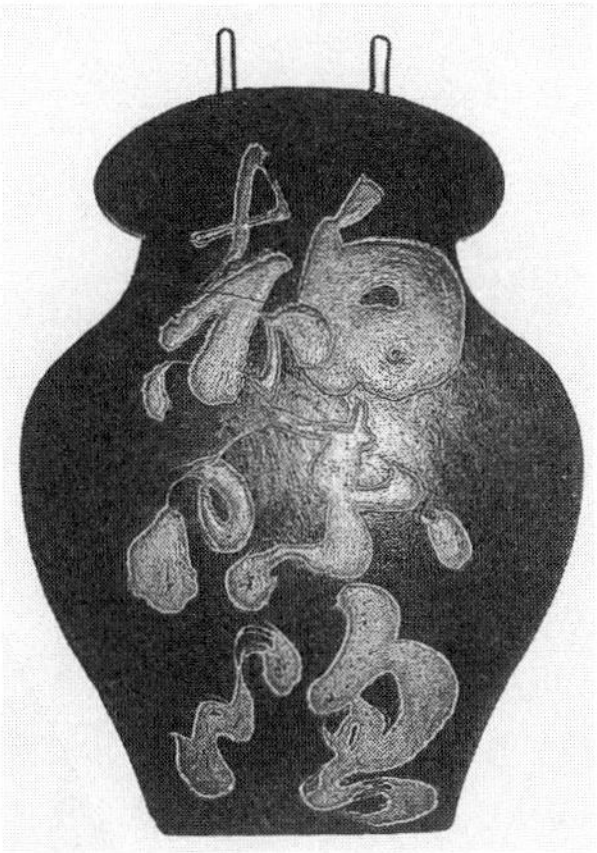
味噌屋の看板（日笠健一氏）

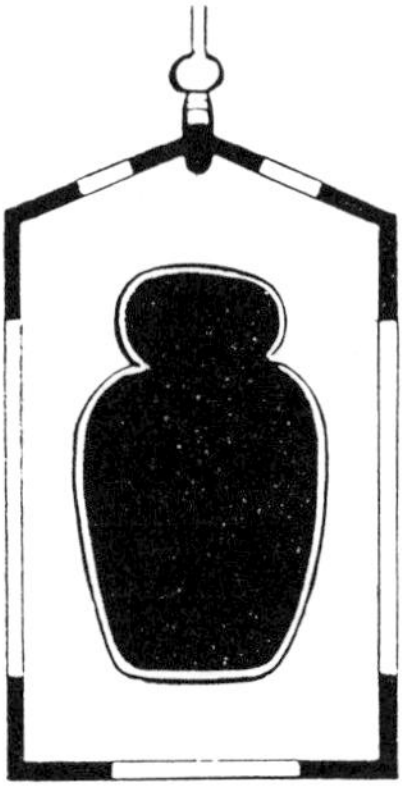
酢屋の看板（『足薪翁記』）

溜醤油屋の看板（樋口清之氏）

実に味噌と醤油は兄弟分なのである。昔は醤油といえばみなこのタマリであった。醤油で煮た煮しめは正月や盆の御馳走になる。いまでも味噌汁よりは澄まし汁の方が御馳走と考えられるのは、濁酒より清酒がよいというように、澄んだものを上等と考えるようになった人間の観念の変化からきている。

この醤油も江戸時代には専門に作るところがあらわれ、大坂では御堂の後の河内屋、南久太郎町の河六、大宝町の奈良屋などが盛んに作り、江戸へ売り出し、江戸の小売屋で販売されたという。

味噌も醤油も江戸時代には田舎ばかりでなく、京・大坂では毎冬自製するものが多かったというが、江戸では自製することはなく、みな京・大坂や近郊の田舎から買い入れて食用としたという。したがって、これを小売する店があちこちにあった。もちろん味噌屋は醤油屋でもあり、いっしょに売っていた。

この味噌屋・醤油屋の看板は、味噌を入れる壺形の容器看板が一般的である。板を壺形に切り抜いて、それに「赤味噌」「白味噌」「味噌醤油」「溜醤油」など品物の名を書き込んだり刻んだりしたもので、壺形の看板が目につけばもう味噌・醤油か酢か茶の店であることが遠くからでも判別できた。上方では壺形看板のほかに、壺から味噌をすくい取る匙箸の形をした板に、「みそ」と書いた看板も多かった。またこの匙箸を軒の柱にくくりつけて、軒先から斜めに立て出して看板とすることもあった。いずれにしても、品物ともっとも関係の深いもの、象徴するもの、品物を端的に表現するものをもってしていること、これが江戸時代の看板の特徴である。

6 酢屋

酢は酢酸を含む酸性の液体で、米に麹《こうじ》を加えて作った米酢、清酒からできる酒酢、酒粕から作る粕酢などのほかに果実酢、合成酢などもある。代表的な酸性調味料で、強い殺菌力をもっている。酢は古くから愛用されたようで、わが国でもすでに早く『正倉院文書』の天平十年（七三八）駿河国正税帳に、「酢壱斛玖斗盛　壱口」なる記事が見える。

酢は調味料として日常生活に欠かせぬものとして重宝されたが、そればかりではなく、さまざまな用い方がなされ、『本草和名』には「酢酒　一名苦酒　一名華池左味」とあり、酒としても飲用されたようである。その酒はうすい苦酒であったらしい。また、『宇治拾遺物語』四・一七に、「僧膳の料に、前にて大豆をいりて酢をかけけるを、なにしにすをばかけけるを、なにしにすをばかくるぞと問はれければ」と、大豆に酢をかけて食したこともあったようである。また、『東海道中膝栗毛』六・下には「『なぜ。酢をのむとどふする』『ハテ酢をのむと、痩るといふことだから』」といっているように、身体を痩せさせる効もあったようである。

『足薪翁記』は酢のことについて、

和泉の酢名高し、或書に酢は聖人も好み給ひしとなり。歓喜の事に酢食して眼を開かしむるとあり。されば老子は、西に指さして酢を求、釈迦は二君子の酢を愛し給ふをよんで酢吸と号し給

酢屋の看板（国立民族学博物館）

ふ。酢坪に右の三像を画いて、三吸とも酢吸ともいふ

と記し、壺から酢を汲んで計り売りする画が描かれている。中世の『七十一番職人歌合』には、酢売りのそばには壺を据えている。酢も味噌・醤油と同じく壺に入れられていた。柳亭種彦の『還魂紙料』には、

酢を商ふ家の看板に三種有。其一種は瓶の形を板にて彫たるなり〔七十一番職人歌合〕の絵に、酢売の傍に瓶をすゑたり。是酢を貯る器なり。其形より出て、ふるくよりありし看板なるべし。

といっており、酢壺の形に板を刳り抜いた「容器看板」が主たるものであった。

もう一つの看板は小竹を編んで軒端に吊るすもので、竹を編んだものを簀《す》というので、簀に酢をかけた「判じ物・語呂合わせ看板」である。この看板には「八月酢」と書いた紙を貼ったものもあったという。それは『万間書秘伝抄』に「八月酢の名あり、是酢を造の佳節なるべし」といっているように、八月が酢を作るもっともよい季節で、そのときに作った上等の酢であるということを示したのであろう。

さらにもう一つの看板に曲物《まげもの》の篩《ふるい》の底を抜いたものを軒端に吊るすものがある。すなわち曲物の側

板である。その理由は明確ではないが、酢には眼に見えないような小虫がわくことがある。それで曲物の布飾で漉《こ》して小虫を除去して清浄なものにして販売した。そのためこの商《あきない》の酢は良いものであることを示して、曲物の布飾を吊るしたのが、いつのまにか曲物の側板だけになってしまったというのである。このことは『生身魂』にも、「酢には眼に見えがたき小虫の生ことあり。これを漉《こし》たりといふしるしに、布飾を掛おきしが、いつか輪ばかりとなり」と記している。

またこの看板については、曲物の底のないものにいくら矢を射ても通り抜けてしまう素矢となる。この素矢と酢屋を語呂合わせした看板であるという説もある。

7 酒　屋

酒は本来日常飲むものではなく、神事のとき、何らかの意味で神祭りの日である年中行事のときのみに飲むものであった。大和の大神《おおみわ》神社（三輪明神）は古来酒の神として崇敬されてきた。すでに『日本書紀』巻五の崇神紀に、

八年の夏四月の庚子の朔乙卯に、高橋邑の人活日《いくひ》を以て、大神の掌酒《さかびと》とす。冬十二月の丙申の朔乙卯に、天皇、大田田根子を以て、大神を祭らしむ。是の日に、活日自ら神《み》酒《き》を挙げて、天皇に献る。

と見え、崇神天皇八年に高橋活日をもって大神の掌酒とされ、大田田根子をもって大神を祀らしめる

とき、活日自ら神酒を捧げて天皇に奉ったというのである。そしてこの年の冬十二月の記事に見られるように、神酒の古語をミワといい、酒を醸す甕《かめ》すなわち酒甕もミワといい、そこからウマシサケミワの詞となって、味酒《うましさけ》が三輪の枕詞となり、神社の名前ともなったのである。

わが国では古くから神事にさいして造る酒は、本来神事の前夜に一夜で造る「一夜酒」であった。神事を営むにあたって女性が米を口に含んで噛み、唾液中の酵母で発酵させた口醸《くちかみ》酒すなわち唾液酒であった。醸《かも》すは醸《か》むの転化であり、今日女性のことを「かみさん」というのも、酒を醸す人からきた言葉である。こうして神事にさいして酒を造り、神に捧げ、神事を営む人びとに酒を注ぐのも、巫《み》女《こ》としてのもっとも重要な仕事であった。かの邪馬台国の女王卑弥乎もそうした巫女であった。中国では酒造りの人やその集団を杜氏《とうじ》という。そこからわが国でも酒造りの人やその集団を杜氏という。

中世以来酒造の技術も進み、武家社会においては飲酒の風も広まり、正式の礼講の飲酒作法も複雑となり、酒席に侍る一同にたった一つの見事な杯から順番に飲むという作法が正式の杯事とされた。だが室町時代からこれを省略して「三三九献」すなわちいまいう「三三九度」の杯事となり、さらに一般にも夫婦杯・親子杯・兄弟杯・引付け杯と、人と人の絆を固める杯事が広まった。そして江戸時代になると、摂津の猪名川《いながわ》の伏流水・清流がもととなって池田・伊丹で酒造が発達し、その技術が西宮から灘に伝わり、摂津の良米と良水をもととして「灘の生一本」の名で呼ばれる銘酒が生まれ、樽廻船をもって江戸に運ばれたのであった。

こうした摂津の酒造技術は丹波杜氏に負うところ大であったが、能登杜氏、越前杜氏、越後杜氏、

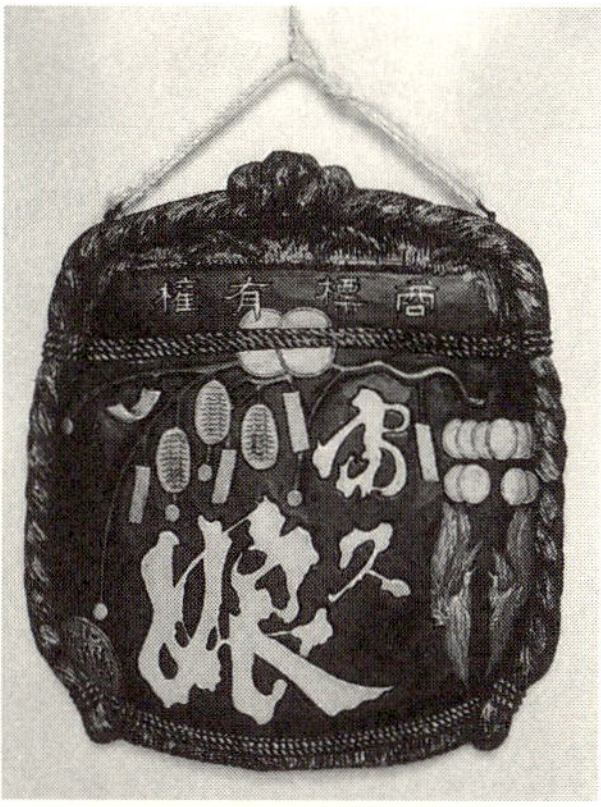

(上)「富久娘」の看板
(原野農芸博物館)
(左)酒林 (五条市)

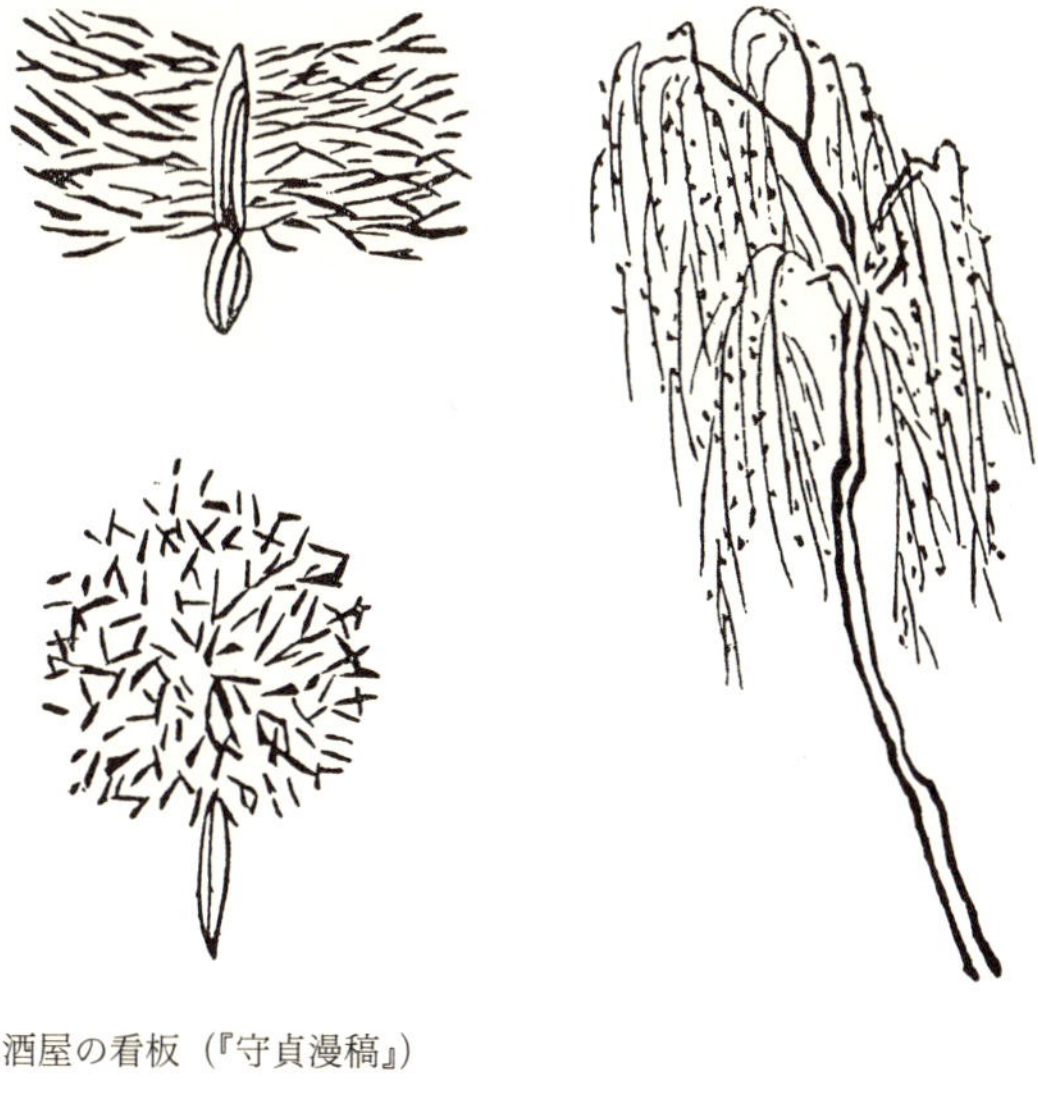

酒屋の看板 (『守貞漫稿』)

南部杜氏をはじめ各地に酒造職人が輩出し、酒造業も興った。そうした酒造家は軒先に杉の葉を集めて鞠《まり》のようにした杉玉を吊るして看板とした。酒の神である大神神社の酒祭りの日に拝殿軒先に新しい杉玉が吊るされ、それを授けられたものである。これをサカバヤシ（酒林）あるいはシルシノスギ（験の杉）という。神体山たる三輪山が杉を神木とすること、酒樽がもっぱら杉を用い、酒の香りをよくするために、杉の根を削ったのを酒の中に入れたり、杉の葉を酒に浸すことがあり、酒と杉が大きくかかわりあったことから、シルシノスギを生んだのであった。なおこのサカバヤシは大和・京・大坂では直接大神神社に参詣して授かったが、江戸や遠方においては、サカバヤシを売りに来る者から買うことが多かった。また、鞠《まり》の形にしたものではなく、杉の小枝を束ねて中央に割竹や木を添えて、縄で巻き締めて吊るす簡単なものもあった。

8　糒　屋

米を蒸して乾燥したものを糒《ほしいい》という。湯や水にひたして食べるが、そのままでも食べた。貯蔵性が高いうえに簡単に食べられるので、古くから旅行用・軍事用の携行食として重視された。『軍防令』には「凡そ兵士は、人別に糒六斗、塩二升備えよ」とある。また『続日本紀』の宝亀四年（七七三）二月辛亥の条には下野国の火災で「正倉十四宇、穀・糒二万三千四百余斛を焼く」とあるから糒がかなり多く備蓄されていたことがうかがえる。『延喜式』には糯糒、粟糒、黍子《きび》糒などが見え、糯は米だけでなく粟・黍子の糒もあったことがわかる。江戸時代には道明寺糒が知られ、仙台糒とともにその良質をうたわれ、道明寺といえば糒をいうほどであった。

この糒屋の看板は、将棋駒形の板に烏《からす》を二、三羽、ときには四羽かと思わせるような恰好に描き、またその板の下にヒラヒラを付けたのもある。なぜ烏なのか、熊野牛玉を真似て奇を衒《てら》ったのかその意味は不明であるが、元禄時代（一六八八～一七〇四）のころからあると『我衣』などに記されている。

9 焼芋屋

慶長年間（一五九六～一六一五）に琉球から薩摩に渡来した琉球芋は、薩摩芋の名でしだいに北九

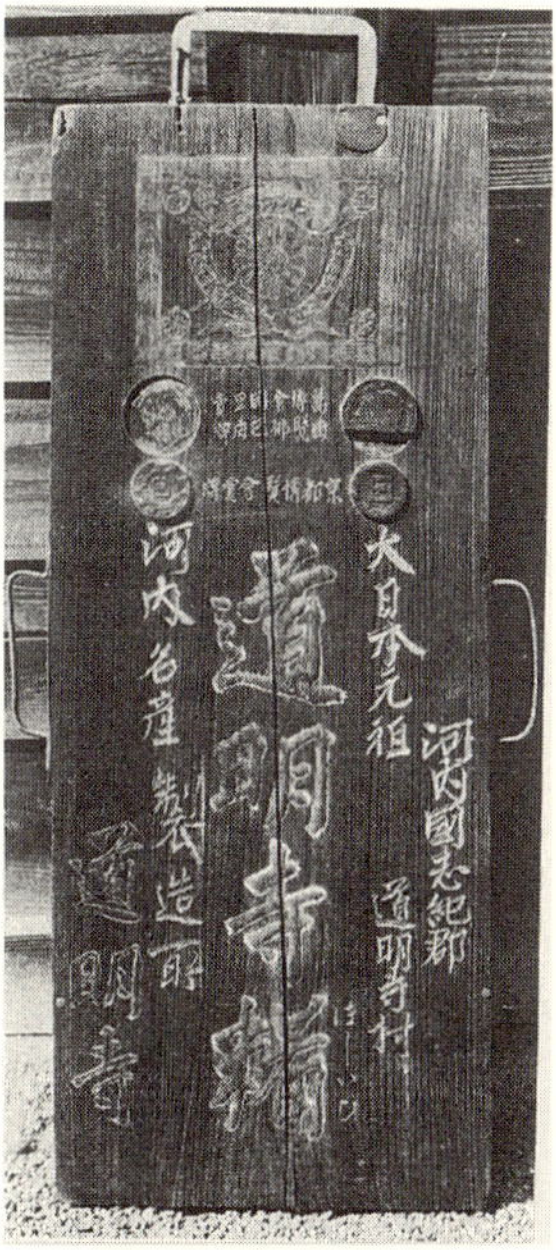

道明寺糒の看板（道明寺）

糒屋の看板（『看板考』）

州から中国地方に広まった。そしてその味が栗（九里）に近いというところから「八里半」という愛称がつけられた。この薩摩芋は享保二十年（一七三五）、幕府書物方の青木昆陽が公儀の力を借りて熱心に栽培を奨励したことによって関東一円に広まり、宝暦年間（一七五一～六四）には上総・下総・伊豆大島でも盛んに栽培され、江戸の町に送られ賞味されたという。生の薩摩芋を笊《ざる》に入れて天秤棒で担って振り売りされ、一般家庭ではそれを買い、煮たり蒸したり、あるいは竈《かまど》で蒸し焼きにしたりして、子供に与えたのであった。

ところで、焼芋屋が誕生するのは寛政年間（一七八九～一八〇一）江戸の町においてであった。それは神田弁慶橋東の甚兵衛橋という小橋の際であったという。後には江戸町々の木戸の番太郎の専業となり、江戸で焼芋屋のない町がないくらいになったという。文化九年（一八一二）刊の式亭三馬の滑稽本『浮世風呂』では、「今年は琉球芋《おさつ》が沢山な所為か、焼芋がはやりますよネェ、お前さんがたは御存もございますめへが、いづかたも焼芋のないことはございません」と書いている。

天保九年（一八三八）刊の『東都歳時記』には麻布六本木芋洗坂の図に焼芋屋の店先が描かれていて、そこには「〇焼」「八里半」の行灯を出して、土竈で焼芋を焼いている場面がある。焼芋屋の看板はいわゆる行灯看板で、京・大坂では「十三里」と書いた。栗よりうまいの意味で、「九里四里うまい十三里」である。「八里半」にしても「十三里」にしても焼芋のうまさを賞美したのであるが、嘉永三年（一八五〇）刊の『皇都午睡』には、「生焼けを十里と云は五里五里じやとよき悪口なり」といい、ごりごり（五里五里）の生焼けを「十里」と品よく洒落たのである。

明治維新後、江戸では木戸は毀され番太郎もいなくなったので、誰彼の別なく焼芋を売るようになった。そのため火事の危険も増大したので、焼芋屋は防火設備に万全を期すように、明治二十四年（一八九一）に警察令一七号でパン焼場、甘藷焼場規則が出され、芋焼竈も整備された。そして、明治三十七年（一九〇四）の『文芸界』第五巻一号によると、東京市中の芋屋は問屋七〇余軒、小売店八三〇余軒あり、年間売り捌く荷はおよそ六〇万俵であったという。これほどあった東京市中の焼芋屋も関東大震災以後は激減し、焼芋屋は屋台を曳いて歩く石焼芋屋になってしまった。

10 饅頭屋

饅頭は、鎌倉時代の禅僧である聖《ひじり》一国師円爾弁円《えんじべんえん》が宋から帰国したとき、博多の茶店栗波吉衛門（虎屋）にその製法を教えたことにはじまるといわれてきたが、どのようなものであったかは明らかではない。だが、博多は古くから練酒が名産であったから、虎屋の饅頭もその酒種を使った酒饅頭であったのかも知れない。

それはそれとして、円爾弁円の帰朝から一世紀をへだてた正平四年（一三四九）、元から帰国した竜山徳見《りようざんとつけん》とともに来日した宋人の林浄因《りんじよういん》が伝えたともいわれる。林浄因は宋代はじめの有名な詩人林和靖《りんわせい》の子孫であるが、元朝のもとにいることをよしとせず、徳見に従って来日し、奈良で饅頭をはじめたというのである。奈良の漢国《かんごう》神社の境内には浄因を祀る林神社があり、早くから饅頭が奈良の

米饅頭屋（『絵本御伽品鏡』）

焼芋屋（『金儲花盛場』文政板）

餅屋の看板
（ピーボディ博物館）

饅頭屋の看板（『看板考』）

名物として知られ、『松屋会記』の奈良での茶会の記事を見ると、永禄年間（一五五八〜七〇）の末頃からの奈良での茶会にしばしば「うすかわ」「饅頭」と見える。この浄因の子の一人が京に出て塩瀬を名乗って饅頭屋を開いたという。延徳三年（一四九一）には「三条六角堂之西側之店饅頭屋次郎」とあるのがその店ではないかと思われる。ここはのちの饅頭屋町の西側にあたり、応仁・文明の乱直後には京に饅頭屋のあったことがたしかめられる。

このころには店をもたない立ち売り、振り売りもいた。明徳九年（一五〇〇）頃描かれた『七十一番職人歌合絵』には、奈良の名物〝法輪寺味噌売〟と対で、饅頭売りが登場し、月と恋を題に、

売りつくす大唐餅《だいとうもち》や饅頭の声ほのかなる夕月夜かな

思ひわび千たび悔いても饅頭の残るべき名を猶つつむかな

とよみ、饅頭の入った二つの箱に担い棒を差し、草鞋《わらじ》ばきで笠をかぶるという旅装束とも思える姿で、「今朝はいまだ商ひなきうたてさよ」と嘆いているさまが描かれている。この歌合にはもう一人饅頭を前にした男が、「さたうまんぢう、さいまんぢう、いずれもよくむして候」と道行く人に呼びかけている。この「さたうまんぢう」というのは、『日葡辞書』に「Mangiu 小麦の小さいパンであって、湯の蒸気で蒸した物」といい、それに「砂糖を加えて作ったもの」とする砂糖饅頭である。「さいまんぢう」というのは、野菜などを中に入れた「菜饅頭」であろう。

江戸時代も明暦・万治（一六五五〜六一）の頃ともなれば今日とほとんど変らぬ饅頭となっていた。寛文十三年（一六七三）の『食膳雑記』には、

まんぢゅう、小豆の粉をいかにも細かい粉にして、甘酒と水を合はせ、粉を入れ、ゆるゆるとならぬようにこねて、臼にて搗きまぜ、細長くつくり、五分の厚さに切りて延しひろげ、中に餡を入れて饅頭のなりにつくり、天日に少しほして乾いたとき、ひび割るなり、そのときこしきにて蒸すなり。蓋をすべし、大きくふくれる。

と述べている。

さて、常店の饅頭屋の看板は、語呂判じ、謎解き看板で、店頭に大きな木馬を置いた。文政八年（一八二五）刊曳尾庵南竹著『我衣』に、「古来はまんぢうみせの縁先に木馬を出したり、あらむましと云心を表したり」というように、長さ三尺、高さ二尺ぐらいの白毛の木馬を出した。それは荒馬を「あら美味《うま》し」にかけたものである。この看板はいまも漢国《かんごう》神社に伝わっている。なおこの木馬は裸馬がもとの姿であるが、美しい鞍をつけた飾馬もあり、馬の顔に美女の面をつけたのもある。また、「あら美味し」なので、もとは跳びはねる荒馬の造形であったともいわれる。

なお、餅屋も饅頭屋と同じ木馬を看板とした。

11 菓子屋

菓子といえばなんといっても京都である。近江の米と丹波の小豆に恵まれ、公家社会や多くの寺社をもつ京都で発達した。平安時代には神饌の一種で、米の粉を練って油で揚げた唐菓子、肉や野菜を包んだ果餅、揚梅子、梨子、干棗《なつめ》などの木の実が公家の饗宴に用いられたが、甘味は甘葛煎《あまづらに》が唯一のものであった。やがて禅とともに点心が伝わり、ついで寺院を通じて饅頭と砂糖が輸入されて、こんにちの和菓子の原型ができ、砂糖饅頭と呼んで珍重されたのであった。そして江戸時代になると季節感が重んじられて、和歌や故事などの取り合わせの中で色や形が洗練され、それが江戸をはじめ各地に浸透し、京菓子の名をほしいままにした。

こうした京の菓子の知識と技術が江戸に導入されると、それを基盤にして江戸の菓子が発達し、いわゆる都市型の菓子屋ができ、宮廷・幕府・諸大名などへの納入を目的とし、「○○御用」とうたった。そうしたなかで最高最美の菓子をものしたといわれるのが、金沢丹後・鈴木越後・鳥飼和泉・紅尾志津摩であったといわれる。また桔梗屋河内大椽も知られていて、天和三年（一六八三）頃に蒸物・饅頭・干菓子など一六九種を製したという。

江戸にはもう一つ郷土的色彩の濃い地方型ともいえる菓子屋が多く存在した。寺院の門前や盛り場、行楽地の掛茶屋などから生まれた庶民的な餅屋や団子屋、あるいは煎餅・おこしなどの単品あるいは数種類を商う店であった。そうしたなかで、浅草待乳山の米饅頭、麹町の助惣焼、西両国の幾代餅、向島の桜餅、浅草寺門前の浅草餅、人形町の鹿の子餅、麹町のお鉄牡丹餅、誓願寺門前の軽焼、照降町の翁煎餅などが江戸町人に人気があった。そのほか駄菓子屋風の菓子屋は町のあちこちにでき、子どもたちに迎えられた。

菓子屋といえばその主なものは饅頭・餅・煎餅であるので、その製造の基本は穀類を蒸すことにはじまる。したがって看板も蒸籠《せいろ》の形をしたもので、周りは青漆塗、内側は朱漆塗で、その胴の表に菓子・餅の名称と屋号を黒漆で書いた。麹町の助惣焼はまさにその看板であった。江戸の看板はこうした造型看板であるが、京ではそうした看板はなく、もっぱら文字看板であった。

12 飴屋

飴はわが国で発明された甘味料としてはもっとも古いもので、糖の文字もアメと読ませていた。すでに『日本書紀』の神武天皇即位前紀の戊午年九月に丹生川上神の祭りに飴を捧げたことが見える。『和名類聚抄』には「飴、米蘖為之」とあり、米もやしで作ったようである。こうした飴は古代においては『日本書紀』の記事にも見られるように、主として神饌に用いられたようであるが、平安時代には西の京の市に飴市があり、一般の甘味料としても広く用いられていたようである。

ところで、京の堂上家は医家に命じて地黄煎を作らせて、胃腸薬として愛用していた。それは穀芽を粉末にして地黄の汁を合わせたもので、もっぱら京稲荷の前で作られていた。それが江戸に送られて飴と呼ぶようになった。一般に水飴と呼んだのもそれであるらしい。江戸時代の中頃からは米蘖から麦蘖を使用することが多くなり、そうしたなかで飴の製造方法にも改良が加えられ、糯米をよく煮て、麦麹の粉と冷湯とを合わせて甘酒のようにし、濾過《ろか》して練ったものを水飴または湿飴《しる》と呼んだ。さらに練って固くしたものが堅飴（膠飴《くろ》）で、これをさらに練ると白色に変じ、それを白飴と呼んだ

菓子屋の看板（原野農芸博物館）

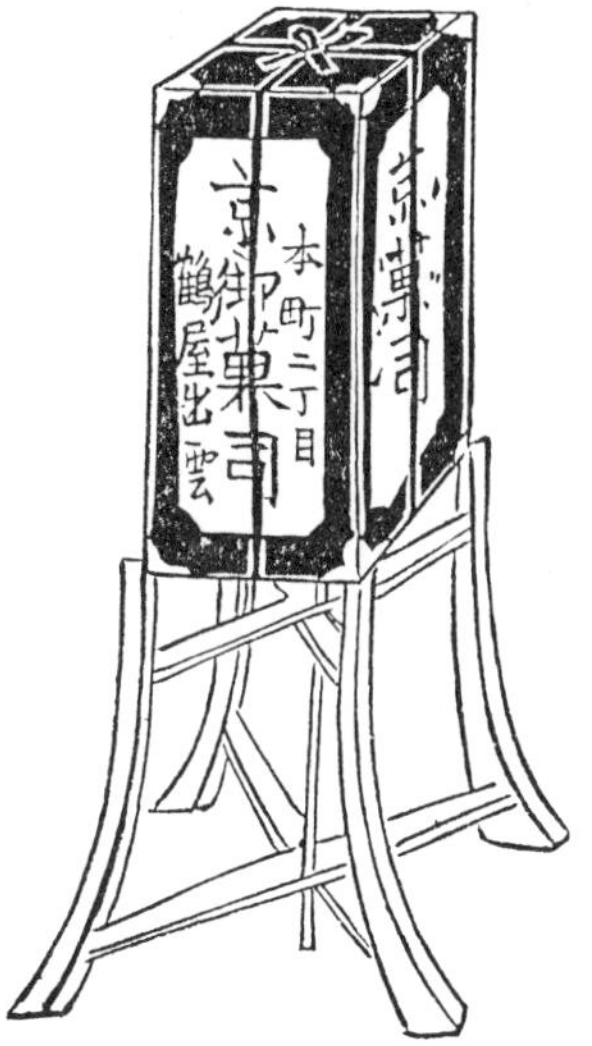

京菓子屋の看板（『守貞漫稿』）

江戸の下り飴売り（『守貞漫稿』）

水飴屋の看板（新潟市郷土資料館）

飴屋の看板（原野農芸博物館）

のであった。

こうして上方から江戸に飴は伝わるのであるが、江戸は一大消費都市として飴も人びとに好まれ、飴屋があちこちにできた。その看板にはとくにきまったものはなかったようであるが、人目を引いた看板は方形の膳の上に飴の壺がのっていて、その壺に大きく「あめ」と書いたものを斜め上から俯瞰した形に一枚の板で造形したもので、上に鐶がついていて店頭に吊るすようになっている。縦一尺五、六寸、横一尺ぐらいの大きさである。壺の部分は金漆あるいは白漆、膳の部分は朱漆塗のものが知られている。その膳のところには屋号が書かれるのが普通であった。

江戸時代中期以降は常店だけでなく飴売が出てきた。彼らが飴細工を生み出したのであった。葭《よし》の茎の先に飴をいろいろの形にして付けて、それぞれに彩色したもので子どもたちに喜ばれた。屋台を天秤棒で担って歩いたのであるが、その標識すなわち看板の意味をもつ図形は、江戸では渦巻きを描くのが普通であった。それは飴細工はいろいろに造形できるということを示したのであろう。すなわち飴は粘りがあって長く伸ばせるものであることを物語っている。

ところで、「千歳飴《ちとせあめ》」は大坂夏の陣で豊臣氏が滅亡して浪人となった平野甚左衛門の子陣九郎重政が、摂津国平野村に住んで飴製造を業としたが、後に江戸に出て甚左衛門と改名して、浅草寺境内で飴を「千歳飴」と名付けて売り出したところ、江戸人の好評を得た。さらに元禄七年（一六九四）に飴売七兵衛なるものが千歳飴を売り歩いて好評を博し、製造方法も改良されて良質の飴が作られるようになった。

しかし、画期的ともいえる優秀な飴を作ったのは、越後高田の高橋孫左衛門で、享保年間（一七一六～三五）に粟を材料にして透明な水飴を作り「粟飴」の名で売り出した。その子孫左衛門は寛政二年（一七九〇）に糯米で水飴を作り出したのであった。こうしたところから越後は水飴製造の一つの拠点ともなった。越後国三島郡出雲崎出身の良寛が寛政八年（一七九六）に帰郷したさい、かつての碁仲間であった水飴万歳の看板に揮毫している。「御免　御水飴所　あめや万歳」と書いた吊看板である。

13　葉茶屋

お茶の歴史はきわめて古い。その原産は雲南やインドの山地といわれ、中国では漢の時代にあったといい、唐の時代に「茶」という字が用いられていたともいう。日本では奈良時代に中国との交流が行われるようになって、茶を飲む風習がはじまった。そして、行基によって茶の栽培が行われたとも伝えられている。とりわけ遣唐使として唐に渡った僧が喫茶の風を移入してから急速に広まった。最澄、空海より三〇年も前から唐で文化を学ぶとともに、喫茶の風習に親しんできた永忠は嵯峨天皇に茶を献じたといわれる。

唐の喫茶法は、異国情緒と唐文化へのあこがれから、誕生して間もない平安京の宮廷や寺院で広く受け入れられたが、この時代の喫茶法は、茶の葉をついて固めた団茶を挽いて粉にし、それに湯を入れて煎じて飲む方法であった。それにたいして、茶の葉に湯を注いで飲む宋代の点茶法という新風を吹き込んだのが、鎌倉時代の禅僧栄西《えいさい》であった。それを発展普及させたのが、京都栂尾《とがのお》の高山寺の僧明恵《みようえ》であった。明恵の植えた栂尾茶をもとにして、南北朝時代には畿内を中心に多くの茶の産地が生まれた。

なかでも宇治を産地とする茶は「宇治茶」という独自の名称で呼ばれ、すぐれた品質でもてはやされ、その発展はめざましく、桃山時代には「天下の茶」というにふさわしい地位を確立した。豊臣秀吉と千利休の時代に隆盛をきわめた茶の湯の世界は、まさに宇治茶によるものであった。

江戸時代には、宇治は幕府直轄の天領とされ、茶の栽培、加工にも強力な統制がしかれるようになった。この時代の宇治茶の状況をよくあらわすのが、「茶壺道中」である。茶壺道中は将軍家御用の茶を、幕府の派遣する役人が宇治から江戸までいかめしい行列を仕立てて運ぶ行事で、三代将軍家光の時代からこの行事は制度化された。

一方、室町時代末期には京都の町衆のあいだで、あるいは郷村の農民のあいだで「茶寄合」が催され、一味同心的結合の契機ともなった。さらには番茶などが一般庶民の日常生活に取り入れられ、飯時以外の小休みの間食に茶が用いられ、朝茶、四つ茶、八つ茶、二番茶などと呼ばれ、茶は間食に欠かせぬものとなった。それにつれて宇治のほかに駿河をはじめ各地に茶の特産地が生まれ、製茶が盛んになった。

こうした茶が江戸や大坂など都市に出され、町には茶を売る店が繁盛した。茶屋といえば花柳界の

葉茶屋の看板（文部省史料館）

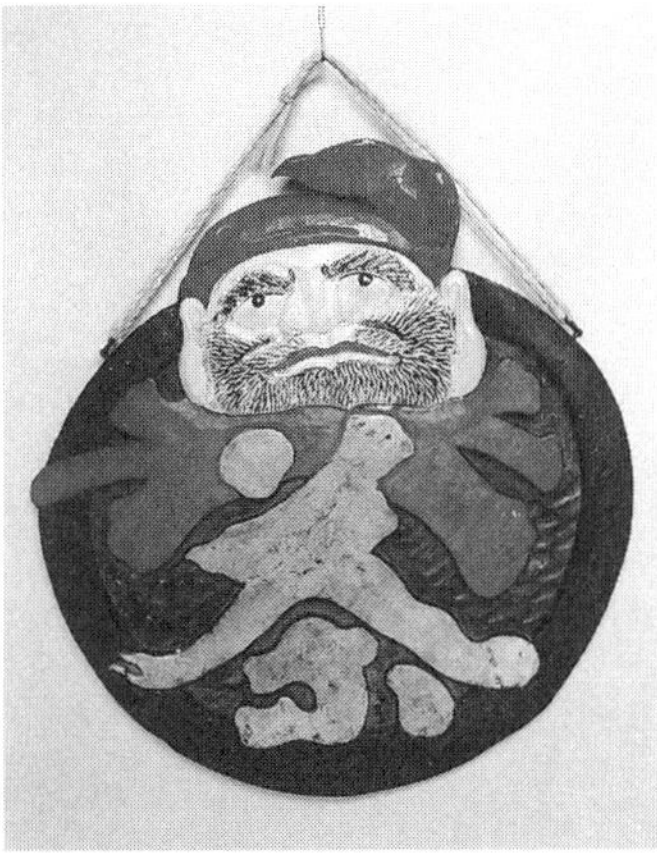

茶屋の看板（原野農芸博物館）

薄茶（一茶園）の看板
（原野農芸博物館）

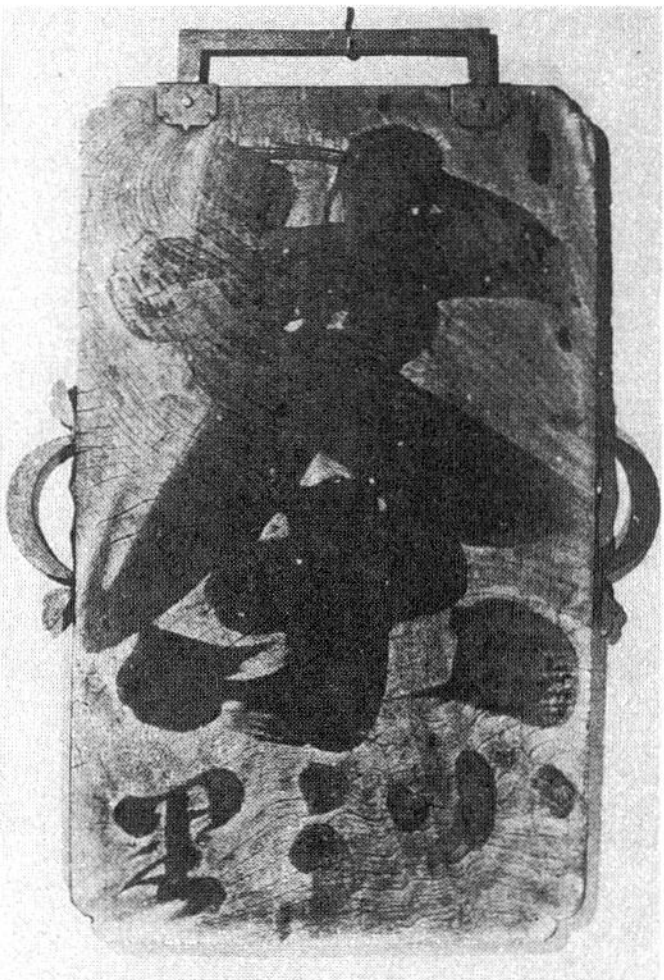

茶屋の看板（日笠健一氏）

遊興する店を「茶屋」、辻売や休憩所を「茶店」というならわしがあるので、それと区別するため、茶の葉を売る店を「葉茶屋」と呼ぶようになった。この店ではそれぞれの産地からとり寄せて、客が注文するとその品を出すあいだに茶を汲んで出す風もあった。一種の実物見本である。一般に茶は挽茶と葉茶、番茶の別があって、挽茶は茶の湯用として量目売り、葉茶は斤量売りで何々を四半斤といえば一斤（一六〇匁）の四分の一だけという方法で売っていた。

この葉茶屋の看板は、一枚の四角の板に「茶」あるいは「茶こうり」の墨書きした簡単なものが多いが、凝ったものは豪華な茶壺の形に板を整形して、その真中に「茶」あるいは「薄茶」の字を刻んだものなどがあった。さらに凝ったものでは、達磨の姿を描いて、その真中に「茶」という字を刻んだものがある。茶の看板に達磨をあしらったのは、「起きあがり小法師」を「お茶あがり小法師」に洒落たのである。また一説には達磨はめったに倒れない。かならず立つところから、茶柱が立つようにとの縁起をかついだのだともいう。茶柱が立つときっと吉事があるという俗信は、今日もなお広く信じられているところである。

ところで、この俗信の起こりについては、宇治と並んで茶の産地である駿河の商人が、売れ残った二番茶を売りやすくするために「茶柱が立つと縁起がよい」と触れまわって、それが広まったといわれている。確かに玉露や煎茶などの高級茶はぬるい湯をさし、時間をかけるから茶柱は立たない。これにくらべて葉の多い番茶などは熱い湯でさっと出すから茶柱が立ちやすいのである。

いずれにしても、達磨《だるま》が大きな腹をつき出し、腹が茶壺になっていて、そこに「茶」と書いた意匠というのは、数ある看板のなかでも趣のあるものである。

14 牛肉屋

牛は縄文時代の遺跡からその骨が出土していることからも、早くから食用にもされていたのではないかと思われる。しかし仏教の伝来以来、殺生禁断、肉類禁止の布令がしばしば朝廷から発せられており、ことに桓武天皇の延暦十年（七九一）九月には「伊勢国等の百姓の牛を殺し漢神を祭ることを禁止」し、二十三年（八〇四）十二月には「牛の屠殺を禁止」しているのは、反面において牛肉食の行われていたことをうかがわせるものである。

鎌倉時代・室町時代にかけても、動物の肉が食用に供されてはいたが、公然とではなかったようである。江戸時代になると元禄年間（一六八八～一七〇四）から、江戸彦根藩邸から代々将軍に御養生牛肉の味噌漬が献上されていたといわれる。松永貞徳の『慰草』にも一部の人びとのあいだで牛肉が食されていて、キリシタン伝来とともに食されるようになったと記している。しかし、農民のあいだでは牛馬の肉を食うと汚れるとの考えが全国的にあり、また一方では、牛は家族の一員のごとく考えられてもいた。片山潜の『自伝』にもそうした農民の心情が記されている。

したがって、古くは家の中では絶対食べず、食べるときは田に行き、使い古した鋤《すき》の鉄の部分の周囲に味噌で堤をつくり、脂がこぼれ落ちないようにして、炭火の上にのせて焼いたのであった。「すき焼」という言葉もここから生まれたのである。事実、こうして焼いた肉はおいしかったと古老の経験者は語り伝えていた。

だが、嘉永・安政（一八四八～一八六〇）以降続々として渡航してきた外国人の影響をうけて、牛肉を食べることが公然となった。そして幕末には大坂阿波座の藤松という人が、ペリー来航の前年の嘉永四年（一八五一）に牛肉屋を開業している。これがおそらく牛肉屋のもっとも古いものであろう。なお『福翁自伝』によれば、福沢諭吉が緒方洪庵塾にいた頃、牛肉を食わせるところが、難波橋の橋詰と新橋の廓の傍とに二軒あったと記している。

横浜居留地では日本内地で牛肉を買いととのえることができず、米国や中国から牛を輸入して居留地だけの牛肉は充たしたという。ところが牛肉は文明の薬として「千効万能百帖の苦薬を喫するは一鍋の牛鍋を喰うにしかず」といわれて、牛肉にたいする関心が高まり文久二年（一八六二）横浜住吉町の伊勢熊が牛肉屋をはじめ、東京で慶応二年（一八六六）芝露月町に中川屋嘉兵衛、神楽坂に鳥金、蛎殻《かきがら》町に中初、小伝馬町に伊勢重などが相次いで開店し、当時の牛肉屋の様子は仮名垣魯文の『牛肉雑談安愚楽鍋』に面白く描かれている。なお、東京における牛肉屋の開祖は浅草黒船町の富士山藤次郎だという説もある。

こうした牛肉屋の看板の実体は詳かでないが、牛肉の色は朱であるからということによって、かならず朱字で書いたという。

15 昆布屋

昆布の名はすでに『続日本紀』元正天皇の霊亀元年（七一五）十月丁丑の条に、陸奥の蝦夷の講領によって郡家の建置を許可したことを記録した文章に、「蝦夷須賀君古麻比留ら言さく、先祖より以来《このかた》、昆布《ひろめ》を貢献《たてまつ》れり、常にこの地に採《とこ》りて《と》、年時闕《か》かず」に初めて見える。『延喜式』には巻二三・民部下・交易雑物の条に、「陸奥国昆布六百斤。索昆布六百斤。細昆布一千斤。」をはじめ、随所に見え、陸奥国の蝦夷が貢納する昆布は、少なからぬ量であったことをうかがうことができる。

平安時代には昆布のことをその形から比呂米《ひろめ》、産地から衣比須女《えびすめ》と呼んでいた。衣比須女は蝦夷に産する海藻の意味である。この蝦夷の昆布が松前や津軽から海路若狭に送られ、若狭小浜で加工調製されて、京をはじめ各地に送られたのであったが、主な市場となった京都において特有の調製や使用がおこなわれ、『本朝食鑑』では「京師上製の京昆布、上品の乾果となす」と賞している。

こうした昆布は「喜こぶ」に通じるところから大饗賀儀の賜物とされたり、婚礼の式膳にも飾られたり、式法作法に重用された。一方また煮食はもちろんのこと、塩漬加工して塩昆布とし、昆布巻に用いたり、上質の出汁とされたり、結び昆布を菓子として用いることも中世からおこなわれていた。

16 納豆屋

納豆はもともと僧房の納所で作られた豆を意味し、奈良時代に中国から伝わった味噌の類である豉《くき》にはじまり、塩辛納豆が本来の納豆であった。これは糸引納豆とは別種の、むしろ醤油かすに近い食品であった。京都では蒸した大豆に醤油糀《こうじ》を接種してつくった納豆が特産とされた。天竜寺・大徳寺などの禅宗寺院でつくられ、「天竜寺納豆」「大徳寺納豆」と呼ばれて愛好された。天竜寺納豆の看板は「天竜寺納豆」と風味のある文字で書かれた大きな吊看板が、天竜寺の門前に掛けられていた。

なお別種の糸引納豆の起源については、岩手、秋田など東北地方で創製されたとする伝説があるが、苞《つと》入りの糸引納豆は室町時代から世人に知られるようになっていたらしい。そして関東で有力な産地である水戸では、江戸時代のはじめから製造がおこなわれていたが、水戸納豆の名で市販されるようになったのは、明治二十三年（一八九〇）の常磐線の開通からであった。

17 飯屋

町で飯・菜を食べさせる店は江戸時代に現われた。元禄年間（一六八八～一七〇四）に京では三条縄手茶屋で樫貪《けんどん》弁当を売っていたという。樫貪というのは盛切の意味なので、いわゆる一膳飯のことであったろう。江戸では明暦三年（一六五七）の世にいう「明暦の大火」の後、浅草金竜山門前の茶屋が、茶飯・豆腐・汁・煮染・煮豆などを、「奈良茶飯」と称して売った。これが茶漬飯屋の初めで、一人前三十六文から七十二文ぐらいの値段で、江戸中に広まったのであった。

奈良茶飯の名の由来についてみると、奈良は寺社王国で、多くの僧侶がいて彼らは茶を好み、茶飯や茶漬をよく食べた。それが庶民のあいだに広まり、茶漬は奈良の名物ともなったのである。そのため茶飯を江戸においても奈良茶飯と称したのであったらしい。この奈良茶飯は江戸から逆に京・大坂に広まった。

こうした飯屋の看板はいわゆる障子看板で、表の油障子に「めし、肴いろいろ」と書き、なかにはその傍に「酒」と書いた店もあった。江戸の町の人口が増え、いろいろの職種の人が集まってくると、いきおい飯屋も重宝された。それにともなって飯屋の方も煮魚、焼魚をはじめ、しだいに品目も多くなってくる。そこで店の鴨居に品目を書いて吊り下げたり、付木に品目を書き記して客に示したりして注文をとった。なお、また、飯だけを持参して副食材だけ注文することのできる店もあった。上方ではそうした専門の店を「汁屋」と称することもあり、そこでは味噌汁に葱、豆腐、魚の身など客の好みの種をのせたという。

なお、夜更けに茶飯や餡掛《あんかけ》豆腐を売り歩く茶飯屋も江戸には現われ、天保年間（一八三〇～四四）からは稲荷《いなり》鮨も持ち歩いた。

奈良茶飯屋の店先（『江戸名所図会』）

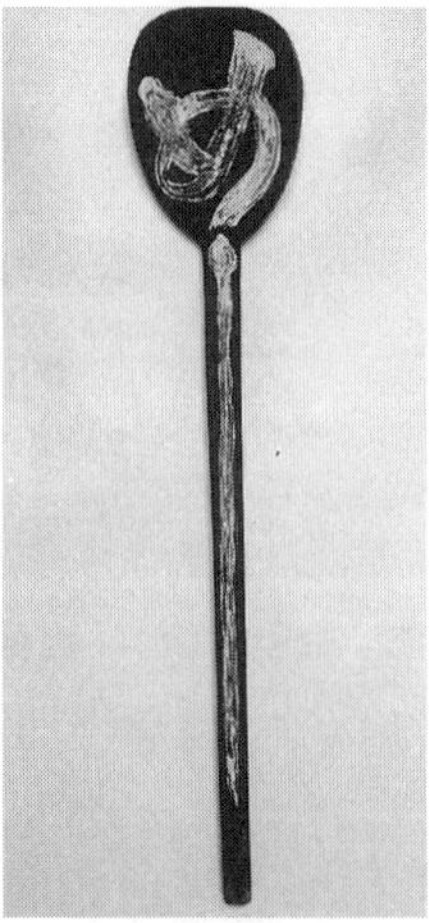

飯屋の看板（原野農芸博物館）

お茶漬屋の看板（『守貞漫稿』）

18　鰻蒲焼屋

『万葉集』で大伴家持が「石麻呂にわれ物申す夏痩によしといふものぞむなぎ取り召せ」と詠んでおり、鰻が栄養あるものだということは早くから知られている。当時鰻は「武奈伎」「牟奈伎」と書かれていたのである。はじめは塩で味付けしたようであるが、室町時代の末頃から蒲焼の方法がうまれた。近江の宇治川産の鰻を丸のまま焼いて、酒と醤油とで味を付け、山椒味噌などを付けて出された。それを「宇治丸」と呼んだという。それがまた蒲の穂に似ているところから、「蒲焼」と呼ばれるようになったのである。

この蒲焼ははじめ上方料理としてはやったが、江戸時代の中頃に江戸に伝わり、上野不忍池ノ端や深川八幡門前などに鰻屋が並ぶようになった。このころには、上方では鰻を腹から裂き、頭と尻尾のついたまま素焼きにしてタレをつける素焼きであったが、江戸では素焼きにしたのをまず蒸して脂を抜き、頭を落して二つに切ってから竹串に刺して焼く方法がとられた。鰻を開くのに上方は腹裂きだが、江戸で背裂きにするのは串刺しに便利であったからだという。一説に江戸は武士の社会なので腹裂きは切腹に通じるので嫌ったのだともいう。なお、付け焼きにする方法も上方からはじまったといわれる。

鰻といえば「土用の丑」の日に食べる風が知られる。「土用鰻」の風習の広まったのは、鰻料理が

鰻蒲焼屋の看板（『絵本御伽品鏡』）

鰻の蒲焼売り（『守貞漫稿』）

江戸に入ってからであるが、それは春木屋善兵衛という鰻屋が暑中の栄養食として売り出したという説。狂歌師大田蜀山人が、土用の丑の日に鰻を食べると病気にならないという意味の狂歌を詠んだところからはじまったという説、平賀源内が鰻屋の看板をたのまれ、「今日は丑」と書いたところから大評判となり、それから「土用丑の鰻」の風習がおこったという説など諸説ある。だから、もともと鰻を食べるのは丑の日でなくともよかったのである。

ところで、この鰻の蒲焼屋の看板は行灯看板で軒に掛けたのである。文化七年（一八一〇）八十九翁著の『続飛鳥川』には、「蒲焼、深川に四五軒長きあんどうを出し置」とある。

19　コーヒー屋

コーヒーの発見は、ある僧侶がエチオピアの高原で放牧されている山羊が、名前のわからない灌木の実を食べて興奮しているのを見て、試みに食べたのがはじまりだといわれている。はじめはこの実の粉を油で練って団子にして食べたが、豆を炒って飲むようになったのは十三世紀のころからで、以来イスラム教の地域に熱狂的に迎えられ、十六世紀初頭にトルコへ、そしてヨーロッパに伝わり、茶・ココアとともに世界三大飲料の一つとなった。

コーヒー屋の看板（日笠健一氏）

日本には江戸時代初期にオランダ人によって移入され、大田蜀山人もオランダ商館でコーヒーを御馳走になったという。だが実際に普及したのは明治になってからである。明治五年（一八七二）の『新聞輯録』に「肉食後には、必ず茶珈琲を飲む可し、脂油を去るの効果あり」といい、明治二十年代（一八八七〜九六）にあちこちに洋食店ができ、一般の人びとも食後にコーヒーを飲む風がひろまったようである。「オッペケペー節」の中にも、「腹に馴れない洋食を、やたらに食うのも負け惜しみ、内緒で廊下でへど吐いて、真面目な顔してコーヒー飲む」というのがある。

そうしたなかで日常的にも飲みやすいコーヒーが考案され、「加琲糖」と称する新しいブランドも生まれた。その看板は薬の看板と同じように黒漆地に金枠・金字の吊看板で、そこには「大日本最初」と記されているのも注目される。

住まう・灯す

表具屋（『今様職人尽百人一首』）

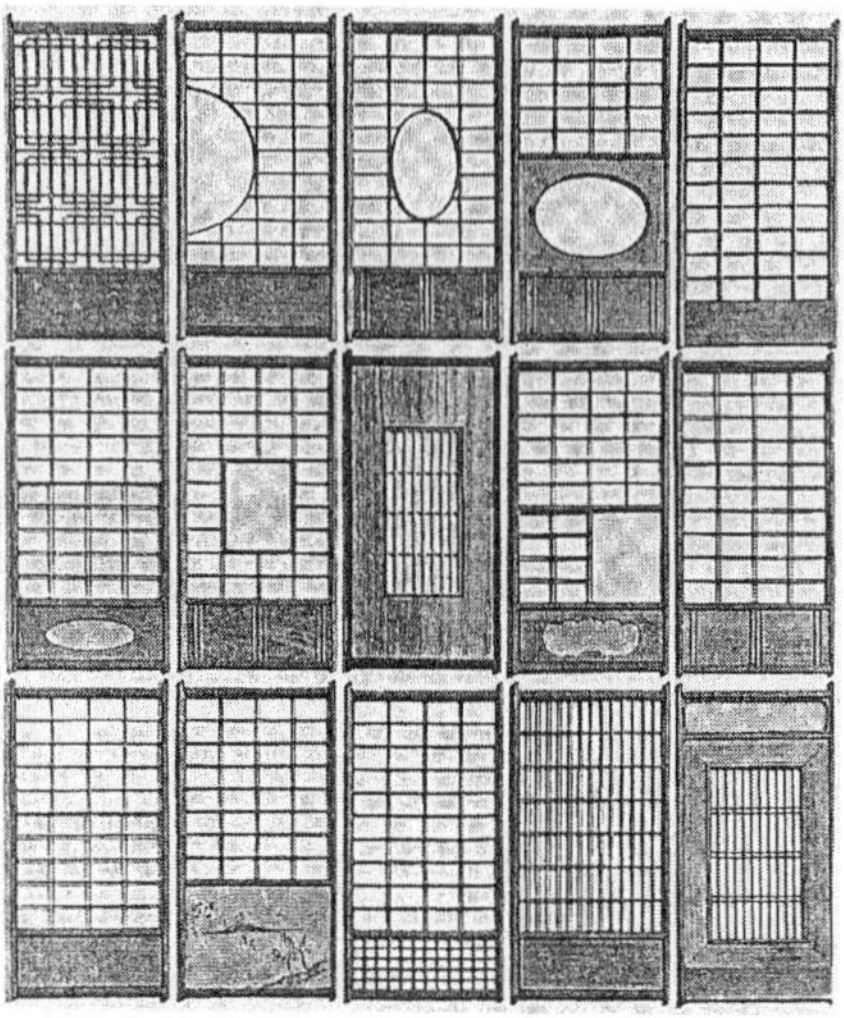

建具（障子）の雛形（大阪市立博物館）

建具屋の看板（大阪市立博物館）

1 建具屋

家屋には間仕切りのために板戸、帯戸、襖、障子などの建具がしつらえられる。板戸はいわゆる額枠の中に板をはめこんだもので、帯戸はこれにさらに中央部の取手のあたりに帯状の横桟を入れたものである。このほかに舞良戸《まいらど》と呼ばれる細桟を一定の間隔で取り付けた板戸など、さまざまな意匠を凝らした板戸がある。襖は木で骨を組み、両面から紙または布を張り、縁と引手をつけた建具である。障子は日本家屋に欠かせぬもので、一般には明《あかり》障子をいい、その種類は多い。

障子は開閉方式により引障子、開障子、掛障子、嵌込《はめこみ》障子、摺上障子があり、骨の組み方によって竪繁《たてしげ》障子、横繁障子、疎《まばら》桟障子、霞障子、両面障子、片面障子など、腰の高さによって水腰障子、間半《まなか》腰障子、腰付障子、腰高障子、素材によって竹障子、葭《よし》障子、油障子、用途によって雪見障子、猫間障子、柳障子、書院障子、夏障子など実に多彩であり、こうした形式・意匠はほぼ江戸時代にできあがり、建具屋は施主の希望に応えて精巧な細工に腕を振ったのであった。

建具屋は板戸や帯戸あるいは装飾建具の横型の吊看板を軒に吊るしたのであるが、また実物の十分の一の精巧な雛形各種を店頭に並べ、それを看板の用に供した。客はその雛形を見て好みの意匠のものを注文した。この建具雛形を見ると実に美しくまた壮観であったという。建具屋の中には店での営業だけでなく、近隣を廻って注文を取って歩く者もいた。そのときこの雛形各種を箱に詰めて背負って歩き、営業したのであった。

2 行灯屋

灯火は日常生活に欠かせぬものであるが、隙間風の多い日本の家屋では、裸火だと焔がゆらめいたり消えたりして、不便でありまた危険をともなうようなことから、灯台に紙の覆いをつけて安定した照明具としたのが行灯《あんどん》である。行灯は高灯台・切行灯・短檠《たんけい》などに紙覆いをすることからはじまったもので、燭台の出現以前から存在したのである。そのため行灯の内部には油皿を置く装置があり、台座には油皿や油壺あるいは油差を置くのがふつうであった。しかし蝋燭の時代になり、燭台の発達とともに蝋燭用の行灯も生まれてくる。そしてその意匠も形状も多様になる。

行灯の形式ははじめ四角の低いものであったが、しだいに形が大きくなり台がつき、そこに抽出《ひきだし》ができ、油皿を中間にのせるものや、中央で釣る形式になったものができた。また紙を上半分に貼ったもの、うしろや下まで貼るものも生まれた。この角行灯と並行して円型や円筒形のものができた。この方は枠が二重になっていて内側が回り、外側と内側それぞれ縦に半分ずつ紙を貼っていて、点灯に便利なようにできている。この円筒形の行灯は円周行灯・丸行灯といわれるものであるが、小堀遠州の創案になるものだといい、「遠州行灯」と称されるようになった。そして『守貞漫稿』に「京坂は今も必ず円形を用ふ、江戸は専ら角を用ふ」といい、多く江戸で角行灯、上方で遠州行灯すなわち丸行灯が用いられたようである。

この角行灯と丸行灯が行灯の基本形で主流をなすものであるが、そこからいろいろに変形したり、かわった形のものが作られた。棗《なつめ》型行灯・蜜柑型行灯・切子型行灯・金網行灯とその形は数限りなく、職人たちが腕をふるった工芸的なものがたくさんあらわれた。そして使う場所にあわせて、それぞれ便利なものが考案された。その一つに寝室用の有明行灯がある。方形の箱の一部が差込蓋式など開閉式になっていて、注油・点火に便利なように工夫され、箱の正面は円、左右は半月形が透かされていて、光がかすかにそこから洩れるだけになっている。多くは上部に把手がついていて、提げ歩きもできる。江戸時代の天保年間（一八三〇～四四）から大いに流行した。

したがって、江戸や上方でも需要に応じて行灯屋が店を出したが、江戸は角行灯、上方は丸行灯の実物を店頭に置いて看板として、その表の紙の部分に「あんどんや」と墨書きした。江戸の場合は訛って「あんどや」と書いたようである。なお、一枚の板で行灯を象《かたど》って吊看板としたのも多く用いられた。

3　蝋燭屋・種油屋

照明に一大革命をもたらしたのが蝋燭の普及である。わが国における蝋燭の使用は、仏教の伝来とともに儀式用として中国から入ってきた「蜜蝋蝋燭《みつろうろうそく》」にその始源が求められるが、中国との交通が途絶えてからはその輸入がなくなり、あらためて南北朝時代に「松脂蝋燭《まつやに》」が使われはじめた。これは粽《ちまき》のように笹の葉に松脂をこねて包んだもので、近年まで東北地方で長さ八寸ぐらいのものが使われていた。室町時代になって、漆《うるし》の実を絞って漆蝋をとって蝋燭とするようになり、さらに南方から櫨《はぜ》の木が移入されて、櫨蝋が多量にとれるようになった。そこで、漆や櫨の実から木蝋をとって油で練り、芯のまわりに手で何回も塗りつけてつくった。この蝋燭を「生掛蝋燭《なまがけ》」という。すなわち「和蝋燭」である。

この和蝋燭の芯は、灯芯と同じ藺草《いぐさ》（灯芯草）の髄《ずい》を用いたのであるが、完全に燃焼せず炭化した芯では煤《すす》も立ち、明るさも落ち、蝋流れするので、常に芯の先を切る必要があった。そのため「芯切り」というピンセット様のものや、「芯壺」という燃えさしを入れる壺が燭台にはついていたのであ

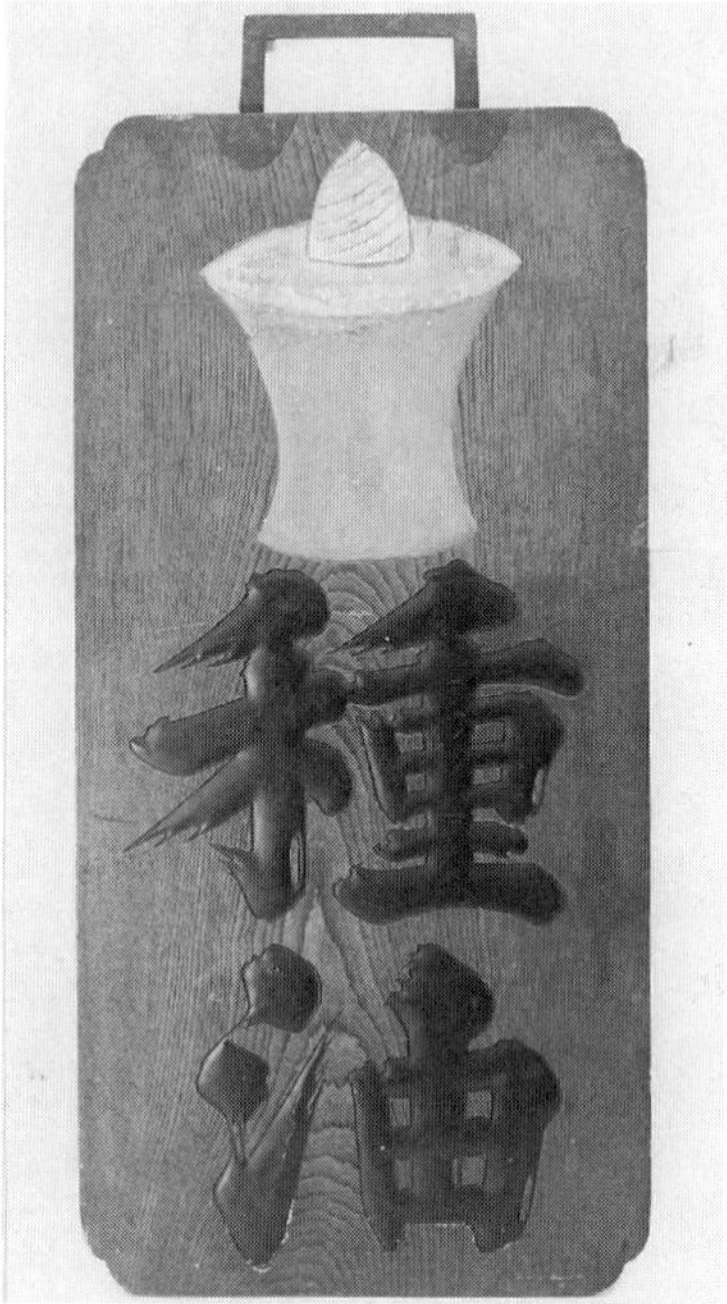

種油屋の看板（日笠健一氏）

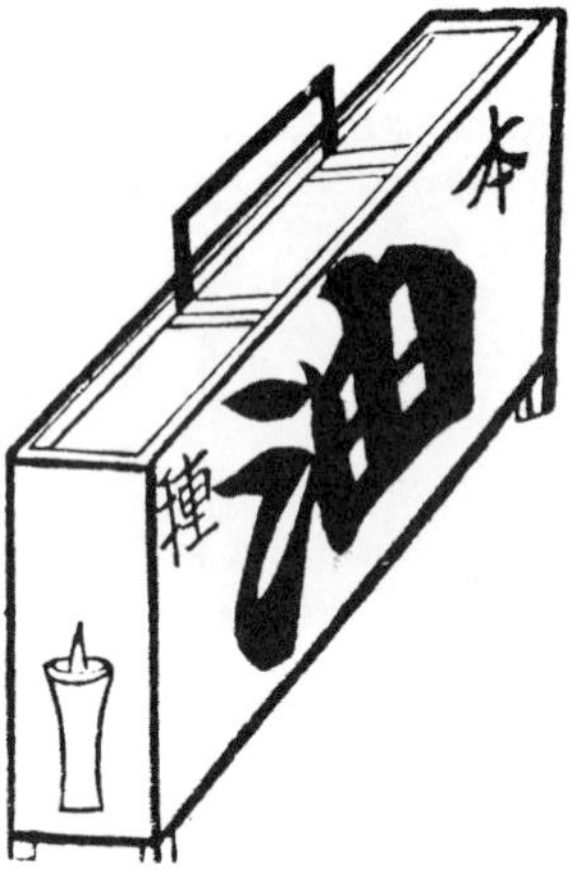

油屋の看板（『守貞漫稿』）

ローソク屋の看板（文部省史料館）

生掛ローソクの看板（日笠健一氏）

る。

この蝋燭の使用法として、経済性と長時間使用のために、蝋燭を継ぐ方法もとられた。蝋燭は燭台に立てるために、尻に孔があいている。そこがまた蝋燭継ぎに役に立ったのである。蝋燭を最後まで点しつづけると、蝋がくずれ落ちてしまうので、蝋燭の下の部分がまだわずかに残っているときに、手早く燭台から引き抜いて、火のついたまま次の新しい蝋燭の上に継ぐのである。このさい新しい蝋燭の芯の先が、古い蝋燭の尻の孔に納まってうまく継げるのである。こうした情景は江戸時代の風俗画や物語の挿絵によって見られるところである。

なお、明治時代からは、石油精製の副産物としてできたパラフィンで作ったパラフィン蝋燭ができ、これを「西洋蝋燭」と呼んでいろいろ用いられた。芯は木綿の編糸を用いたので、「糸芯蝋燭」とも呼ばれた。それでもなお長らく神仏の儀式用には和蝋燭が用いられ、また絵をほどこした「絵蝋燭」も作られた。

ところで、蝋燭の発明以前の灯火はその燃料としてもっぱら油を用いていた。はじめは魚油など動物性の油であったが、しだいに胡麻油など植物性の油が用いられるようになった。そのことは『正倉院文書』にも記載されている。だが胡麻の産出量が少ないこと、胡麻の実から油をとることは非常に手数がかかるところから、中世以来、荏《え》の油、榧《かや》の実の油、椿の実の油などが用いられた。だがこれらはなお高価であったので、近世になって菜種《なたね》がさかんに作られるようになり、菜種油が出回った。こうした油を土器皿などに入れ、布製などの可燃物を入れて点灯したが、藺草《いぐさ》の髄から作った灯芯を用いるようになり、灯台・行灯などにセットしてながく照明として重宝してきた。それは蝋燭の普及以後もなお併用されてきた。

こうした種油と蝋は、たんに灯火としてばかりでなく、化粧用にも需要されたのであった。日本髪のおくれ毛をとめ、髪の形を固めるのに用いた鬢付《びんつけ》油は、菜種油と晒木蝋《さらしきろう》に香料を混ぜて作ったものである。だから種油屋が蝋燭屋も兼ね、同時に鬢付油や化粧、整髪用の油も売ったのである。

そのさい、油屋の看板は夜に行灯を軒に吊るしたが、江戸では行灯を出さず、また定まった形もなく、多くは板看板で「種油」などの文字を書いたり、彫ったりした。だが蝋燭屋は大きく蝋燭の形の模型看板や、板看板に蝋燭の形を浮き彫りにしたり、蝋燭を竪に半割りした形の模型を貼り付けたりした。その上に「生掛蝋燭」の文字を書いたり、彫ったりしたものが多い。また鬢付油も売る店は、蝋燭の型に「鬢付」と書いたり彫ったりして看板とした。このように看板もいきおい種油・鬢付油・蝋燭を組み合わせたものが用いられたのであった。

なお、荒物屋でも蝋燭を売ったが、そのさいほかの品物はみな障子に品名を書いたりしたが、蝋燭だけは蝋燭の絵を描いた。荒物屋にかぎらず蝋燭を扱う店では、つねに絵で表現したのであった。

4　燧石・燧金屋

発火の方法には、大きく分けると錐揉《きりもみ》法と火打《ひうち》法が原初的な方法としてある。錐揉法は台（床）木の上で、先のとがった棒を手で揉む方法と、舞錐を揉む方法とがある。舞錐の方法は錐に横木を通し、柄の先を横金の両端と三角型に紐でつなぎ、横木を両手で上下させることによって、紐が錐の棒に巻きつき、その反動によって錐が揉まれるという仕組みで、伊勢神宮をはじめ出雲大社・熊野神社など各地の古社ではいまも神事に用いている。

火打法は燧石《ひうち》（火打石）と燧金（火打金）とを打ち合せて火をおこす方法である。燧石は石英の一種で、その尖鋭な稜角を相互に打ち合わせて発火させたが、より効果的な方法を考案し、燧石に鋼鉄片を打ち合わせて発火させるようになった。燧金は古くはありあわせの鎌の古手を用いたので「火打鎌」の名もある。また、鉄製農具の破片などが利用されたのであるが、鍛冶の普及とともに専用の火打金が作られるようになった。この火打石・火打金で発火した火花は火口《ほくち》に点火し、さらに付木《つけぎ》に移して火種にしたのである。したがって火打石・火打金・火口・付木の四点がセットになるので、家々の台所には火打箱が常備され、その箱にこの四点がたえず納められていたのであった。

道中携帯には火打袋が用いられ、そこに石と金と火口が納められた。主として煙草に火をつけたりするのであるが、道中はよく火縄も携帯した。煙草好きのものは東海道品川・大森あたりで火縄を買って、火縄に火をつけて腰にぶら下げながら歩いたのである。また湿り気の多い船上や芝居小屋でも火縄を必要とし、そのため船頭は船宿を出るとき火縄箱を持って行くのが定石であった。

ところで、火にたいして日本人は特別に深い信仰を持ちつづけてきた。とくに新しい火は穢れをとり除き浄めるというだけでなく、悪霊を退散させる魔力をもつものと信じてきた。こうしたところから切火《きりび》の習俗も生まれたのであった。したがって火打石・火打金を家の神棚に供えておき、礼拝のたびに火を切り出すことがおこなわれた。また、家を出るときや旅立ちのときも、その人に向かって家内のものが切火をする風も一般的であった。

この切火は左手に火打金を持ち、右手に石を持って、石の尖った稜角で金をそぐように打ちおろすのがふつうのやり方である。火起こしのように火花を火口に集中する必要がないので、人や物の方向に向かって火花を打ちかければ、それで穢れがとり除かれ浄められるのである。普段の火おこしや、外出先で煙草を喫うときなどの火打は逆で、左手に石を持って、石の上にひとつかみの火口をのせ、それを親指でおさえながら、右手に鎌を持って強く石の稜角を擂りながら火口に火をつけるのである。

いずれにしても火打石・火打金は日常生活に欠くことのできないものであった。そのためそれらを売る店もできたのである。ことに専用の火打金は職人の手によって製作されるものなので、そうした店で買い求めねばならなかった。その店の看板は火打金を象った模型看板で、それを軒に吊り下げたのである。

5　傘屋・提灯屋

傘は笠に長い柄をつけて用いたことからはじまった。そのため笠と区別するため、サシガサという呼び名が生まれた。この長柄傘ははじめ布帛《ふはく》を張ったものなので、古くはキヌガサの名で、上流社会で用いられた。中世に布帛から朱塗の紙にかわったが、公家・武家・僧侶など上流社会の特別の身分のものしか用いなかった。したがって、庶民は雨の中では簑笠を用い、炎暑でも笠を用いるだけで、紙張傘が出はじめてからも、はじめは庶民が手にすることはなかった。

近世になってようやく庶民のあいだでも傘を用いるようになったが、それでも身分によって持つ傘がちがっていた。貴族は主として朱の爪折傘《つまおれがさ》、武家は主として白の爪折傘を用いた。そして正式のときは白麻布袋に傘を入れ、その上から革の風帯をつけた。俗にこれを「参内傘《さんだいがさ》」と呼んだ。一般にはやはり医師・僧侶らが用いはじめ、それが庶民のあいだにひろまった。一般には蛇目傘《じゃのめがさ》を用い、ついで大黒屋傘、紅葉傘、細傘が流行した。

蛇目傘《じゃのめ》は元禄以来、中央は青土佐紙で、周囲も同紙で張り、中間を白紙張にしたのができ、これを蛇の目と呼んだ。享保年間に和歌山から小さな細い蛇の目ができて、江戸に出まわったが、もっぱら挟筥《はさみばこ》に入れておき、俄雨《にわか》に用いられた。蛇の目には渋蛇の目、黒蛇の目、奴《やっこ》蛇の目などの種類がある。渋蛇の目は中央と周囲に渋を塗り、それに弁柄《べんがら》を加えて適度の色を出したもので、京・大坂では主として家の主人が用いた。黒蛇の目は中央と周囲が黒色で、中間の白の部分が幅がせまく、周囲の黒の部分に白抜きで家紋を描いた。婦人もこれを用いたという。奴蛇の目は周囲二寸ほど漆黒《しっこく》蛇の目にしたもので、京・大坂では用いず主として江戸で用いられたという。

大黒屋傘というのはいわゆる番傘で、天保ごろに大坂の大黒屋ではじめて製造されたもので、総紙張りで荏《え》油をひき、紙は厚く骨竹の削り方は蛇の目にくらべて粗く、繋《つなぎ》糸は強く、蛇の目のように飾

傘屋の店先（『用捨箱』）

傘張り（『和国諸職絵尽』）

提灯の張替屋（『守貞漫稿』）

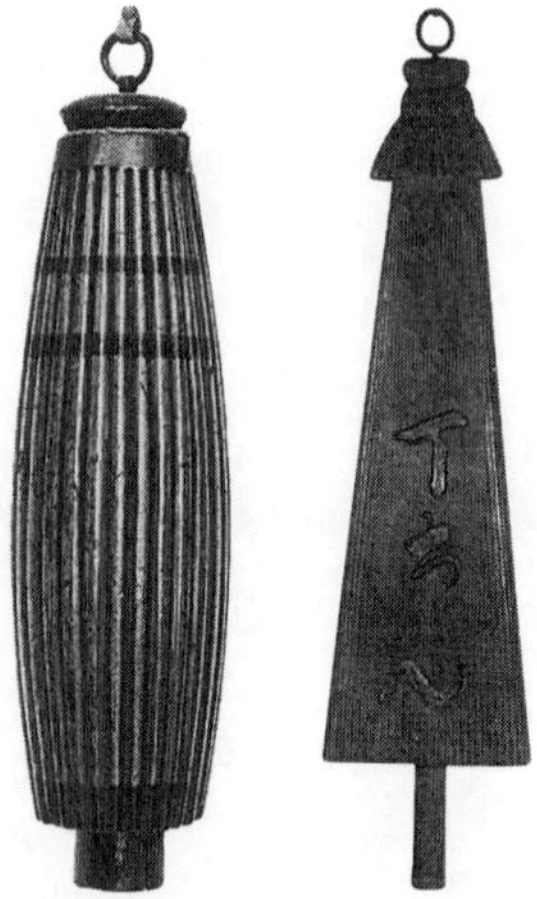

笠屋(左)と笠提灯屋の看板（文部省史料館）

糸・装束糸がなく、きわめて実質的にできている。これが大坂から江戸に下ってひろまり、番傘の総称を大黒傘というほどまでになった。女傘の方は少し小形で、骨の交っているところと周囲の端に薄縹紙《ひょうし》をつけ、その他は全部白の紙張りというものであった。

紅葉傘というのは江戸で製造され、中央は青土佐紙、外は白紙張りに糸装束があり、藤巻きの柄できわめて精巧なものであった。また文政年間（一八一八〜三〇）以来は、表に白紙、裏に紺紙を重ねて張った日和傘《ひよりがさ》が京・大坂で流行した。いずれにしてもこうした傘は、京・大坂にはじまり、ついで江戸・岐阜にひろまって製造され、しまいには全国各地で作られ、幕末の貧乏武士の手内職として傘張りがおこなわれるほどになった。

傘は竹の細い骨をつくり、それを組み合わせることが製造工程の主となるが、それは提灯とまったく同じ工程であることから、傘屋と提灯屋は同一業種であり、問屋も小売屋とともに傘屋は提灯屋でもあった。

ところで、提灯のはじめは松脂蝋燭を用いた籠提灯であった。それは『骨董集』の考証によれば、「総高さ曲尺二尺一寸余籠高一尺二寸余すべて表に紙を貼りて用ゆ」ものとし、さらに「籠を上へあげて火を点すようにつくる。台の板に竹の筒を立て右の松やに蝋燭を立てる所とす」と、その構造と使い方などを記している。そして図の注に「羽州にては今にこれを用ゆ、これ天正以前の提灯の古制を見るべきものなり」といっており、およそ鎌倉時代の末ごろから用いられたようである。

折り畳む提灯は天正年間（一五七三〜九二）からはじまったらしい。その最初の形式は筥《はこ》提灯である。

上下に円形曲物《まげもの》製の筥があり、火袋は竹骨を水平に並べて紙を貼って蛇腹《じやばら》式にし、使わないときは折り畳んで上下の筥の中に納めると、扁平な円型の筥になる仕組みである。上筥の中央に四角形や円形の穴が開いていて、蝋燭の差し抜きに供され、この穴に蓋のあるものは、他にいくつもの煙抜きの穴をあけている。下筥の底には蝋燭立ての金釘が立っている。こうした筥提灯は公家・武家では常用したが、民間では多くの場合儀式用であった。婚礼の輿入れや祭礼に用いられた。祭礼の場合は長い竿の先につけて、高くさし上げることができるようにした高提灯・高張提灯が祭りの庭に立てられる。遊廓では太夫提灯と呼んで、太夫の紋を入れて用いた。伊勢音頭提灯と称するものがあるが、伊勢音頭の手踊りの舞台に吊るしたもので、この方はやや縦長の形であった。

慶安二年（一六四九）刊の『吾吟我集』に「ほうづき提灯」の名が見え、明暦三年（一六五七）刊の『武蔵鐙《あぶみ》』には、竹の先に提灯を吊り下げた図があるので、江戸時代の初めごろには、一般に竹の先に吊り下げて用いたようである。そのため「ぶら提灯」と呼ばれた。ぶら下げて歩くの意からの名称である。瓜型提灯に柄をつけた形が一般的で、江戸時代の初期からすでに使われていたが、中期から流行し、商家などでよく用いられた。

宝永年間（一七〇四〜一一）にいたって、「馬上提灯」として「弓張提灯」が見える。弓張提灯は折り畳み式になった竹製の弓を伸ばして、その両端で提灯の上下を引っ張って用いるもので、弓を持って歩くのであるが、下に置くこともできる。商家や大きな農家でも用いられ、居間や土間の框《かまち》に、家紋をあしらった提灯箱がずらりと並ぶ情景が見られるが、このなかには多く家紋入りの弓張提灯が納められているのである。

道中携帯用提灯として「小田原提灯」がある。江戸時代のはじめに小田原で作ったのがはじめなので、この名があるという。「懐中提灯」ともいい、小さくて軽く、薄く折り畳んで懐中に忍ばせることのできるものである。だからできるだけ軽くするために、上下の筥を薄い銅板で作ったり、藤で編んだものなどがある。

夏の縁側に吊るして風流をさそう「岐阜提灯」は、江戸時代の末期に流行した。岐阜提灯はまた盂《う》蘭盆会《らぼんえ》の盆提灯としても普及した。

こうした傘屋・提灯屋の看板は基本的には模型看板で、蛇目傘や番傘を実物大にすぼめた形に骨作りをし、それに紙を張って実物そっくりのものを軒先に吊り下げたり、傘の形を板で形づくり、装飾紙や骨の恰好に刻みを入れた看板が吊り下げられた。傘屋と提灯屋はいっしょであったため、その傘形の板看板の中央に「丁ちん」と提灯の品名を刻んで、両者の看板を兼ねたものもあった。しかしまた傘の実物をたくさん吊るしたり、提灯屋の場合など店の天井に多くの提灯を吊るして看板とすることも少なくなかった。

6　漆　屋

漆《うるし》は中央アジアを原産地とするが、わが国でもすでに縄文時代前期の鳥浜貝塚（福井県）から漆塗櫛や容器、縄文時代前期から中期にかけての三内丸山遺跡（青森県）、縄文時代晩期の是川遺跡（青森県）から多くの漆器が出土しており、古くから塗料として使用していた。時を経て奈良時代になると漆器の使用も普及し、ことに仏教の隆盛にともない乾漆像も作られるようになり、さらに着色剤を加えて漆絵にも使用された。法隆寺の玉虫厨子の漆絵は日本最古の漆絵である。そして漆の生産組織も整えられた。武家社会になると武具にも漆が多用され、その用途は著しく拡大し、漆椀など日常生活用品にも漆が広く使われた。

江戸時代になると漆の精製技術も進み、著しく利用も拡大した。色彩も鮮やかにいろいろの器や道具に施されたが、塗料のほかに団扇《うちわ》の両面に漆を塗った網代《あじろ》団扇・漆団扇と呼ぶものも現われた。また漆の実から蝋を採り、蝋燭や鬢付《びんつけ》として使用され、用途が広がったため、江戸時代には「四木三草」の一つとして重要視され、諸藩は生産を奨励し、小物成の漆年貢を課したほどであった。したがって幕府でも漆奉行がおかれたのである。

こうした世情から町には漆屋が随所に存在した。その看板は隅丸横長の板に黒漆をかけ、その表面に大きく「うるし」と書き、その文字を金色で浮かびあがらせていて、いかにも漆屋らしい看板で、単刀直入の表現である。なお漆屋ではこのほかに、漆を溜めておく漆桶を象って看板にしたものがある。その桶には十文字に縄を掛けた形にしている。これは容器看板としてもよいのかもしれない。

遊ぶ・興じる

吉原の見世（『青楼年中行事』）

1　玩具屋

玩具はもともと上方で発達し、江戸時代初期に京・大坂から江戸へ「下り物」として、さまざまな遊び道具がもたらされていたが、やがて江戸の都市文化が大きく展開するなかで、江戸特有の玩具が数多く登場し、江戸時代中期以降いっせいに玩具文化が華開いた。それは家庭内で作り与えられた手作り玩具というべきもののほかに、いわゆる商品玩具が量産されて子どもの世界に投じられたのであった。それらは日本人の器用さと、ことに江戸町人の粋・通・諧謔性をよく表わしたものであったし、アレンジの知恵や技も発揮された。

安永二年（一七七三）刊の玩具絵本で、北尾重政画の『江都二色《えどにしき》』には、鶯《うぐいす》笛・凧・独楽・羽子板・金平《きんぴら》人形・弓獅子やヤジロベエと呼ばれる弥次郎人形、ヨーヨーの元祖であるお蝶どのの手車、からくり細工の猫と鼡、起き上がり小法師《こぼし》など八十八種が描かれており、多くの玩具が子どもたちに提供されていたことがうかがえる。そのほか正月に遊ぶ絵双六《すごろく》やいろはかるた、春の風車、夏の線香花火、秋の箍《たが》回し、冬の影絵など実に多彩であった。

平和な時代にはこうした玩具を売る店が人気を呼んだのであるが、そうした玩具屋の看板でもっとも人目を引いたのが、起き上がり小法師を象徴的に造形したものである。それは達磨《だるま》を起き上がり小法師に仕立てて、達磨と鼓を高く浮彫りにし、それに厚く朱漆をかけたものである。

2 独楽屋

独楽は、独り楽しむと書くがそれは当て字で、奈良時代に唐から朝鮮半島の高麗《こま》を経て日本に入ってきたので、コマの名がつけられたという。奈良時代には社寺の縁日・会式の余興や貴族の遊戯としておこなわれていたが、『太平記』に「独楽廻して遊べる童……」とあるのを見ると、早くから子供の遊びになっていたことがうかがえる。

ところで、青森や秋田などでは独楽のことをスグリ・ズングリというが、この言葉はツムクリからきたもので、ツムクリはツグリ・ツビすなわち螺旋《らせん》状の殻をもつ貝のことで、民間ではツビの殻の尻の尖った部分を利用して廻した貝であったようである。また一方、木の実の類を廻して遊ぶ自然遊戯から、木をえぐって廻りのよい工夫がなされ、しだいに独楽の形ができあがったようである。こうなると木材を轆轤《ろくろ》や轆轤鉋《ろくろかんな》という工具を使って刳《く》り抜き、円形の板や盆を作る木地屋と称する木工技術者によって製作されるものが多くなる。

独楽廻しには屋外で廻す外独楽・地独楽と屋内で廻す内独楽・家独楽・座敷独楽があるが、廻し方では指でひねって廻す捻り独楽、両手で軸を挟んで揉み合わせて廻す揉み独楽、糸を巻いて引っ張って廻す糸引き独楽、紐を巻きつけて飛ばすようにして廻す投げ独楽などがある。こうした一般的な遊びにたいして、専門の芸人が妙技を披露する曲独楽がある。この曲独楽が最初に生まれたのは博多で

玩具屋の看板
（ピーボディ博物館）

独楽屋の看板
（日笠健一氏）

あったとされ、元禄十五年（一七〇二）上方において、市太郎という少年が鉄芯の博多独楽を廻して大評判になったという。

ところが一方、越中礪波《となみ》で「反魂丹《はんごんたん》」という丸薬を作った松井玄長の四代目松井源水（玄水）が延宝・天和（一六七三〜八四）のころに江戸へ出て反魂丹を売りはじめ、その宣伝・販売のため箱枕を使う曲芸「枕返し」や、刀を素早く抜いてみせる芸「居合抜き」などを演じるが、享保（一七一六〜三六）ごろには居合抜きのほかに独楽を使う曲芸「曲独楽」を演じ、浅草奥山で歯磨き粉や歯の薬を売った。そして玄水は将軍の浅草御成りの日に上覧があって、以後御成先御用の符を拝領したという。また、大坂でも松井喜三郎という歯磨き粉売りで、独楽廻しの妙手がいたという。

こうした曲独楽は享保年間（一七一六〜三六）から幕末にかけて流行するが、江戸両国橋西詰では小屋をつくり金を集めて見物させる風がおこり、これにならって種々のからくりのある独楽を売る店ができ、親父橋西詰の床見世で金蔵というものが独楽を製造し、その名手として知られ、「金蔵独楽」と世に称された。この独楽を子供二人が廻して相手に当てて勝負をする風が、嘉永（一八四八〜五四）のころからはやった。

ところが、独楽廻しは子供の遊びだけでなく、大人の娯楽として賭け独楽が流行した。その一つは「お花独楽」と呼ばれ、六等分に線で仕切り、それぞれに六歌仙の絵を描いた六角盤の上で独楽を廻し、独楽が止まったところの絵に賭けた者が勝ちという、今日のルーレットのようなものであった。こうした賭け独楽があまりにも流行したので、『正宝事録』によると、すでに元禄十四年（一七〇一）から、宝永三年（一七〇六）、宝永七年（一七一〇）、享保十四年（一七二九）と四回にわたり、風紀を乱すものとして幕府が独楽の禁止令を出している。

それはそれとして、独楽を売る店は幕末から明治にかけてたくさんあらわれたが、その看板はたいてい長方形の木の枠の中に、独楽が立って廻っている形に彫ったのを取り付けたもので、そこに独楽職人の名や屋号を彫っている。

3 凧屋

凧は竹骨でさまざまな形を作り、それに紙を張って糸をつけて風にのせて揚げるもので、『倭名類聚抄』には「紙老鴟《しろうし》」と記されている。中国ではすでに紀元前二世紀に韓信が敵状偵察に用いたのが始まりであるとされており、紙老鴟と呼んでいた。わが国で一般に普及したのは江戸時代になってからで、その形が蛸・烏賊《いか》に似ているところから、主に江戸ではタコ、上方ではイカと呼ばれた。そして江戸時代中期には凧の専門店が江戸に存在していた。

凧揚げは子どもだけでなく大人のあいだにも流行し、大型の凧や華美な大凧がつぎつぎと現われた。また凧同士を闘わせて相手の糸を切り合う競技も盛んに行われた。この競技に商売繁昌のために商人が店子《たなこ》を使って揚げさせたりもした。凧揚げは端午の節供に男児の成育を祈ってする風も広まったが、凧揚げの季節というと関東では正月から四、五月頃、関西では五、六月頃とされている。

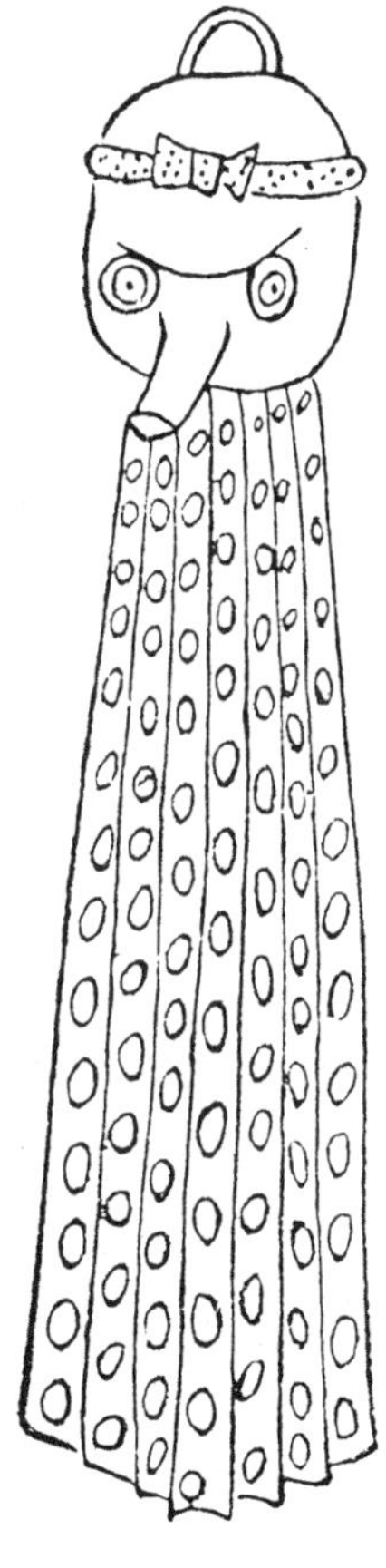

凧屋の看板（『守貞漫稿』）

玩具屋の看板（往生院民具供養館）

玩具屋の看板（日笠健一氏）

ところで、江戸の凧屋の看板は蛸や烏賊に似せた恰好のもので、蜜柑《みかん》籠などを用いて頭を作り、それに赤色を塗って目鼻を描いて蛸の顔とし、さらに鉢巻をさせて滑稽味を出し、それに赤紙を八本長く垂らして蛸の足に似せた。そして長い竹竿の先に吊るして立てたのである。この看板は十二月から二月ぐらいまで出すだけで、ほかは出さなかったという。しかし常設の吊看板もあった。長方形の板の上部に大きな目玉をむいた人形《ひとがた》の凧の絵を描き、そこから斜め下に糸を伸ばし、そこに実物の木製糸巻を取り付けたものもあった。

4　将棋駒屋

将棋は碁や雙六《すごろく》とともに古くから日本に渡来し、かつ今日も多くの人たちに親しまれている遊戯である。ことに将棋は碁や雙六よりも大衆性をもち、室内はもちろんのこと、夏の夕涼みの慰みごとの一つとして、軒下や路地に持ち出した縁台や床几に腰掛け、差し向かいで腕のほどを競い、またそれに寄って集まって技と知恵をほのめかしながら、指し手と見物衆が一体となって、時のたつのも忘れるという光景をえがくように、庶民にとってかけがえのない遊戯であった。

その渡来の時代は明らかではないが、遣唐使や入唐僧が中国からもち帰ったもので、それは奈良時代から平安時代にかけてのころかと思われる。もともと将棋はインドにはじまり、それが西洋に伝わってチェスとなり、東に伝わって中国の象戯となった。将棋の最初の名称は古代インド語のチャトルアンガで、チャトルは四、アンガは員で、軍隊の四員である象・馬・車・歩卒すなわち全軍を意味し、中国では昔から馬・車・歩卒の三軍を全軍としたが、さすがにインドではそれに象を加えて四軍としていたのであった。だから将棋の駒はどこへいっても、王とその副将を中心に四員で構成されている。だからこれが中国に入って象戯となり、日本に入ると象はいないから同音の将戯となり、さらに将棋となったのだという。

だから日本に入ってきた当初は象戯という字が使われ、水無瀬《みなせ》神宮に伝わる図巻では『象戯図巻』となっている。そして今日の将棋とはことなり、駒も多く多種の将棋があった。平安時代から室町時代におこなわれたものでは、大将棋、将棋、中将棋とあったが、そのほかに駒数一三〇枚の大象戯、一九二枚の大大象戯、靡訶大大象戯、三〇四枚の泰象戯というものがあった。これらの駒の配置は『象戯図巻』によく記されている。

江戸時代になってからは五四駒の和将棋、荻生徂来が考案した一八〇駒の広将棋、九世名人大橋宗英考案の禽《きん》将棋などもあったというが、いずれもあまり普及しなかった。結局平安時代の普通の将棋が、室町時代におこなわれていた中将棋の飛車と角行の二駒を加えて四〇駒とし、さらに取った駒を再使用するという、日本独特の将棋法を生んだのであった。それが世に知られたのは慶長十二年(一六〇七)、一世名人大橋宗桂と本因坊算砂の対局からであり、幕府にも公認され将棋役がおかれ、さらに御城将棋の行事がおこなわれるほどになった。

そこから広く江戸庶民のあいだに将棋が広まり愛好された。いわゆる湯屋将棋、床屋将棋、縁台将棋の名がおこるほどに、人の集まるところかならず将棋の駒がふられ、大衆娯楽の花形となった。したがって、江戸時代にはちょっとした町では、どこでも将棋の駒を売る店があった。もちろん将棋盤を売る店も同じくあったが、この方は上等の木地を必要とするので、宮崎地方など特産地がきまっており、売る店もある程度専門的な性格をもっていた。だが駒の方は普及してくると駒だけを他の商品とともに売るところもあり、わりあいに販売店は多かった。

将棋駒屋の看板は、そのものずばり駒をかたどった模型看板であった。縦一尺、ときには二尺もある駒形の厚手の板の上に環をつけて、軒に吊ったのであった。表面には実際の駒と同様に文字を刻み、そこには黒漆を塗っている。その文字は王将・飛車・角行など、もっとも重きをおかれる駒にしており、その細工意匠は工芸品としても味わいの深いものである。

5　三味線屋

三味線は今日邦楽の代表的な弦楽器で、猫か犬の皮を張った胴と、それを貫く棹《さお》の上に三本の弦を張り、膝の上に斜めに構えて撥《ばち》で弾くものである。室町時代の末期の永禄年間（一五五八〜七〇）に琉球から伝えられた三線（蛇皮線）を琵琶法師が改良した。とくに蛇の皮を猫や犬の皮に変えるなど日本化したのであった。そして江戸時代の中ごろからさまざまな工夫が凝らされ、日本の風土や芸能に適応する改良を細部において施し、打楽器効果ももつようになった。そして今日の三味線の型ができ上ったのであった。

桃山時代から江戸時代にかけては、歌舞伎・浄瑠璃・舞踊・歌謡等の伴奏楽器として用いられ、琴とともに主要な楽器となった。江戸時代中期以降「芝居と遊里は江戸の華」といわれるように、さまざまな遊芸が人びとに迎えられた。そうした中で義太夫節・長唄・地唄・常盤津・清元・音曲その他多くの音楽が流行り、庶民のあいだにも愛好者が増大した。それらの主要な伴奏楽器が三味線であったので、町々に三味線屋も生まれた。三味線はそれぞれの音楽によって細棹・中棹・太棹などの種類があった。三味線屋はそれらの三味線を売るだけでなく、皮の張り替えもおこない、むしろそのほうが多かった。

この三味線屋の看板は、板の真中を刳り抜いてその中に三味線の胴を象ったものを嵌め込み、枠の一方に「はりかへ処」と彫り込んでいる。こうした造形を一枚の板を刳り抜いて作ったものもある。それを店の軒に吊るしたのである。これを見るとすぐさま三味線屋であることが分かる。すばらしい意匠である。

6　楊弓場（矢的屋）

楊弓は平安時代に盛んであった小弓が衰退し、それにかわって小弓の形式を踏襲して遊戯的にしたもので、一口にいえば卓上小弓ともいうべきものである。楊弓という名称は、もともと楊《やなぎ》の枝でつく

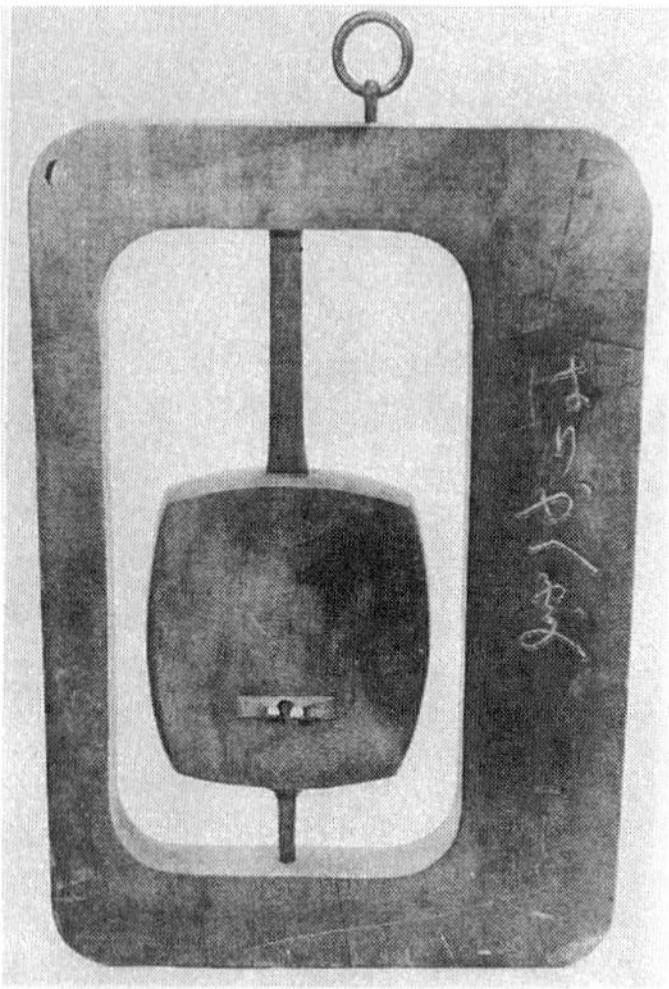

三味線張替屋の看板（文部省史料館）

将棋駒屋の看板（日笠健一氏）

楊弓師（『人倫訓蒙図彙』）

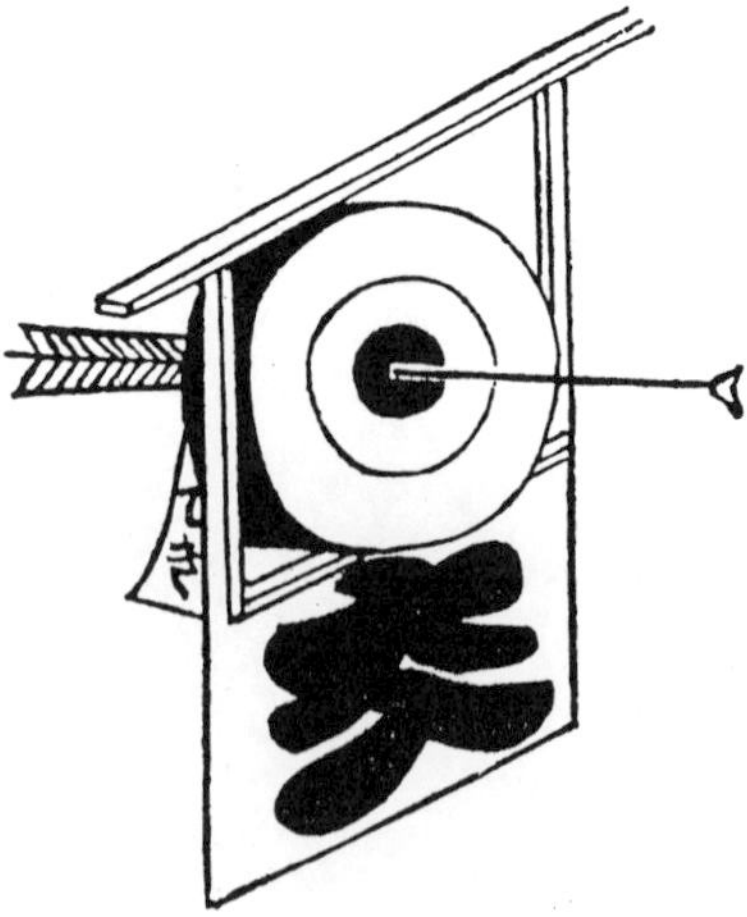

楊弓場（矢的屋）の看板（『守貞漫稿』）

ったところからつけられたものである。室町時代以降は宮廷における遊戯として盛んにおこなわれるようになり、「七福事」と称する七種類の遊戯の中に含まれた。「七放」ともいい、時代によって異なるが、甘露寺親長の日記『親長卿記』によると文明年間（一四六九〜八七）には、鞠、楊弓、郢曲《えいきょく》、和漢五十韻、和漢註解、盃飲、酒畢《しゆひつ》があげられ、七月七日の七夕の宴におこなわれたのであった。しかし永正年間（一五〇四〜二一）からは、楊弓が単独に宮廷遊戯としておこなわれ、その催しもしだいに時を選ばぬようになった。

それが江戸時代も中頃になると民間に普及し、元禄年間（一六八八〜一七〇四）に浄瑠璃語りの今井一中（都一中）が『楊弓射礼書』を著わしたころから、楊弓を射させる娯楽場が盛んに現われた。京・大坂ではヨウキュウバ（楊弓場）といい、江戸ではヤバ（矢場）といった。

その遊戯法は、天和三年（一六八三）大坂の医者岡西惟中の著した『一時随筆』によると次のようなものである。高さ三尺三寸、横一尺五寸の衝立《ついたて》風の堋格《ほうかく》というものを立て、その上に外れ矢を防ぐために牛皮を張り、それに的を吊るす。的は桜や藤の木を薄く削って直径三寸二分余りの輪とし、それに奉書紙を貼って中に的輪を描き、中央に小さい輪を描く。その輪を喜利穴《きりあな》という。的と席との距離は七間半。まず膝を的の方に向け、弓をとって矢をつがえ、いわゆる抓《つまみ》のところをつまみ、押手（左手）の親指を附《ゆづか》（弓の握りどころ）の右かどへかけ、左へ押し出すようにして左の人差し指を矢台とする。残りの三本の指は力を入れずに浮かしておき、その姿勢の整ったとき、膝の上でいっぱいに引きつめて放つというのである。

楊弓が一般の娯楽となると、江戸の芝に五郎・未碩という二人の楊弓名人が出て、一八四～五本も的中させたところから、にわかに矢場が繁昌し、矢取女を抱える矢場もできた。そのため楊弓の上手な連中があちこちにあらわれ、幕末には一八〇本台は普通の上手となり、二〇〇本近くも的中させるものがあらわれた。したがって、矢場も多くなり、大坂は戎橋南新町の通り筋と、天満天神・御霊・坐摩、博労稲荷・高津などの門前や、阿弥陀池和光寺内などに、江戸では浅草寺奥山・日本橋・両国橋・愛宕山・神田明神・湯島・芝明神などにあった。

明治十年（一八七七）頃には、浅草だけで矢場が七十店もあったといい、『新撰東京名所図会』の浅草公園の部には、「楊弓店、当時園内に二十八軒あり、いずれも矢取女とて美婦を抱へ、客を招かしむ、御神燈の下喃々の声人を悩殺す、夕間暮置手拭にて徐ろにそそるも一興あらんも、そは心まかせにすべし」と、その繁昌振りとあやしげな雰囲気を記している。実際に矢取女は売春婦のようであった。こうした店は江戸では「土弓場」といい、障子に「土弓」と墨書きして看板としたようである。だが、京・大坂では障子看板とは別に、木製の吊看板もあった。木目の細かい木を巧みに彫って、中央の的を矢が貫いている図を浮彫にして彩色したもので、矢場の看板にしては風格のあるものである。

なお、楊弓は常店のほかに神社の境内や盛り場で、美女が料金を取って弓を引かせる臨時の楊弓場もでき、江戸時代の後期には大いに流行したので、楊弓の需要が多くなった。また同じころ雀などを射る雀弓も需要があった。そのための楊弓師もあちこちに住んだ。京都の下御霊前の小倉出羽掾が有名で、江戸では神田明神前で作られた楊弓が知られている。楊弓師は弓屋だけでなく的も作った。有名な楊弓師には小倉出羽掾のように受領名をもつものがあった。

7 芝居

慶長年間（一五九六～一六一五）の頃であろうか、出雲大社の巫女阿国《おくに》が大社修造勧進のために各地を興行した、いわゆる阿国歌舞伎から、女歌舞伎、若衆歌舞伎、野郎歌舞伎と移り、女形の発達をもたらして歌舞伎芝居なるものを形成した。そして上方の和事の初代坂田藤十郎、江戸の荒事の初代市川団十郎の名声をもって歌舞伎芝居は隆盛した。

江戸時代には官許の芝居は一定の場所に指定されて「芝居町」を形成した。江戸では葺屋町、堺町、後に猿若町にそれは集合された。京都では四条河原、大坂では道頓堀がそれにあたる。そして江戸時代には「大芝居」「小芝居」の区別があり、江戸三座といわれた中村、市村、森田の芝居は、櫓を揚げることや引幕を引くことが許されて「大芝居」といわれた。寺社の境内や盛り場で、百日に限って興行を許される寺社奉行支配の「小芝居」もあった。大坂では「中芝居」といい、「中の芝居」「角の芝居」ともいって人気を得た。

こうした芝居の見物席は上等席の桟敷と、中等席の土間と、下等席の大向うがあり、桟敷の客は芝居茶屋を通して入場し、それぞれ入口を異にしていた。そしてこの桟敷の上客などは「連中」と称して贔屓《ひいき》の連中を組織して見物し、役者を接待したり贈物をしたりしたのであった。そうした評判の役

中村座（猿若町１丁目）（『守貞漫稿』）

者の姿は錦絵に描かれて広まり、また後世にまで長く伝えられるのであった。

　ところで、芝居小屋すなわち劇場には「絵看板」がずらりと掲げられる。その根元は絵馬堂にあった。初代市川団十郎は「成田屋」を名乗るように成田の出身で、歴代団十郎は「不動利生記」を演じ、成田不動尊を深く信仰し、芸道上達を祈願して自らの舞台姿を描いた絵馬を奉納した。そして瓦葺総欅造の絵馬堂を寄進するほどであった。その絵馬堂の内外の上にずらりと絵馬が掲げられ、その情景は実に壮観であった。以後贔屓がたがいに競って団十郎の舞台姿を描いた絵馬を奉納したのであった。これを取り入れたのが絵看板であり、その絵看板こそが観客を呼び込むもっとも重要な標識であった。

　この絵看板はまず「書き出し」からはじまり、「二枚目」、「三枚目」、「中軸」、「敵《かたき》役」、「実敵《じつがたき》」、「実悪」と続き、最後に「座頭《ざがしら》」と並べた。座頭で一番の立役を「取り」にもってきたのである。落語の世界でいえば「真打ち」が最後に演じるのと同じである。また、一般に美男子で女性に好かれる男性を「二枚目」といい、おどけた滑稽な言動をする男性を「三枚目」というのもここからきている。

なお、歌舞伎の立役には超人的な力をもつ人物を主人公とし、その特異な働きを様式的に見せる。江戸独特の演出及び演技である「荒事」と、主人公の女性を相手にして情痴的な場面を演じ、やや女性に近い特殊な柔和な発声動作をする演出及び演技で、上方歌舞伎の主流を占める「和事」と、分別を備えた役・演技の「実事」とがある。二枚目役すなわち色男はこの中の和事師である。「新薄雪」の園部左衛門、「梅忠」の忠兵衛、「河庄」の紙屋治兵衛などがその代表である。

芝居小屋の周辺には出演する役者の屋号・芸名を染め抜いた幟が立てられ、雰囲気を盛り上げるのも慣わしとなっている。

8 相撲

相撲の起源説話としては、『日本書紀』の垂仁天皇七年七月七日条に、当麻蹶速《たいまけはや》と野見宿禰《のみのすくね》が力を争った話が有名である。天平六年（七三四）から同じく七月七日に「相撲節会《すまいのせちえ》」が始められ、天皇が宮中清涼殿で御覧になり、以来伝承されてきた。この七月七日という日が重要であって、古来盆の前提となる日に水浴びの潔斎として、水神の精霊としての河童に相撲を取って供養する風があった。それが独り相撲で、その型が一種の舞となった。そのため相舞《すまい》と称するのが相撲の古語でもあった。その水神祭の折にその年の後半の稔りの豊凶を占うため、二人が相対して力を競う相撲が行なわれるようになったのである。

鎌倉・室町時代には武家相撲が行われ、室町時代末期に豊後府内で勧進相撲がはじめられ、江戸時代になると京、大坂、江戸の三都を中心に盛況を呈するようになった。まず寛永五年（一六二八）江戸四谷塩町で晴天六日興行されたのを初めとする。京都では正保二年（一六四五）六月、下鴨会式に行われたのが初めで、大坂の場合は江戸、京都よりもおそく、元禄十五年（一七〇二）堀江新地の橋三丁目で初めて催された。以来各地で相撲興行が行なわれたのであった。その寺社は枚挙にいとまがないが、天明年間（一七八一〜八九）から江戸では本所回向院が独占するようになり、年間九十回も興行していたという。

こうした相撲の看板は櫓太鼓を打つ「櫓」と、番附を板に記した「高札」である。櫓はもともと相撲場の前に建てたのであるが、のちには両国橋の東詰に立てられるようになった。高札は「蒙御免」の下に興行期日、行事、勧進元を書き、その両側に東西の力士名を書いたものである。この櫓太鼓と番附が相撲興行独特の標識で、人びとを相撲見物に誘ったのであった。

9 遊女屋

遊廓は天正十七年（一五八九）に原三郎左衛門が豊臣秀吉に乞うて、京都の柳の馬場に南北三町の柳町廓を作ったのが初めである。それが慶長七年（一六〇二）八月に六条に移って三筋町の廓と呼ばれ、さらに寛永一八年（一六四一）に朱雀野に移され西新屋敷と呼ばれた。江戸では元和三年（一六一七）に庄司甚右衛門が公認をうけて、難波町・高砂町・住吉町辺の葭原を開いて方二町の一廓を吉原遊廓と名付けて翌年開業、寛永三年（一六二六）吉原と改めて遊女屋十七軒、揚屋二十四軒を数えたという。

京都・江戸のほかには延宝六年（一六七八）に大坂新町・伏見撞木《しゆもく》町・大津柴屋町・駿府二丁町・敦賀六軒町・越前三国・奈良本辻・堺乳守《ちもり》・播磨室《むろ》・佐渡相川・鞆《とも》有磯町・宮島新町・下関稲荷町・博多柳町・長崎丸山など二十余ヶ所の遊廓があった。

なお、京都の西新屋敷の廓は、三方塗籠《ぬりごめ》で周囲に堀をめぐらす厳重な構えで、あたかも島原城のようであったので島原遊廓の名が起こったという。この島原と吉原のような名だたる遊廓は、入口に大門があり、そのきわに柳が植えられ、遊び客が一思案する思案橋、衣紋をつくろう衣紋坂、編笠を貸す編笠茶屋などがあり、遊女を抱える遊女屋、遊女を揚げて遊興する揚屋、客を揚屋へ案内する引手茶屋などがあった。

このなかで遊女屋（置屋）や揚屋の標識は暖簾《のれん》であった。それは柿色あるいは青色で、遊女屋の柿暖簾、遊女屋の青暖簾と呼ばれた。

10 茶屋

喫茶の風習はもともと禅宗寺院にはじまり、施薬の一種として施茶が行われ、そこから茶を飲ませることを営業とする掛茶屋、水茶屋、茶店になった。さらにその種類と機能が分化し、男女の出会いに使われる出合茶屋、酒宴をし料理を食べる料理茶屋、ただ休息に使う休み茶屋などが生まれた。また劇場附近の芝居茶屋、相撲の角力茶屋、遊里の引手茶屋なども繁盛した。

芝居茶屋は一般に劇場の裏に付属していて、観客の休息や飲食の場を提供し、さらに役者と客、客と客の出会いの場となった。角力茶屋もよく似た性格をもち、ともに観客座席を確保するという役割も持った。引手茶屋はまた特有の機能を持っていた。客はまず引手茶屋に上り、遊女を招いて酒宴を行ない、そのあと各妓楼に行くので、ここでは料理茶屋と同じく芸妓・幇間が接客したのである。こうした茶屋は日本独特の性格をもつものであった。

これら各種の茶屋のうち、掛茶屋、水茶屋は店名に店主の名をとって源左衛門茶屋とか、地名をとって仲町茶屋などと称し、芝居茶屋、角力茶屋、引手茶屋などは鶴屋、亀屋、松屋、萬屋、叶屋など、縁起のよい店名を付けたのであった。水茶屋がもっとも盛んだったのは「浅草二十軒茶屋」と呼ばれて、浅草寺境内に二十軒並んでいたという。水茶屋は茶漬屋でもあって行灯看板を店頭に掛けた。芝居茶屋、角力茶屋、引手茶屋も屋号を書いた縦長の行灯を表に掛けるのが普通であった。

11　煙草屋・煙管屋

煙草の渡来は十六世紀、メキシコからフィリピンを経由したといわれる。渡来するとたちまち喫煙の風が全土にひろがり、当時は延命長寿、万病治癒のもとといわれ、江戸幕府のたびたびの喫煙禁止令にもかかわらず、寛永（一六二四〜四四）のころからますます流行していった。

わが国での喫煙のはじめは、葉を乾かして割り、紙に貼ってこれを巻いて喫ったり、刻んだ葉を竹や葭《よし》の管の先につめて喫ったこともあるというが、これがやがて煙管《きせる》を用いて喫うようになり、それにしたがっていろいろの形の煙管や、携帯用の煙草入れや煙草盆その他いろいろな喫煙用具が工夫され、世に広まった。それにつれて煙草屋はもとより、煙管屋や煙草入屋などさまざまな商売、はては煙管を掃除したり、煙管の竹をとりかえてまわる羅宇屋《らおや》という商売さえも生まれた。

一般に煙草屋は、柿色の暖簾と煙草の葉や「たばこ」の文字を描いた板を吊るして看板とした。柿色の暖簾は煙草の葉の色をあらわし、煙草の葉の絵は葉煙草そのものをずばりあらわしたものである。また、「たばこ」の文字看板はそれぞれ一枚ずつ別に、一枚に一字を菱形の板に書き、おのおのを紐でつなぎ、いちばん下には房をつけたものであった。

江戸時代の煙草の産地は『和漢三才図会』によれば、「備後・備中及び関東に多く出す。今攝州の服部の産を第一とす。泉河の新田これに次ぐ。上州の高崎、和州の吉野、甲州の小松萩原、信州の玄古、薩州の国分、丹波の大野、みなその名を得たり」と記している。こうしたところで産出された煙草の葉が、江戸や大坂・京都に供給されたのであった。

喫煙具として唯一のものである煙管《きせる》は、竹や葭《よし》の管からだんだん工夫され、雁首《がんくび》をそなえた金属製のものが作られるようになり、なかには管がきわめて長く、火皿の大きなものができ、外出するときは小者にかつがせ、それに刻み煙草を入れた袋を結びつけたものさえあらわれ、これは優に護身用の武器となったとさえいう。こうした持物のものは別としてもさまざまな煙管が考案され、形が鉈豆《なたまめ》と似た真鍮製の鉈豆煙管や、深彫、色切彫、高彫や象嵌《ぞうがん》、七宝《しっぽう》流しなど、いろいろの意匠を凝らした錫《すず》や真鍮《しんちゅう》製の高価な煙管があった。

だが、なんといっても一般に普及していたのは、羅宇《らう》竹の両端に金属製の雁首と吸口をつけたもので、煙管といえば普通はこの形であった。だから煙管屋の看板は、この煙管を拡大して長さ一尺五寸から二尺以上もあるような巨大な雛形をつくり、これを軒下に吊るしたのであった。もちろん雁首、吸口の部分も木製のもので、遠くからみてもこの煙管が下っておればすぐ煙管屋と判別できた。また、煙管の雛形を板にとりつけて板看板風にしたものもあり、凝ったものでは、腰に煙草入れを吊り、立膝して肘をのせ、大きな煙管をくわえている姿を像につくり、それを店先において看板とすることもあった。

明治時代になってからは新しい品種が移入され、品質・技術が改良されて、大和奥吉野の十津川村でも盛んに煙草が栽培された。若衆が娘のところへヨバイに行って、娘の父親が怒るようなとき、親

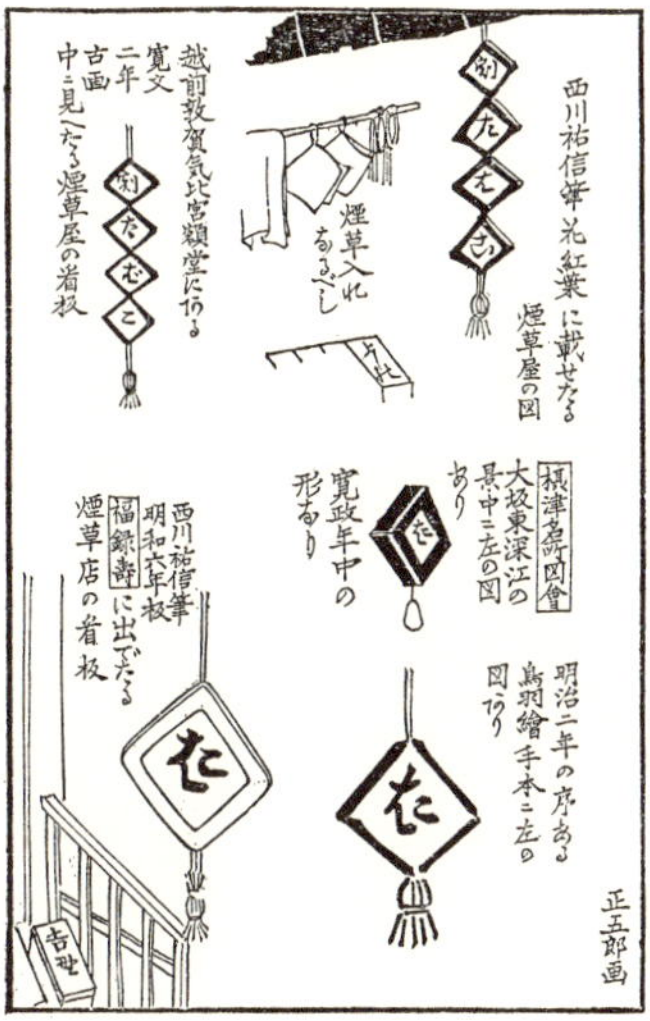

煙草屋の看板（『看板考』）

煙管屋の看板（原野農芸博物館）

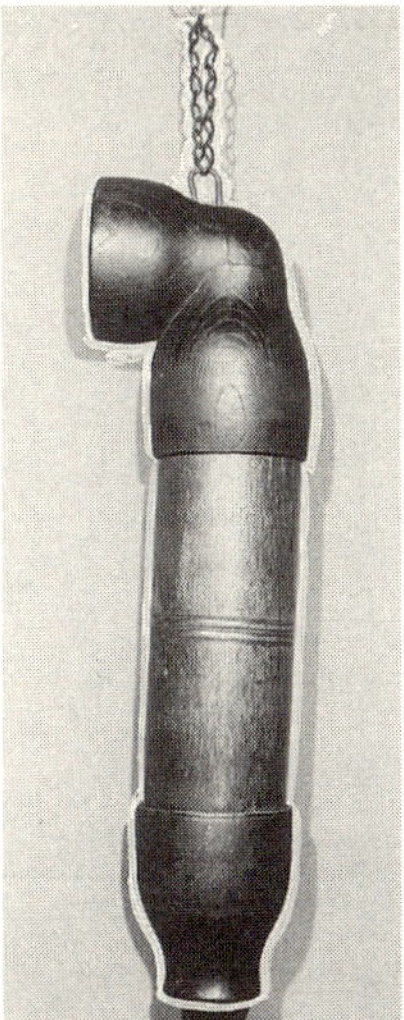

煙管屋の看板（左右とも日笠健一氏）

父苛《いじ》めとしてとった手段は、屋敷の煙草畑に竿を倒し、竿の両端に縄をつけて引き歩き、煙草畑をだいなしにしてしまうのが、もっとも大きな打撃を与える苛め方だったというのも、煙草栽培の普及を物語っている。

明治時代の初めには、大都市は別として煙草屋という専門店は少なく、煙草は多くは町の荒物屋で売っていて、刻みを百匁玉にし、紙の帯でしばり、一玉十二銭か十三銭で、ときには五厘とか一銭などの盛り売りもされていたという。ところで、明治六年（一八七三）に明治政府は地租改正を実施し、地租を地価の百分の三定率としたが、これは事実上封建貢租以上の負担になったので、明治九年（一八七八）茨城・三重・奈良・愛知・岐阜・和歌山ではげしい地租改正反対一揆が起り、その結果、西南戦争の直前に税率は二分五厘に下げられた。このことを一般には「竹槍でちょっと突き出す二分五厘」と、一揆の成果ともいうが、政府はそれにかわる財源として、すでに煙草にたいする課税を決めていたのである。それが明治九年の「煙草税則」で、営業税のほかに消費税を設けるものであった。これがのちに煙草専売制へと発展していったのである。

これまでの煙草はもっぱら刻み煙草であるが、明治二年（一八六九）にはじめて東京麹町の上田安五郎のつくった国産紙巻煙草がお目見得した。その後、鹿児島の人岩谷松平が東京銀座二丁目に店を持ち、薩摩絣や薩摩煙草を売っていたが、その岩谷が「天狗煙草」と名付けて、金天狗・銀天狗・赤天狗などの巻煙草を売り出し、それが全国に流行した。この天狗煙草にたいして西日本では、京都の村井商会がアメリカ産の葉で、サンライズ、ヒーロー、ピンヘッドなどの巻煙草を売り出して評判をよんだ。これらの看板はいずれも文字看板で、天狗煙草は横書き、縦書きともに「天狗煙草」などと書かれているが、ヒーロー、ピンヘッド、サンライズなどは片仮名文字で、片仮名看板はウルエス、ヘルプなどの薬の看板とともに目を引くものであった。

いよいよ明治二十九年(一八九六)の「葉煙草専売法」に続いて、明治三十七年(一九〇四)七月から煙草の製造・販売も含めた完全専売の「煙草専売法」が施行されるのであるが、その最初に売り出す煙草の名前にどうしても名案が浮かばず、一月前になってなお決まらなかった。そのとき思いついたのが煙草好きであった本居宣長の「敷島の大和心を人問はば、朝日に匂ふ山桜花」という歌であった。この歌からそれぞれ「敷島」「大和」「朝日」「山桜」と命名した巻煙草が発表されたのであった。宣長は吉野の子守神社の申し子であったところから、よく吉野詣をしたが、この歌はそのさい吉野の桜を一望して詠んだのだと伝えられている。

12 印籠屋

江戸時代の中期以後は、印籠《いんろう》が上流社会の男子の装身具の一つにもなった。精巧にできた楕円形の筥が、二重、三重あるいは五重に重ねてセットされていて、その左右両端に絹紐などを通して、根付《ねつけ》で帯に挟むようになっている。全面黒・茶などの漆塗りで、それに梨子地《なしぢ》の蒔絵《まきえ》をほどこしたりして装飾し、その上に定紋や故事来歴に関係ある模様を描き、武士は裃《かみしも》を着用したときは必ず腰に提げた。

この印籠にははじめ印判や印肉を納めたのであるが、のちには麝香《じゃこう》や応急の丸薬などを入れることに転用された。

こうした印籠を売る店の看板は実物看板であるが、それは人目に付くように大きく拡大したものが多く、なかには幅一メートル以上もあるものもあった。それも実際の印籠そのものと同じくらい念入りに作られていた。

学ぶ・嗜む

寺子屋（『日本風俗史図録』）

1 筆屋

わが国でもっとも古い筆は、正倉院御物の中に見られる。それは「巻き筆」といい、短い毛をまとめて中芯《なかしん》とし、その上に紙を巻きつけて締め上げる。堅く締まったら再び毛をかぶせて紙を巻く。この工程を三度から大きいものでは十度も重ねて仕上げたので、筆の腰が強く、しかも墨もちのよいのが特色である。天長一〇年（八三三）成立の『令義解』には「造筆手十人、管を造ることを司る」とあり、図書寮《ずしょ》に造筆手をおいて筆の製作に従事させ、諸役所の需要に供したことが見える。そして『延喜式』の十三図書には、兎・狸・鹿筆の製法のことが見え、空海の「狸毛筆奉献表」があり、唐の製法にしたがって筆生坂名井清川をして、狸の毛を使って真・行・草・写書用の筆を作らせ、朝廷に献上したことが記されている。

筆は軸ともいわれる筆管すなわち柄の部分と毛の部分からなる。重要な毛の部分は兎・鹿・狸のほかに羊・馬・狐・鼠の毛なども用い、太字を書くために藁・竹も用いられ、管は多く竹を用いるが、なかには蒔絵・螺鈿《らでん》をほどこす美麗なものも作られた。江戸時代になると唐様の字が書かれるようになり、根元までおろして使う風習が広まって水筆が作られた。それは特別な芯を使わず、毛の穂元を糸でしばり、松脂《まつやに》と蝋を根元につけて固める、いわゆる練り混ぜ式である。

江戸時代になると書道も盛んになり、寺子屋も町々にでき、読み・書き・そろばんが庶民のなかで

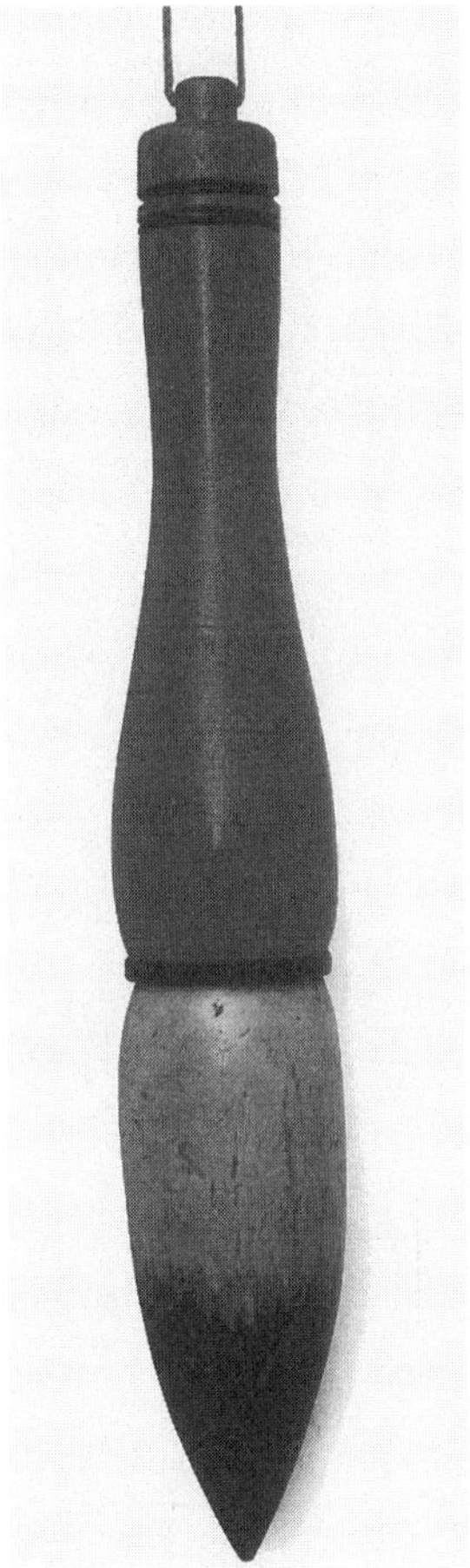

筆屋の看板
(原野農芸博物館)

筆屋の看板（あかしや）

筆屋の看板（日笠健一氏）

も重要な教養となり、書を習うものも多くなった。そのため筆屋の数も増えた。その筆屋の看板は大きく分けて二つのタイプがある。その一つは長方形の板に筆の形を彫り込んで彩色したものである。この形式の看板は京都嵯峨野の清涼寺の歴史を記した室町時代の絵巻物『清涼寺縁起絵巻』に見られる。その図柄は穂先を上に向けたものが一般的で、軸はいろいろの形に意匠を凝らしている。もう一つの形式は木製丸彫りの大型の筆の模型看板で、どの看板も美しい細工で、看板自体がすぐれた彫刻になっている。これは穂先を上にして吊るすものと、軸の方を上にして吊るすものとがある。店名や商標はいずれも軸に彫ったり、書いたりしている。

なお、現在の筆はほとんどが練り混ぜ式であるが、近江国高島郡安曇川《あどがわ》には、古代の巻き筆の技術がいまに伝えられている。それは「雲平筆《うんぺいふで》」で、元和年間（一六一五〜二四）初代藤野雲平が天皇御用として作りはじめて以来、今日におよぶものである。穂の毛は羊・山羊も使うが、空海が朝廷に献上した筆にならって狸の毛を使っている。

2 墨　屋

墨は筆・硯・紙とともに「文房四宝」の一つである。墨はすでに推古天皇の時代に僧曇徴によって作られたと『日本書紀』巻二十二推古天皇紀に見られ、六世紀前後からわが国でも墨を作る法を知り、使用しはじめたようである。正倉院御物には船来の「新羅柳家の上墨」なるものがあるし、『正倉院文書』には写経に使用する唐墨の請求書があるが、奈良時代には供御および諸官衙で墨を使用し、それは図書寮で製造されたが、南都諸大寺で盛んに写経がおこなわれ、日常活動のなかでもふんだんに墨が使用されるようになり、それにともなって墨の製造も活発になった。平安時代になると、『延喜式』民部式上には「丹波国、墨二百廷。播磨国、墨四百五十廷。掃墨二百。太宰府、墨四百五十廷貢納」が規定されているので、当時これらの国々から墨の献上があったようである。

中世からは奈良墨が世に知られ、元禄十年（一六九七）刊貝原好古の『和漢事始』には、「中世南都興福寺の二諦坊、持仏堂の燈の烟の屋宇《やね》に薫滞《くすぼりとどこお》るものを取て、牛膠《にかわ》に和して墨を作る。是南都油烟墨の始といへり。」と記している。これが「奈良墨」であり、慶長八年（一六〇三）幕府に献上して以来民間でも盛んとなり、貞享四年（一六八七）に奈良で墨屋は十軒、江戸中期以降は四〇余軒、幕末には五四軒を数え、今日も年間六〇〇万丁を生産し、全国の九〇パーセント以上を占めている。この量産の老舗が「古梅園」である。

この古梅園の店主松井元泰が元文四年（一七三九）長崎に赴いて、清人から唐墨の製法を新たに学び、それまでの製墨法に改良を加えた。その作り方は、菜種油を土器に入れて灯芯に火をともして土器で覆いをし、それに付着した煤を取る方法である。それまでの松煙墨は松の立木に斧で傷をつけ、吹き出した樹脂を取ってきて穴のある竃《かまど》で燃やし、穴から吹き出した煙を障子で囲み、障子に積った煤を取る方法であったが、新しい製法はすべて屋内での工程に変ったのであった。

そして精選した煤に膠の熱液を注ぎ、香料を加えてよく混ぜ、光沢の出るまでよく揉み練り、これを型木に入れる。それを取り出して灰に入れ、毎日灰を取り替えて徐々に水気を除くこと半月、あと空気中で一か月余り乾かしてから灰を落とし、色彩を着け、貝殻で磨いて仕上げる。膠は動物の皮革骨を煮て溶かし、冷まして固形体にする。そして香料として麝香《じやこう》、梅花香、竜脳などを用いるのである。この古梅園墨の看板は、二人の唐子が額を支える大きな衝立看板で、帳場に据えられている。このほかに吊看板など多くの看板がある。

3 硯屋

硯は筆・墨・紙とならぶ文房具の第一にあげられるものである。中国漢代の硯がもっとも古く、それは長方形の石板（粘板岩の薄い板）で、漆塗の硯台や円形の木の台にはめて用いたようである。そして秦の時代に自然石を用いた瓦硯が製作され、以来、瓦硯と石硯が用いられたようである。唐の時代になると陶硯・澄泥硯・端渓硯なども使われた。

日本へは応仁天皇の時代（四世紀末）に、百済から王仁《わに》、阿直岐《あじき》が『千字文』、『論語』を伝えたときに硯もいっしょに伝えられたといわれる。古墳からは須恵器の円硯が出土しているし、法隆寺からも円硯が出土している。また、平城宮跡その他からも百足台の硯が出土しているし、正倉院御物に形が六稜で青斑石装の風字硯や、東大寺の良弁僧正の風字硯が伝世している。

平安時代以降は山城で硯石産地が発見されたり、陶硯が使用されたりもしたが、中国産の名硯が輸入され、室町時代の名硯といわれるものはみな中国硯であった。江戸時代になると鎖国政策もあって日本で硯が生産され、山城・丹波・若狭・近江・三河・甲斐・常陸・長門・土佐・肥前などの硯材産地が生まれた。そして京・大坂、江戸をはじめ都市において、まずその需要が高まった。

こうした硯屋の看板は模型看板である。それは木製で大きな硯を型取ったもので、軒に吊るしたものである。

なお、近江の安曇川には高島硯がある。阿弥陀山から産出する虎斑石を原石とするのが特徴で、江戸時代初期にはすでに産出が始まっていたらしい。享保十九年(一七三四)の『近江輿地志略』の「土産の巻」に虎斑石硯の名があり、また地元の歌人中江千別が京・大坂・伊勢などに出て、国学者と交わり勉学のかたわら硯を行商して、その名を広めたという。

墨屋の看板(古梅園)

硯屋の看板(日笠健一氏)

4　紙屋

紙は中国の後漢時代に蔡倫《さいりん》によって発明されたといわれていて、『後漢書』によれば蔡倫は樹皮・麻・襤褸裂《ぼろぎれ》・魚網等をもって紙を作り、一〇五年に和帝に献じたという。こうして中国に始まった製紙術は朝鮮半島を通じて日本に伝えられた。『日本書紀』には推古天皇十八年（六一〇）三月に渡来した高句麗の曇徴《どんちょう》が「紙墨」を作ったとみえる。日本ではやがて「流漉《ながしずき》」という特殊な製紙技術を発見し、楮《こうぞ》などを原料とする和紙として独自の発展をとげた。

紙をその原料によってみると、麻の繊維を原料とする「麻紙《まし》」は写経その他の高級料紙として珍重され、『正倉院文書』にも麻紙・白麻紙・黄麻紙という言葉が頻繁に出てくる。この麻紙にかわって平安時代中ごろから楮を原料とする「楮紙《ちよし》」が広く使われるようになった。楮は本州・四国・九州を通じて広く自生し、また栽培も容易でかつ低廉で、しかもその繊維は強靱であるので、紙の原料として珍重されたのであった。この楮紙とともに雁皮《がんぴ》を材料とする「雁皮紙」がある。雁皮の繊維は楮より短く、半透明で光沢があり粘着性に富み、保存力が高いので仮名書きや写経の料紙として愛用され、「紙王」とも称された。雁皮とともに三椏《みつまた》を原料とする「三椏紙」があるが、この紙は明治以降主として紙幣用紙や証券用紙として用いられた。

こうした製紙技術の発達の過程で、越前・美濃・播磨・伊豆・甲斐・土佐・石見で紙の生産が行われ、江戸時代には諸藩が国産奨励を行ったことから、紙の生産も全国的に拡大し、中国・四国・九州地方の諸藩で生産された紙は大坂の紙問屋に送られた。大坂に入った紙は問屋商人から仲買商人を経て大坂市中と周辺に売り捌かれたほかは、江戸や諸国に向けて積み出された。江戸では元禄七年（一六九四）に江戸十組問屋が結成され、その一つである紙店頭《かみだなぐみ》の紙問屋四七軒が大坂からの下り荷物を取り扱った。江戸の紙問屋はまた大坂からの紙荷だけでなく、越前の奉書紙や各地の良質紙を江戸に直送するルートももっていた。

こうした趨勢の中で文雅の町京、商いの町大坂、政経の中枢江戸では上下《しょうか》とも紙の需要が増え、紙の小売店も数多く生まれた。京大坂の紙屋の看板は白紙貼の紙入笞を模した笞を店頭に置くが、この笞の背面の上部には横長方形の穴を開けてある。それは屑紙入れを兼ねているのである。江戸の紙屋の看板は奉書櫃《ひつ》を模した箱に草莚《むしろ》を巻いて太縄で縦横に縛ったものを何個か積み重ねて置くのである。これは江戸の町で消費される紙は大坂や各特産地から送られてくるものなので、その恰好を看板にしたのであった。

5　帳面屋

江戸時代の商いのシンボルは大福帳であった。もとは大福帳ですべての経理をすませていたのであるが、のちに売掛帳・買掛帳・金銀出入帳・判取帳・注文帳・荷物渡帳などに分化し、大福帳は売買

帳面屋の看板（文部省史料館）

紙屋の看板（『守貞漫稿』）

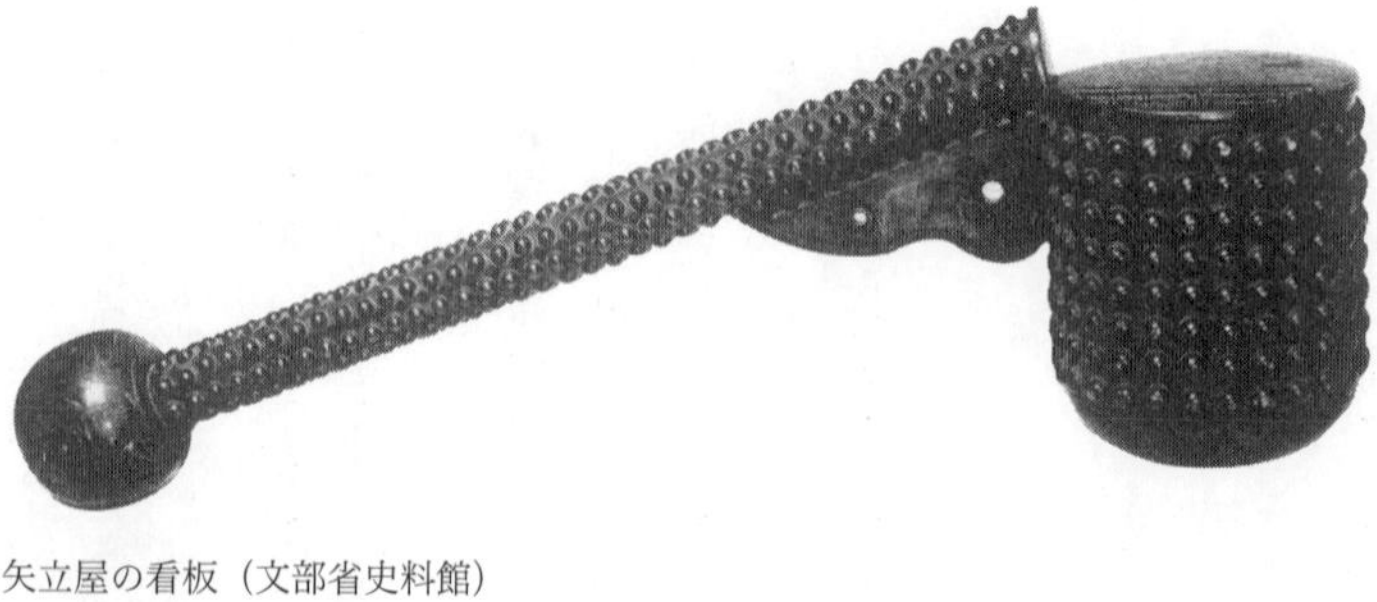

矢立屋の看板（文部省史料館）

両帳および金銀出入帳を総括するもので、本帳または大帳とも呼ばれた。この大福帳には口座を設けて商品の品目、数量、価格などを売帳から各人の各口座に転記し、その代金収入は金銭出入帳から登録し、これによって差引計算するもので、顧客との取引状況をはっきりさせる帳簿であった。したがって、多くは主人がこれを保管し、手代にすら秘密にするものがあった。

これらの諸帳簿には袋帳と長帳があった。袋帳は用紙を四つ折りし、普通は二十枚を一綴としてこれを数十綴り合わせ、用紙が不足のときは増加することができた。大福帳は多くこの袋帳を用いたので、大福帳のことを一般には袋帳ともいった。長帳は美濃紙または半紙を横二つ折りにし、長綴り裁ち切りにしたもので、いったん綴ってしまうと増減することができない。

こうした大福帳をはじめとする諸帳面は、毎年年始に新調するのを常とし、これを年中行事の一つとしていた。大坂では正月初めて市が立つのが十日で「宝の市」といった。ここで新しい帳面を買い求め、「帳祭り」といって氏神に供える風もあった。この日はちょうど「十日戎《えびす》」なので、大坂の商家では戎さんで大福帳を買って帰り、翌十一日に一年分の大福帳の上書きをした。これを「帳綴じ」といい、この祝いを商家の仕事始めとしたのであった。江戸でも毎年正月十一日に大福帳を綴じ、「蔵開き」を祝う習慣があった。

江戸の町では大福帳をはじめ諸帳面は、多く町の帳面屋で買い求めたのであった。この帳面屋の看板は大型の実物模型看板である。帳面の形に竹の串を組んでその上に厚紙を貼り「大福帳」と表に太書きしたものであった。この看板は大きく軒に吊るすこともあったが、屋根の上に竹に吊るして揚げる習わしもあった。明治時代の版画で、大坂順慶町通御堂筋西に入る河内屋事政飯田藤兵衛なる帳面屋を描いたものに、笹に各種帳面を吊るして屋根の上に立て、店頭にも多くの帳面を吊るし、たくさんの帳面の実物を並べた情景が見られる。その帳面は損益勘定や貸借対照のための帳面から、慶事用の帳面や葬式用の帳面にいたるまで、多種多様な帳面が並べられていて壮観である。

6　矢立屋

矢立《やたて》は携帯用文房具で、筆記用具の一種である。真鍮・銅・銀・鋳物・竹などで作られ、墨壺と筆入れが一体になっており、墨壺には綿や艾《もぐさ》などに墨水をしみこませ、墨汁が墨壷からこぼれないようにしているのが特色である。すでに鎌倉時代に「箙《えびら》矢立」として文献に見え、もとは武士が箙の中に納めた扇形のものであった。それが文房具として一般化したのは江戸時代からで、商人が多く腰にさす脇差し型が一般に用いられ、墨壺も丸く大きくなり、なかには筆入に物差の目盛をつけたものも現われた。元禄年間（一六八八～一七〇四）からは金銀細工をほどこしたものや、陶製のものができ、寛政年間（一七八九～一八〇一）からは墨壺を筆筒から分離して印籠風に仕立て、両者を緒で連結させて持ち歩く「印籠矢立」が作られ、文人墨客はこれを好んで用いた。明治時代に入って万年筆が輸入され、一般に普及するにしたがって利用されなくなったが、魚屋や行商人のあいだでは昭和の初めまで用いられていた。

したがって江戸時代には帳面とともに広く愛用されていて、矢立屋の看板も帳面屋や算盤屋の看板と同じように、大きな実物模型のいわゆる模型看板であった。

7 算盤屋

算盤《そろばん》は東洋独特の計算器で、十呂盤・十露盤・珠盤とも書かれた。算盤の発明以前は算木・籌（ちゅう）などという細い木片を、盤上の一定の区画内に縦横に並べて計算していた。その後中国で宋代末から元代にかけて（十三世紀）算盤が発明され、明代に横長の箱に横に梁を張り、上段に二珠、下段に五珠の団子形の珠を配した、いわゆる「支那算盤」が民間にも普及した。わが国に伝わったのは明との貿易が盛んになった室町時代末期であったといわれる。

豊臣秀吉の臣毛利勘兵衛重能が明に渡って『算法統宗』を得て帰朝し、わが国数学書の濫觴《らんしょう》ともいうべき『帰除濫觴』を著わして、珠算の法を門弟に教えたといわれる。加賀の前田家には文禄年間（一五九二〜九六）に肥前名護屋の陣中で使用した梁上二珠の算盤がある。江戸時代に入ると江戸の十七桁、上方の十三桁といわれる算盤が多く使用されたが、ほかに長算盤・継算盤・枕算盤・腰提げ算盤・掛算盤・根付算盤・懐中算盤など多くの種類があり、位取りは両・匁・斗・升など、金銭と升目が表示されていたのである。そののち梁上一珠となって珠の形も角張ったものとなり、明治時代中期には梁下四珠のいわゆる四つ珠算盤も出現し、近年は四つ珠算盤が一般化した。梁上二珠は中国式算

算盤屋の看板
(日笠健一氏)

糸屋（『人倫訓蒙図彙』）

算勘（『人倫訓蒙図彙』）

盤で、梁上一珠は和式算盤といえる。わが国における算盤生産地としては播州算盤と雲州算盤が知られる。

この算盤は商家の帳場では必須のものであり、日本人の教養の基本は「読み・書き・算盤」といわれ、寺子屋でも教えられた。こうした算盤を売る店の看板は、帳面屋や矢立屋と同じように、実物の模型を大きく作って店頭に吊りさげる模型看板であった。

8 糊 屋

日常の生活では木・竹・紙その他さまざまなものを接着する必要が多々生じてくる。そうした用に供するのが糊である。一般には澱粉糊を使用するが、木工・指物《さしもの》で枘《ほぞ》を組むような場合は膠《にかわ》を使うが、桐細工などでは竹釘・木釘を併用してご飯粒を箆《へら》でつぶして練ったご飯糊を用いた。木屎《こくそ》を固めて人形を作る場合や、襖張り・表具張りのような経師屋や、紙張子・提灯・傘・扇子・団扇などの紙張りには、粘りの少ないうどん粉糊や蕨《わらび》粉糊を用いるのが普通であった。

家庭でも大量の糊を必要とする。その一つである年の暮れの障子の張り替えなどでは、自家でうどん粉を煮て糊を作った。また着物を洗濯するとき型崩れを防ぐためや、布の洗い張り糊に曼珠沙華の根などの澱粉糊や、布海苔《ふのり》の煮汁を用いたのであった。

こうした各種の需要に応じた糊屋の看板は、曲物《まげもの》で作った円形の筥《はこ》の両面に白紙を貼り、その円形に沿って太く「の」の字をいっぱいに書き、「の」の字の間に「り」の字を書いて「のり」を表わす。この曲物は糊の容器を表わしてもいる。なお、八角形の板に大きく「の」の字を墨書した吊看板もあった。糊は米を原料とした米糊が主に使われたので、米屋や辻番小屋でこの看板を出して作って売っていたという。

9 絵具屋

絵具といえば、今日では人工的につくった無機あるいは有機の顔料に、膠《にかわ》や油、樹脂あるいは合成樹脂を混ぜてつくられたもので、もっぱら絵画や図案の製作に、その彩色用として使われるものと理解されるのが普通である。

だが昔は、絵画のための色材としてばかりでなく、むしろ繊維を染める染料、陶磁器類の着色、さらには日常手回り品の彩色、調度装飾のための色付けなど、きわめて広い用途があった。今日のペンキ、ラッカー、オイルステンなどの役割も果たしていたのであった。しかもそれは美しい色をもった顔料・染料で、天然鉱物や動植物の粉末を適宜に水や油性の液体と練り合わせて用いたもので、すでに調合作成された色彩のほかに、各自で色合を調整するのに知恵をしぼったりした。それがまた楽しいものであった。

この絵具は古くから岩絵具・泥絵具・水絵具の三種類があったが、それぞれに趣があって、用途に

絵具屋の看板（日笠健一氏）

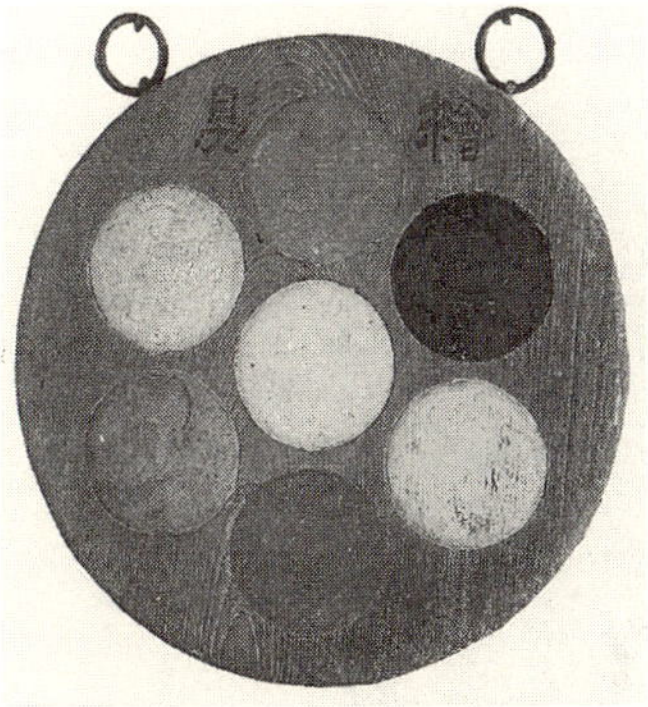

絵具屋の看板（ピーボディ博物館）

朱屋の看板（日笠健一氏）

糊屋の看板（『守貞漫稿』）

応じて独特の味わいを出したし、また調合されて用いられることもあった。岩絵具というのは青金石という鉱物から採取される群青《ぐんじょう》・緑青《ろくしょう》・朱のように色のついた石質材を粉にしたものである。泥絵具は赤鉄鉱を主成分とし、粘土を多く含む鉱物である代赭《だいしゃ》石から採る代赭や、風の作用でできる堆積物である黄土のように、有色の土質材を粉末にしたものである。水絵具は藍《あい》・藤黄《とうおう》のように植物質からとるもの、あるいは臙脂《えんじ》虫すなわちサボテンにつく虫からとる臙脂などのように動物質からとるものとがある。このように絵具の原料というのはきわめて多様であった。

絵具と同じく彩色の用に使うものとして朱がある。漆器の塗や模様に、あるいは印肉にと、その用途がきわめてひろい赤色の顔料である。この原料は天然のものとしては水銀の硫化鉱物である辰砂《しんしゃ》で、大和宇陀地方の大和鉱山が古くからその産地として知られていた。

いずれにしても絵具と朱は彩色の顔料として欠かせぬもので、江戸時代にはもうひろく民間の生活の中に用いられていて、それを販売する店も各所にあった。絵具と朱はたいてい同じ店で扱っていた。もちろん店先には一目でその販売を知らしめる看板が吊るされた。

この看板には箱看板と板看板の、大体二種類があって、前者は箱に青・黄・赤の三色で丸を描いて、色彩をあらわしたものが普通である。後者は丸い板に縦に青・黄・赤あるいは白・黄・黒など三色をそれぞれ円形に一列に三つ描いたものと、丸い板の中央に白、そのまわりに円形に青・黄・赤・緑・鼠・橙の六色、の合わせて七色を描くものなどがある。また、丸い板の中央に大きく、「絵具」あるいは「朱」と赤色で書いたものがある。概して箱看板より板看板の吊看板が多く、絵具も朱もきわめてわかりやすいし、また径一尺ぐらいの丸い吊看板といえば、もう絵具屋か朱屋しかなかったので、軒に丸い板が吊るしてあれば、すぐに判別できた。

10　表具屋

書跡や絵画などを長く保存し鑑賞できるように、切地《きれぢ》や紙を補って掛軸・額・屏風・襖・衝立《ついたて》・巻物・冊子・帖など各種の形式に仕立てることが行われ、それを表具・表装という。奈良・平安時代にはおもに経巻の表装が行われ、鎌倉時代になると経巻の表装とともに書画の表装を専門に行うものが現われ、経巻専門の表装をするものは経師《きようじ》、書画専門の表装をするものを裱褙師《ひようはえし》と呼んだ。室町時代には唐絵禅林墨跡を唐織などを用いて書院や床の間における鑑賞用に仕立てることが流行った。桃山時代に至って一般に表具という言葉が用いられるようになり、表具の種類も多くなり、とくに掛物の表具がしだいに多様化した。

江戸時代に入ると民家建築の中にも書院・床の間が設けられるようになり、そこに四季折々の書画の掛軸を掛ける風が広まった。ことに豪商や有力町人は文化に親しみ、書跡や絵画・経典などを収集・保存する人が多くなり、そうした風潮に応じて美術商や表具屋も都市に多く現われた。古都である京には表具屋が多かった。その看板はたいてい達磨《だるま》の姿を造形したものか、板に達磨を描いたもので、加賀や越中でも同じような看板が吊るされた。もともと表具は経典の表装からはじまったので、坐禅読経を続けて面壁九年の修行をした達磨の姿を表具屋の象徴としたのであろう。また表の障子に達磨の絵を描いたり、「表具師」「経師」などと大きく墨書することもあった。この達磨を看板とすることは表具屋だけでなく、玩具屋や煙草屋の看板にも用いられていて、それぞれに趣がある。

11　水引屋

贈物をする場合、古くは折敷《おしき》などに品物をのせて贈った。そのさい品物の上に布をかけて、麻苧《あさお》を回して結んだのであったが、紙が発達し室町時代から広く普及すると、紙で包むようになり、それを帯紙でとめた。その帯紙が陰陽五行の考え方の影響から、紙を縒《よ》った紙縒を数本並べて、水糊を引いて乾かして固めたものを用いるようになった。紙は良質の楮《こうぞ》を原料として漉《す》いた奉書紙《ほうしょ》や杉原紙で、水引という名称は水糊を引くところからついたのだといわれている。

水引は染め分けの種類がしだいに多くなり、紅白と黒白を基本としながら、金銀、紅金、藍白などいろいろの種類の水引が生まれた。吉事のとき関東では一般に紅白または紅金で、関西もそれが一般的となっている。凶事用は関東・関西とも黒白・藍白を一般に用いる。結び方は本来結び切りであったが、後に縁起をかついで婚礼や全快祝い、凶事などには「再びないように」という意味で結び切りにし、吉事には返し結び（結いほどけ）や鮑《あわび》結びにするようになった。こうした水引は贈答用に掛ける飾り紐としての意味をもつだけでなく、髷《まげ》を結うときに使う元結など実用的なものであり、そうした意味で日常の需要も多かった。したがって、町に水引屋なる店も存在したのであるが、しかしその看板は単純なもので、はたしてよく人びとに伝えられたかは疑わしい。真中が凹んだ長方形の張りぼての、上部三分の二ぐらいまで、横に赤と白をとり交ぜて紅白の水引のさまを表わしたものである。

12　金箔屋

金はあらゆる金属の中でもっとも光沢に富み、また展延性に富んでいる。この金の工芸的利用の一方法として、打ち延ばして紙のように薄くした箔、すなわち金箔がある。金箔は光を透過し、透過光はほぼ緑色を呈し、神秘性をもつ。金閣寺や秀吉の茶室などにみられるように、建築材としても使用され、その色と光沢の美しさを誇っている。

この金箔の制作には高度の技術を要する。まず純金の型に流し込んだ金塊を熱間圧延して、徐々に薄くして紙にほど近い薄さにまでし、それを小さく切って和紙の間に挟み、木槌で打ち延ばして作るのであるが、その和紙には灰汁《あく》による処理を施し、しなやかさと滑らかさを与える。そのさい大切なことは、紙と箔材とのあいだの摩擦を小さくすることにあった。このほかさまざまな勘とコツが必要とされ、金箔師はきわめて高度の技術を求められる。

桃山時代は城と襖絵に象徴される豪華絢爛の時代であり、金箔は障壁画・襖絵などに多く採用された。江戸時代に入っても寛永以後は桃山時代に次ぐ華やかな世相となる。金箔も富豪層だけでなく庶

水引を結ぶ女（『絵本吾妻の花』）

水引屋の看板
（『人倫訓蒙図彙』）

金箔屋の看板（文部省史料館）

民のあいだでも求められるようになった。こうした金箔屋はすでに室町時代後期から存在したが、江戸時代には京・大坂・江戸の多くの店が人びとの要望に応えたのであった。

この金箔屋の看板は、横長の絵馬型の厚手の板に、金箔を二つ押したものであった。なお銀箔屋もあったが、その方は銀箔を二つ押したものであった。しかし実際には金箔屋が銀箔屋でもあり、金銀箔屋と呼んでもよかったのである。

13　印判屋

印章の起源は古く、古代メソポタミア時代に使用されていたといわれる。東洋においては殷墟《いんきょ》から銅製の平板環紐の印面に記号らしき陽文字（浮彫）が刻まれたものが発掘され、これが印章であるとしても使用法が明らかでない。しかし周の時代にいたって印章は整備され、秦・漢の時代に著しく発達し、位に応じて官印が与えられた。その実情は、天明四年（一七八四）に志賀島（現・福岡市東区）で百姓甚兵衛が発見した「漢委奴国王」の隷書体の五字が三行に刻まれた金印にもみてとれる。この印は後漢の光武帝が奴国王に与えたと『後漢書』に記されている印綬と推定されるのである。

わが国においては『続日本紀』の大宝元年（七〇一）六月己酉の条に、七道に使いを派遣したとき「新印様《ためし》を頒《わか》ち付けしむ」とあるので、大宝律令制定以前から公印の制度があったかと推定される。そして奈良時代から平安時代にかけて、しだいに寺院・家・個人などの私印が普及したが、公印の使

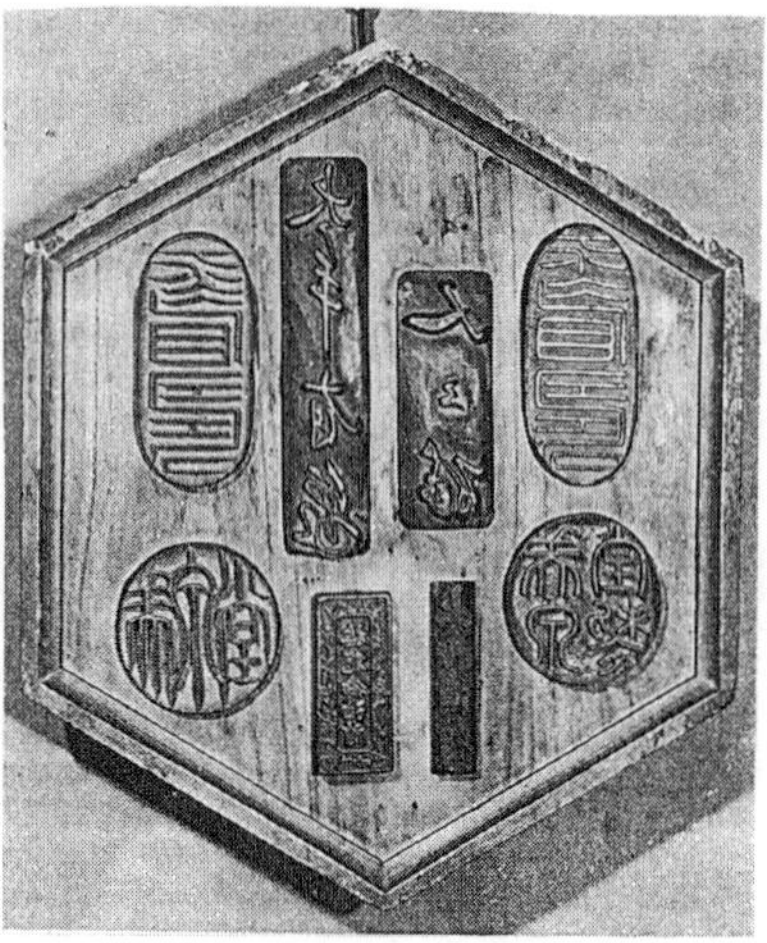

印判屋の看板（日笠健一氏）

用は律令制の衰退とともに減少した。鎌倉時代以降は中国の宋・元の文化を移入した禅僧が個人印を使いはじめ、そこから印章の使用がまた復活した。

印章が一般庶民のあいだにも広まるのは江戸時代からで、寛永年間（一六二四～四四）の人別帳や宗門改帳の作成が契機となったようである。この帳簿によって領主は家を単位として百姓を掌握するために、各家に判子《はんこ》を所持させるようになり、百姓の家に判子が定着していった。なお、判子は「斑行《はんぎょう》」または「版行」から転じた語といわれ、印影・印章をさすようになった。

こうした印章には、一般に実印と認印《みとめいん》とあるが、実印は実名の姓名、実名の姓のみ、実名の名のみを彫り込んだものなどおよそ三種類あり、日常的な認印にたいして概して大振りで、上質で重みのあるものを誂えた。実印・認印の個人印は一般に円形の丸印で、印材としては象牙・石材などもあるが、広く用いられるのは黄楊《つげ》の木である。

こうした印判屋の看板も幾種類か見られるが、凝ったものでは亀甲形の板額を各種印判型に刳り貫いて、そこに拡大した印判を嵌め込んだものである。これには印判だけでなく、語句や文章あるいは広告文などもあり、印判屋の仕事がよく判る。また簡単なものでは一般的な印判型の木製の模型を軒先に吊るす、模型看板もあった。むしろこの方が多かったかも知れない。

14 絵馬屋

江戸時代、絵馬奉納習俗の隆盛により、絵馬師あるいは絵馬屋と称する市井の絵師や画工が活躍した。なかには江戸千住の絵馬屋東斎のように、もと上野寛永寺の御用絵師から分かれた絵馬屋もあるが、もとは凧屋・玩具屋・提灯屋・傘屋など絵心を必要とする職人や、蒔絵《まきえ》師などの絵職人が片手間に絵馬を描き、その需要の増大によってしだいに絵馬専門の絵師になったものもすくなくない。江戸では元禄（一六八八～一七〇四）のころには『江戸鹿子』『江戸鹿子名所大全』によると、浅草茅町に大坂屋・太田屋という絵馬屋があったといい、『江戸惣鹿子』や『江戸名所一覧』には、浅草茅町の日高屋を著名な絵馬屋として紹介しており、嘉永（一八四八～五四）ごろには『江戸五高昇薫』に、茅町の日高屋、八丁堀の吉田屋、茅町の絵馬半、銀座の山口亭、数寄屋橋の伊勢権と、有名な絵馬屋五軒が記されているが、実際には銀座の貝屋、千住の絵馬屋東斎をはじめ、もっとたくさんの絵馬屋があったはずである。

京都では『人倫訓蒙図彙』によると、

寺社へ江馬をかくるは、諸願成就のためなり、いにしへは絵に馬をかきしゆゑに、ゑまといふとかや、今世は物数奇に、いろいろこしらへ商ふなり、寺町二条より三条の間にあり、

とあって、寺町の二条と三条のあいだに絵馬屋のあったことを知ることができる。大坂では『毛吹草』の摂津の条に、高麗橋の名物として「絵馬、麁相《そそう》物ナリ」と訳し、絵馬は荒々しい感じのものだといい、とくに名物の一つとしてあげており、おそらくたくさんの絵馬が目についたのであろう。そして文政年間（一八一八〜三〇）の『商人買物独案内』には、

絵馬所おろし小売　高麗橋せんたんの木西へ入　絵馬屋半助

絵馬所　心斎橋唐物町北へ入　絵馬屋清八

絵馬おろし仕入処　御堂筋南本町北へ入　亀谷七兵衛

などがあげられている。文化・文政時代というのは、絵馬の図柄がひじょうに多彩になった時代であり、これらの絵馬所は絵馬の卸・小売をしたのであった。

ところで、河村瑞軒によって寛文十一年（一六七一）「東廻り航路」が開かれ、つづいて寛文十二年（一六七二）出羽国酒田から日本海沿岸を西下して佐渡の小木《おぎ》、能登の福良、但馬の柴山、石見の

絵馬屋の看板（文部省史料館）

絵馬屋の看板（文部省史料館）

温泉津《ゆのつ》、長門の下関を経由して瀬戸内海を通って大坂に至る「西廻り航路」が開かれ、のちには蝦夷地の松前にも航路は延びた。これに航行した船を「北前船」という。だが「板子一枚下は地獄」と、廻船に従事するものは命がけであった。そこで航海安全加護の諸神が港町には多く祀られ、船乗りたちは神仏に航行安全加護を求めて絵馬を奉納した。その図柄は自らの船であった。そうした人たちの需要にこたえて、船絵馬を専門に描く絵馬師が登場してくる。

それは吉本善京・吉本善興・杉本清舟（寿義本清舟・杉本丹乗勢舟）・大和屋重二・吉川芦舟・吉村重助・絵馬藤らである。このうち吉本善京は文化年間から明治時代にいたるまで、もっとも長く健筆を揮ってよく知られ、慶応以降とくに明治に入ればもう大坂北堀江黒金橋北詰に工房を構えた江馬藤の独占ともいえるくらいに、絵馬藤に人気があがり、その絵馬は津軽・松前にもおよんだ。なお、絵馬藤は船絵馬とともに武者絵の絵馬も描いた。それは当時氏神に絵馬を奉納するのに、武者絵が広まっていたからである。

こうした絵馬屋の看板には、自らの描いた絵馬を門口か店すなわち工房いっぱいに掛けるという、いわゆる実物看板がある。そうした情景は『人倫訓蒙図彙』の絵馬師のところの挿絵にも描かれている。もう一つは吊看板で、それは山型をつけ絵馬の形にした板に「ゑまや」と書いたものや、異なったいろいろの図柄の小絵馬を十数枚ぐらい一枚の板に貼り合わせたものもあった。

15 人形屋

人形といえば「京人形」である。御所人形、嵯峨人形、賀茂人形など京で制作される優美な人形は他の追随を許さない。御所人形は江戸時代に京都の宮廷や公家、門跡寺院その他高貴のあいだで愛好されたところから、その名称が生まれた。この人形は躯全体が白磨の肌であるところから、「白肉人形」「白菊人形」などと呼ばれた。

また、御所人形はことに大きな頭に小さな目鼻をつけて、夢幻的なあどけなさを強調しているところから、「頭大《ずだい》」という呼び名も生まれた。そして躯は横太りにして健康美をあらわし、概して三等身なので「三ツ割人形」の呼び名もある。こうした姿態は全体的に見て、躯のバランスがいちじるしくくずれているところから、「狂い」とも称した。

京都の町ではこの人形が主として宮廷やその周辺で用いられたため「大内人形」と呼ばれ、室町中立売の人形師から毎年御所に納められたといわれる。そのうち衣装を付けたものを「御上がり人形」、裸で腹当てをしたのを「御局御用」などといった。また小児の這った姿の「這い這い」は道中の輿《こし》にのせたり、平素も居間において身辺の災厄を祓う形代《かたしろ》として用いられた。さらに正月の年玉にもこの人形がつかわれたり、出産祝いにも贈られた。

嵯峨人形は江戸時代初期に生まれ、木彫に濃彩を加え、金箔を押した精巧な置物人形で、元来は京

人形屋の看板（水島義二氏）

人形屋ののれん（伊東久重氏）

人形屋の看板（伊東久重氏）

仏師の余業として制作されたともいわれる。また一説には嵯峨に隠棲した角倉了以の発案ともいわれ、初期の作品には道釈人形、福師などが多い。

賀茂人形はこれより遅れて江戸時代中期に、賀茂社雑掌高橋忠重の創案で、木彫人形に縮緬や金襴、緞子《どんす》の有職《ゆうそく》裂地を木目込み、木目込《きめこみ》人形とも呼ばれる優雅な人形である。

こうした人形の制作には、守るべき仕来りと型と先例があり、それを踏襲することが京の人形師の重んずるところであった。そのため「有職人形師」と称したのである。こうした人形屋の看板は「有職人形師」と書いた吊看板のほかに、人形そのものを店頭に飾る実物看板もあった。また暖簾《のれん》も人形屋の一つの標識であった。

雛人形ももとは男雛・女雛一対だけの内裏《だいり》雛であったが、時代によって容姿の変わったものが流行し、寛永雛・享保雛・次郎左衛門雛・有職雛・古今雛と優れた作の人形が現れた。そして雛以後の人形や調度品の類もたくさん飾られるようになった。

雛の飾り方もしだいに豪華になり、江戸時代の文化・文政（一八〇四〜三〇）時代の古今雛においてその極に達した。飾り方は上方と江戸でその型が異なり、一般に上方では「雛の館」と称して御殿を組み、その中に内裏雛を納める。江戸では御殿がなく雛の後に屏風を立て、雛段は五段、七段と高くする。官女・随臣・仕丁は東西とも飾るが、江戸では五人囃《ばやし》が加わる。調度はおもに世帯道具を並べるが、上方は公家、江戸は武家の嫁入り道具のミニチュアである。こうした雛人形も有職故実に則った制作が重んじられ、とくに京都では「有職御ひな人形」の看板を掲げる人形師がいて、その伝統は今日にも継承されている。

16　本　屋

江戸時代に出版業が発展し、印刷物が商品として流通するようになり、本屋が登場したことは近世文化の一大特色でもあった。この本屋の最初はやはり京都であった。室町時代後期に絵草紙屋が現れた。これは「奈良絵本」などの手書きの草紙を売る店であった。江戸時代の元和・寛永（一六一五～四四）の時期には民間の本屋が京都につぎつぎと現れ、元禄時代（一六八八～一七〇四）に京都の本屋は二百軒といわれ、売り出された刊行物は約八千点であったという。こうした京都中心の出版界の発展に、さらに新しい動きを加えたのが大坂の本屋であった。それは浮世草子・重宝記という新しい出版物をもって台頭し、浮世草子は天和二年（一六八二）刊の西鶴の『好色一代男』に始まる好色本で、こうした新出版物を足場に、大坂に二十軒ほどの本屋が成立した。

江戸の本屋は慶安・承応（一六四八～五五）の頃に出現した。そのはじめは長谷川町横丁の松会《まつえ》市郎兵衛で、享保年間（一七一六～三六）までに教養書・仮名草子・古浄瑠璃本や菱川師宣の絵本など約二百点の本を刊行した。ついで鱗形《うろこがた》屋孫兵衛が万治年間（一六五八～六一）に大伝馬町三丁目に開業し、古浄瑠璃本から赤本・黒本・黄表紙出版で活躍し、正月に初夢の吉を願って枕の下に入れる「宝船」を売る店としても著名であった。貞享四年（一六八七）刊の『江戸鹿子』には、二十四軒の

本屋の店頭（『江戸名所図会』）

本屋の看板（竹苞樓）

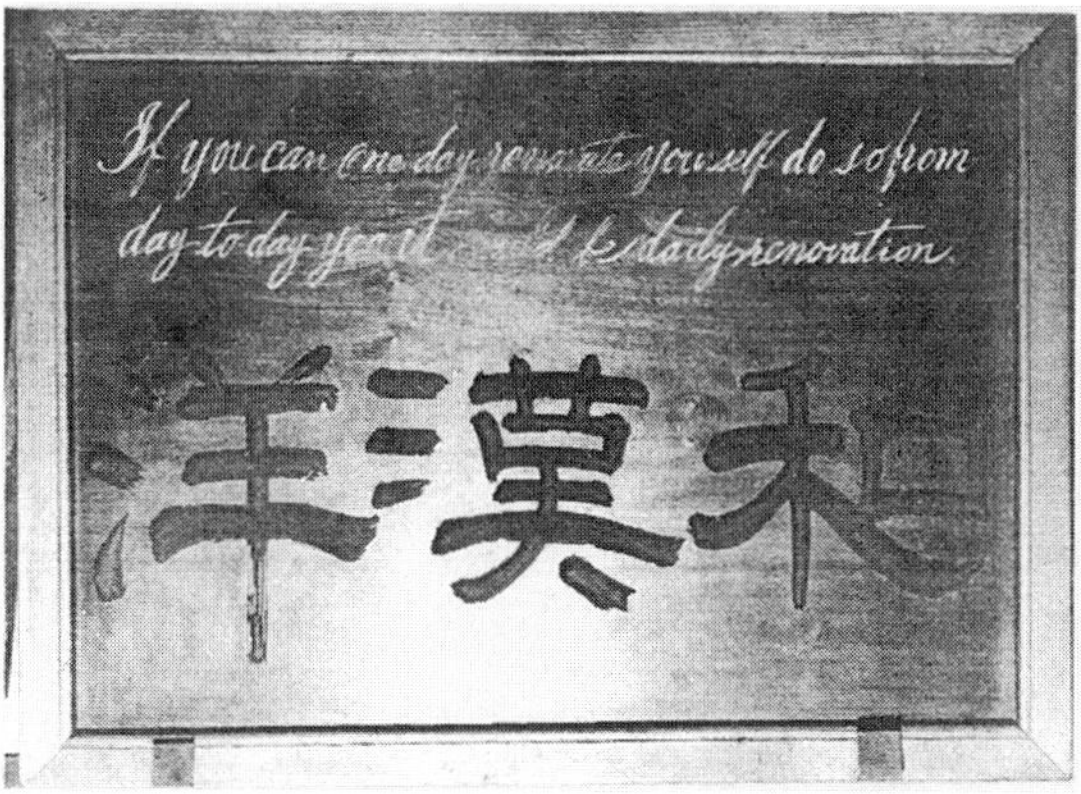

本屋の看板（竹苞樓）

本屋が記載されているが、このうち十五軒は京都の有力本屋の出店であった。享保（一七一六～三六）の時代から江戸根生《ねお》いの本屋が急速に成長したのであった。

こうした江戸時代の本屋は、軒先に屋号と商標を染め抜いた暖簾《のれん》を掛け、店の前には箱看板を出し、さらに新刊書名を記した吊看板を並べていた。浮世絵などを売る店は「日本錦絵所」と書いた掛看板も用いたようである。また店の外の庇下などを利用して低い台の上に商品を並べる出し見世を設けることもあり、ここには書物を納める箱の模型を置いて看板とした。この風習は現在も見られる。なお本屋は文人とのつながりが密接で、有名文人に額看板の揮毫《きごう》（サイン）を依頼することもあった。

なお、貸本屋も存在したが、ほとんどの貸本屋は店舗をもたずに、本を風呂敷に包んで得意先を廻ったので看板も少ない。

作る

大工（『略画職人尽』）

1　大工・大工道具屋

建物・施設の設計・施行に主としてあたる職人を古くは番匠・工匠と呼んだが、江戸時代になると大工と呼ぶのが一般的となった。大工には社寺の造営にあたる宮大工・堂塔大工、民間の家屋を建てる家大工・町大工、舟を造る舟大工、荷車などを造る車大工、水車を造る水車大工、櫓を造る櫓大工など、それぞれ専門によって分かれていくが、なかでも宮大工・堂塔大工は貴紳・社寺の保護をうけて、その技術をよく後世に伝えた。一般大工職は看板を掲げることはきわめて少なかったが、宮大工は看板を掲げることがあった。その一つに社殿を透し彫りにした額付模型看板がある。また家屋建築にあたる家大工は人びとの暮らしに大きくかかわってきた。三都だけでなく、地方でも多くの大工が輩出し、気仙・越後・越中・能登・木曽・飛騨・針山・井沢・塩飽《しあく》などの大工がよく知られた。これらの大工はその土地だけでなく、各地に出向いて仕事をする出稼大工でもあった。

家大工の技術を特徴づけるのは、柱の梁などを構造材とする軸組工法の技術である。そのため複雑な組み手が用いられ、刻みの技が重要となる。したがって大工道具も多種にわたり、墨掛道具と定規類、鋸、鉋、鑿《のみ》、錐、鑢《やすり》、玄能と槌、釘締と釘抜、毛引、斧と鉞《まさかり》その他の雑道具を含めると一七九種におよび、必要最少限でも七二種となる。そして江戸時代以来の建築量の増大は木工具需要の増大をよび、それはやがて各地に木工具の特産地を産み出すことになった。京都伏見の鋸、大坂の鋸、播州三木の鋸、鑿、鉋、斧、鑢《やすり》、会津若松の鋸、越後三条の鋸、燕の和釘、脇野の鋸、与坂の鋸、鉋、鑿、斧、信州諏訪の鋸などが木工具産地として知られ、なかでも播州三木のものは名高く、寛政年間（一七八九〜一八〇一）から江戸、大坂を市場として発展した。

木工具のなかでも鋸はとくに多様で、山から材木を伐り出す作業である杣《そま》に用いる鋸、木材を用途に応じて大鋸で挽く木挽用の鋸、その材を用いて造作する大工の鋸とさまざまある。そして杣には伐木用の手長鋸と手曲鋸《てまがのこ》があり、地域によって特色がある。手長鋸ならば群馬の沼田、栃木の烏山、京都の伏見の鋸が特色あり、手曲鋸では土佐の黒打鋸、会津の黒打鋸が有名だし、栃木の今市、東北の山形のものも著名であった。

木挽用鋸は前挽鋸と横挽前挽鋸があり、前挽鋸は大型のものは製材用、小型のものは小刻用である。大工用鋸は尺二寸縦挽鋸、尺三寸横挽鋸、尺一寸・尺・九寸・八寸の両歯鋸、床の間造作などに用いる九寸・八寸などの胴付鋸、板を任意のところから挽く畦挽鋸《あぜびき》、鉋台の溝を挽く押え挽鋸、曲線に挽く廻し挽鋸、捨切り用の先丸鋸などがあり、十種以上の鋸を使い分けたのであった。

鋸だけでなく、鑿や鉋にしても同じく種類がたくさんあり、それぞれ使い分けした。また江戸時代から職人だけでなく、一般家庭でも鋸・鑿・鉋の一丁ずつぐらいはもつようになったので、木工具の店も随所にできた。そうした店の看板は大工道具の象徴である鋸の模型看板が多い。一般には木を鋸の形に切って整形し、柄の部分に「大工道具」と彫ったものが多い。なお大工道具屋は鋸の目立てもしたので、反対側に「目立て」と刻んだものもある。ときには鉄板を用いて同様にした模型看板もあ

鋸屋の看板（日笠健一氏）

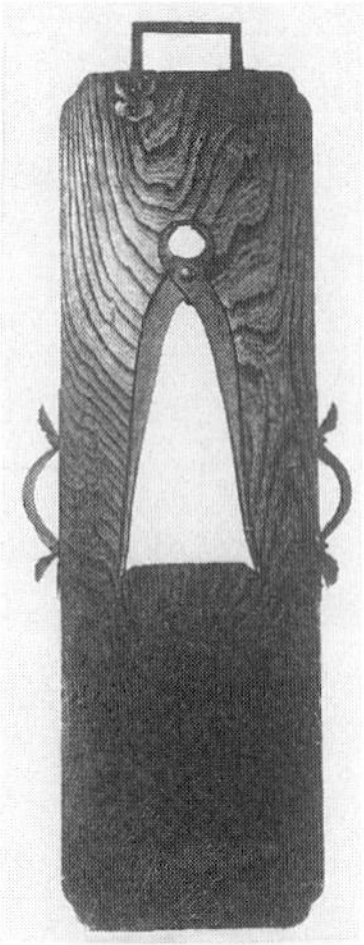

大工道具屋の看板（文部省史料館）

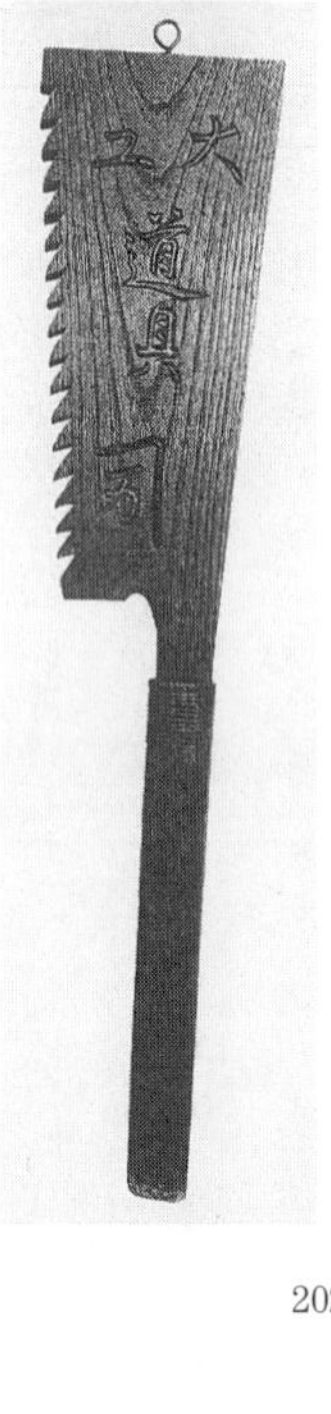

大工道具屋の看板（文部省史料館）

った。また長方形の板の上半分を鋸の歯形に刳り抜いて、そこに実物の歯を嵌め込んだり、歯の部分を浮彫りにしたものもある。さらに長方形の板に鉋を嵌め込んだり、ヤットコを嵌め込んだ看板も見られた。

2 桶屋

古くから「風が吹けば桶屋がもうかる」という言葉がある。この言葉は実は、風が吹けば砂が舞いあがる。砂が舞いあがれば人の目に入って盲目人（座頭）がふえる。座頭がふえればその持物である三味線の需要が多くなる。三味線が多く作られると猫が少なくなる。猫が少なくなれば鼠がはびこる。鼠がはびこれば桶をよくかじる。桶がたくさんかじられると桶屋が繁昌してもうかる。という日本式七段論法のたとえ話の、はじめとおわりの言葉をつなげたものである。

だがここで、鼠が多くなれば桶をよくかじると、すぐに桶をもってきているのは、それだけ日常生活のなかで桶がよく使われていたことを物語っている。とくに食物の類は桶によく入れていたのである。古い桶はみな曲物《まげもの》の器であった。オケの言葉も、麻織物のために細く裂いて長くつないだ麻を入れておく曲物の器を麻笥《おけ》といったことから、いまの結物《ゆいもの》の器もオケと呼ぶようになったのである。短冊型の細長い板を縦に円形に並べて囲み、タガで締めた結物桶は鎌倉時代からあらわれ、室町時代から一般に普及した。そして近世にはオケといえばもっぱら結物桶で、用途によっていろいろのものが

桶屋の看板（日笠健一氏）

茶釜屋の看板（文部省史料館）

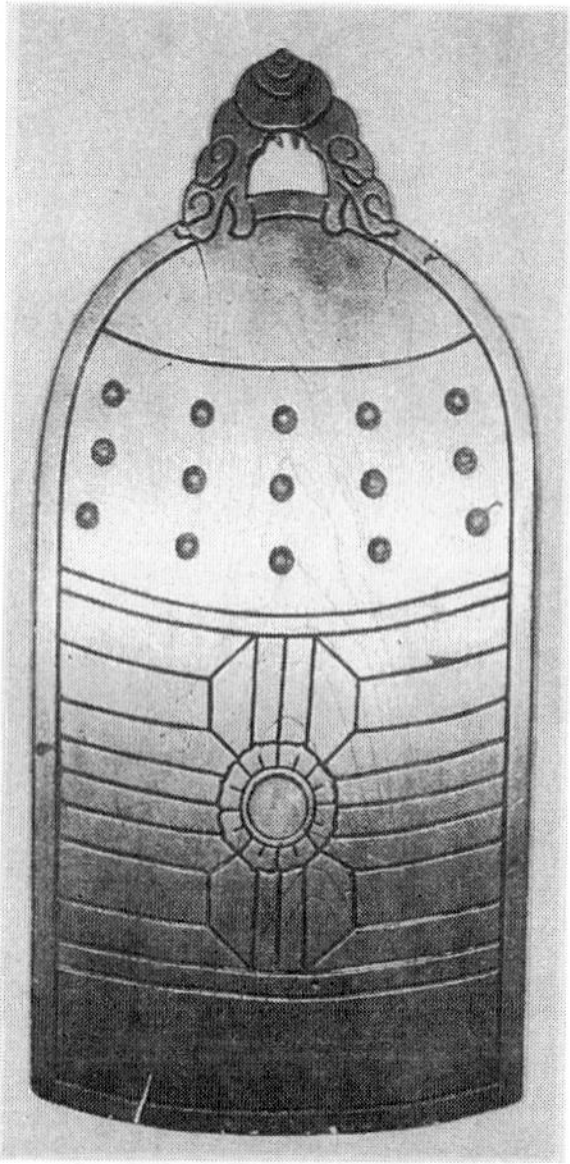
鋳物屋の看板（日笠健一氏）

作られた。

その形状によって大桶、小桶、手桶、半切桶、片手桶、塗桶などがあり、また用途によって、水桶、若水桶、鮨桶、米かし桶、香の物桶、糖味噌桶、砂糖桶などと呼ばれる桶があった。水を入れて天秤棒で担う桶に「田子桶《たごおけ》」というのがある。一般に省略して「田子」と呼んでいるが、これは駿河国の田子の浦で潮を汲むのに用いた桶にならって作ったので、その名がついたという。いずれにしても、日本人の暮らしに桶は欠かすことのできないものであった。だからどこの村でも町でも、桶屋の一軒や二軒はあった。


その看板もまた意表をついたもので、たいていの容器看板は側面から見た形を形状化しているが、桶は真上から見た図案である。しかも桶の丸い口縁を三ツ重ねて、まったく幾何学模様のように描いて洗練されていて、しかも看板としては洒落たものである。そこに、「大」「風」という字と⧄（五合桝）を描いているのは、「大風が吹けば繁昌（半升）します」という意味である。

3　鋳物屋

金属を溶解して鋳型に流し込んで、いろいろの金属製品をつくる技術は、古く弥生時代からあったと考えられる。銅鐸、銅剣、銅鉾などの鋳造はそのことを物語っている。

そして中国から鏡が渡来し、その輝きが魔力を感じせしめ、胸に吊るして魔除けにしたり、神聖視されて御神鏡などとされており、鏡の鋳造もまたひろまり、製造技術の発達をうながした。さらに仏教の伝来は、仏像、仏具、装飾具などの鋳造をうながし、有力な社寺に鋳師が付属するほどになった。平安時代以降は鋳師・鋳物師・鋳匠と書いて「イモジ」と呼び、イモジの名は世に知られた。

このイモジはまた各地を渡り歩き、地方の寺院僧坊の梵鐘の鋳造にあたったり、さらには農具の鋳造・販売にもあたり、各地に鋳物業の中心をつくっていった。大和の下市、播磨の野里、能登の中居、下野の天明《てんみょう》、筑前の葦屋などはその代表であり、農具はもとよりそれぞれの地域の特産品を鋳造した。

またイモジのなかには、茶釜や鍋、釜の製作に技を競うものもあらわれた。ことに茶の湯の流行は茶釜製造の発展をうながした。京都の室町には町筋に「釜座」の文字を大きく浮き彫りした鋳造用水槽を置いているところもある。その昔、大名行列も避けて通ったといわれるほど、イモジの繁昌したところで、釜座の面影を偲ばせている。そこには茶釜、釣鐘、灯籠などの鋳物師がずらりと店をはっていたといわれる。

ところで、茶釜専門のイモジはひとり京ばかりでなく三都で繁昌し、かれらを「茶釜師」「釜師」と呼んだ。また茶釜を専門に売る店、茶道具販売の店などもあちこちにできた。江戸時代の茶釜師の看板はいわゆる模型看板で、もっとも凝ったのは茶釜を風炉にかけた恰好を側面からとらえ、その形を板で切り込んだものである。しかもそれは平面的な形ではなく、立体的に刻み込んだもので、茶釜の蓋の把手に正確に刻み、両肩の環は金属製で実物そのものを取り付けるなど、きわめて精巧に造られた。風炉の胴には「御釜師」あるいは「茶釜師」「釜師」と彫刻していて、見るからに風雅な趣をかもし出している。簡単なものでは、やはり模型看板で釜だけのものもあるが、茶釜はみな凝ったようで、釜と風炉をセットにした精巧な看板が多かった。

一般のイモジすなわち鋳物屋の看板もやはり模型看板が多い。それは梵鐘の形をしたもので、茶釜師の看板にくらべてだいぶ大型である。釣鐘の彫刻そっくりに表面を刻み、乳《にゅう》は鉄製品をはめ込んで、実物の乳そっくりに似せている。これも両面同じ仕様にして軒に吊るし、両方から見られるように配慮している。一般の鋳物屋にこの釣鐘の看板をかけるのは、イモジにとってもっとも大きな製品であり、地方のイモジは梵鐘の製造から成長してきたという歴史性からきたのである。また、ことに京都など寺院の多い町では、鋳物といえば釣鐘が連想されたのであろう。模型看板のうちでは大型の部類に入り、見る人を圧するような力強さをもっていて、それでまた彫刻がきれいであり、看板の代表的なものの一つである。

なお、日常煮沸用の鍋や釜を作るイモジもたくさんいたが、これらはその製法がわりあい簡単なところから、とりたてて大きな業者もいなかったようである。これらのイモジのなかには常店のほかに荷をかついで売り歩くものもあった。鍋・釜の破損を補修するため鞴《ふいご》を携えて歩き、修繕の注文があればすぐに修繕したのである。修理専門のイモジすなわちイカケ屋もあった。かれらは独特の服装をしていたが、三都とも同じであったという。

4　錠前屋・鍵屋

貴重品を入れる箱や、銭箱、金庫、蔵や家の戸口がみだりに開けられないよう、頑丈に閉じるためにかけるのが錠前。その錠をはずすのに使うのが鍵。本来両者は正反対の役割を果たすものであるが、またそれが一体として用いられて両者の機能がうまくかみ合うのである。錠前はすでに鍵のあることを前提としてかけられ、鍵は錠前が存在してはじめてその効力をもつのである。したがって、鍵はもともと錠前の一部として、またセットとして用いられてきたのであった。だが用具や建具の発達、西洋の家具や建築の普及で、鍵だけが独立して効用をもつようにもなり、それがさらに単独に装身具としたり、その用途が財力や権力を連想させるところから、それらの象徴としても用いられるようになった。それにまつわる習俗や物語は洋の東西を問わず、枚挙にいとまないほど伝えられている。日本の錠前や鍵は、すでに『万葉集』に「鎰《かぎ》」の語が見えていて、筥や厨子に使われたようである。その遺物は正倉院その他にあり、正倉院御物では手まわりの調度品に多く見られる。また東大寺や諸大寺の厨子や鎮壇具にもその実物を見ることができる。

だがなんといっても、錠前や鍵がひろく庶民の生活のなかで必需品となってきたのは江戸時代になってからである。長屋の八つぁん、熊さんは別としても、商品が流通し消費生活が発達した江戸時代中期以降は、分限者《ぶげんしゃ》やお大人《だいじん》がたくさん輩出するし、町人や農民でも貴重品やそれぞれの分《ぶ》に応じた

錠前屋の看板（文部省史料館）

鍵屋の看板（文部省史料館）

財物を持つようになる。そして錠前や鍵の必要性が高まったのであった。するとそこに錠前や鍵を作る職人、それを売る商人や店が姿をあらわしてくる。

ところで、江戸時代においては、錠前や鍵はたんに実用的なものとして、日常生活に活用するばかりではなく、精神的な意味でも暮らしのなかに位置づけていた。それはおそらく江戸風の洒落や諧謔から生まれたのだろうと思われるが、江戸妙法寺祖師堂に「心」という字に錠前をかけた図の絵馬があげられ、「ピンと心に錠前おろしゃ、どんな鍵でもあきはせぬ」という歌さえ流行した。誓いをたてた心をぜったいに変えないため、誓いをやぶらないために錠前をもってしたのである。この「心に錠」の絵馬はさらにふえんして、「女に錠」をもって浮気封じ、「盃に錠」をもって禁酒、「煙管に錠」をもって禁煙、「賽に錠」でバクチをやめる誓いを立てて祈願する絵馬があらわれ、奈良の生駒聖天などに見られた。その風景はまことに心あたたまるものであるとともに、日本人の錠前と鍵にかけた心情が偲ばれて面白い。

ヨーロッパでは、鍵が主婦の地位の象徴とされた。それは主婦が家財や戸棚の管理にあたったからであった。新婦が主婦の座につくと鍵が与えられ、離婚する妻は鍵の返還を要求されたという。イプセンの『人形の家』や、チェーホフの『桜の園』のなかでもそうした習俗が書かれている。中国でも同じく主婦の象徴とされたことは、『金瓶梅』や『紅楼夢』のような小説のなかにも見出される。錠前や鍵が人間生活のなかで占める位置は、実用面や精神面にわたって実に多様であった。

わが国では江戸時代後期になると、錠前・鍵の製造・販売の専門店があちこちにでき、それぞれに看板をあげた。その看板の多くは模型看板であった。木や板で錠前や鍵をかたどった大きなもので、錠前であればその胴のところに、鍵であればその柄のところに「鍵万」など屋号を刻んだり、書いたりした。錠前は本来横に通してかけるのであるが、看板の場合はそれを竪にして吊るした。鍵の場合は柄の先の環に紐をつけて吊るしたのであった。いずれも軒先に吊るした軒看板である。たいていは木製であるが、なかには金属製すなわち錠前・鍵の材質そのままの、鉄・銅・真鍮製のものもあったという。もちろん錠前・鍵は専門店ばかりでなく、荒物屋・金物屋でも売っていた。

5　石　屋

大工・左官とともに石工は人びとの暮らしを支える重要な職人である。石工は一般に石屋と呼ばれ、石材を採掘したり加工したりするのであるが、仕事の内容により丁場と呼ばれる石切場で、石材の採掘に従事する山石屋、土木建築の土台作りをする石工、石塔・石碑・鳥居・灯籠・墓石などを製作する細工石屋、石臼作りの石屋などに分かれるが、いくつかを兼業して営む職人もいた。

都市に店を出す石屋は人びとの需要からして、細工石屋が主であった。したがってその看板は代表的な製品の一つである石灯籠を木で造形した模型看板である。傘の部分もきわめて造形的で、火袋に日月の模様を刳り抜いたり、意匠を凝らしていてユニークである。竿の部分に「石長」など石屋の屋号が入れられるのが普通である。

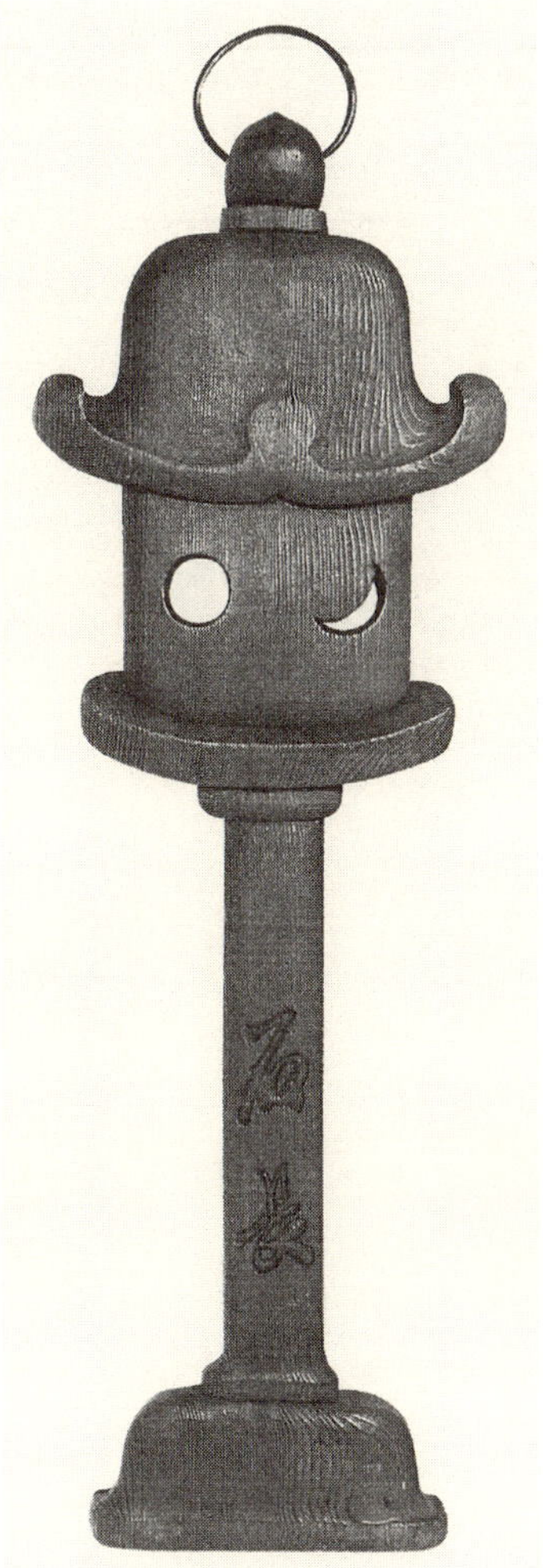

石屋の看板（文部省史料館）

治す・癒す

中条流堕胎薬朝日丸の看板
（池田英泉筆，文政五年板『此花』所載）

1　薬　屋

諸職諸商のなかでも、薬屋の看板はもっとも豪華につくられた。その形態は衝立《ついたて》看板、掛看板のほかに屋根の上に据える屋根看板や、店先にたてる建看板などがあり、江戸・上方ともに彫り物をほどこして、金箔をおくなど精美をきわめた。また製作技術上のぜいたくばかりでなく、有名文人や画家に看板の揮毫を依頼することの多いのも、薬屋の看板の特徴でもあった。

池大雅も看板に揮毫した文人の一人であった。大雅は江戸時代中期の著名画家であり文人で、享保八年（一七二三）五月八日、京都三条の扇屋菱屋嘉右衛門の子として生まれた。大雅の作品は伝統を超越した特殊な風格を帯び、小品から大作までこなし、ときに奔放怪奇の筆を揮い、篆刻《てんこく》にも妙味を示した。

大雅はあるとき、京の井上という薬種屋に看板をたのまれて筆をとった。その薬種屋は諸病退治の薬を出していたが、ことに風邪薬は有名であった。そこで大雅は風邪薬の効用を示すために、看板に

風薬のんでなをらぬ風の薬

と書いた。これはどんな風邪薬を飲んでも治らぬときでも、この薬を飲むと治るよく効く薬ですよという意味で、大雅なればこその文句であるが、一般の人がちょっと読むと、飲んでも治らない風邪薬だと、とりちがえて解釈されるというので、薬種屋はほとほと困った。それでやむを得ず大雅は、文

中の「なをらぬ」の脇にわざわざ「なおる」と書き加え、それを銅でこしらえて取り付けた。それがまたかえってこの看板を風趣なものにしたし、もともと風格のある大作の看板に、こうした洒脱が加わって実によい看板となり、大雅の面目躍如たる作品となった。

薬屋の看板にはきわめて造形的で、民芸調ともいえるものがある。明和・安永（一七六四〜八一）に始まり、第二次世界大戦まで販売された「ウルユス」という胃腸薬の看板は、シルクハットをかぶった外国の紳士が、腹痛に悩む人のもとへ黄金の馬に乗ってウルユスの薬を運んでいくという場面を造形した多色彩りの木彫看板で、華やかでユーモラスなものである。ちなみに発売当時ウルユスは一五粒入りで銀一匁であったが、品質のよい大黄を主とする評判のよい薬であった。このウルユスとは「体内の毒を『空ス』」という意味で、空という文字を分解してできた名称である。なお、ウルユスはほかに漆塗地に金・銀文字の吊看板もあった。そのなかの一種に「たん・りゅういん・しゃっきの薬」とその効能を書いたものもある。

腹薬に「熊膽木香丸」もあり、この看板は鬼が金棒をもって仁王立ちしているもので、この薬を飲めば「鬼に金棒」つまり心強く腹痛などはたちまちのうちに治ってしまうという意味である。鬼は赤鬼あり青鬼あり茶鬼ありで、腹に「はらいたのくすり」、金棒に「熊膽木香丸」と彫ってある。意匠的にも目をひくユニークな看板である。

このように薬屋の看板はその意匠・形状きわめて多様で、置看板・衝立看板も豪華である。嘉永六年（一八五三）刊、喜田川守貞の『守貞漫稿』は、「製薬店の招牌　諸商売の中で製薬店はとくに看

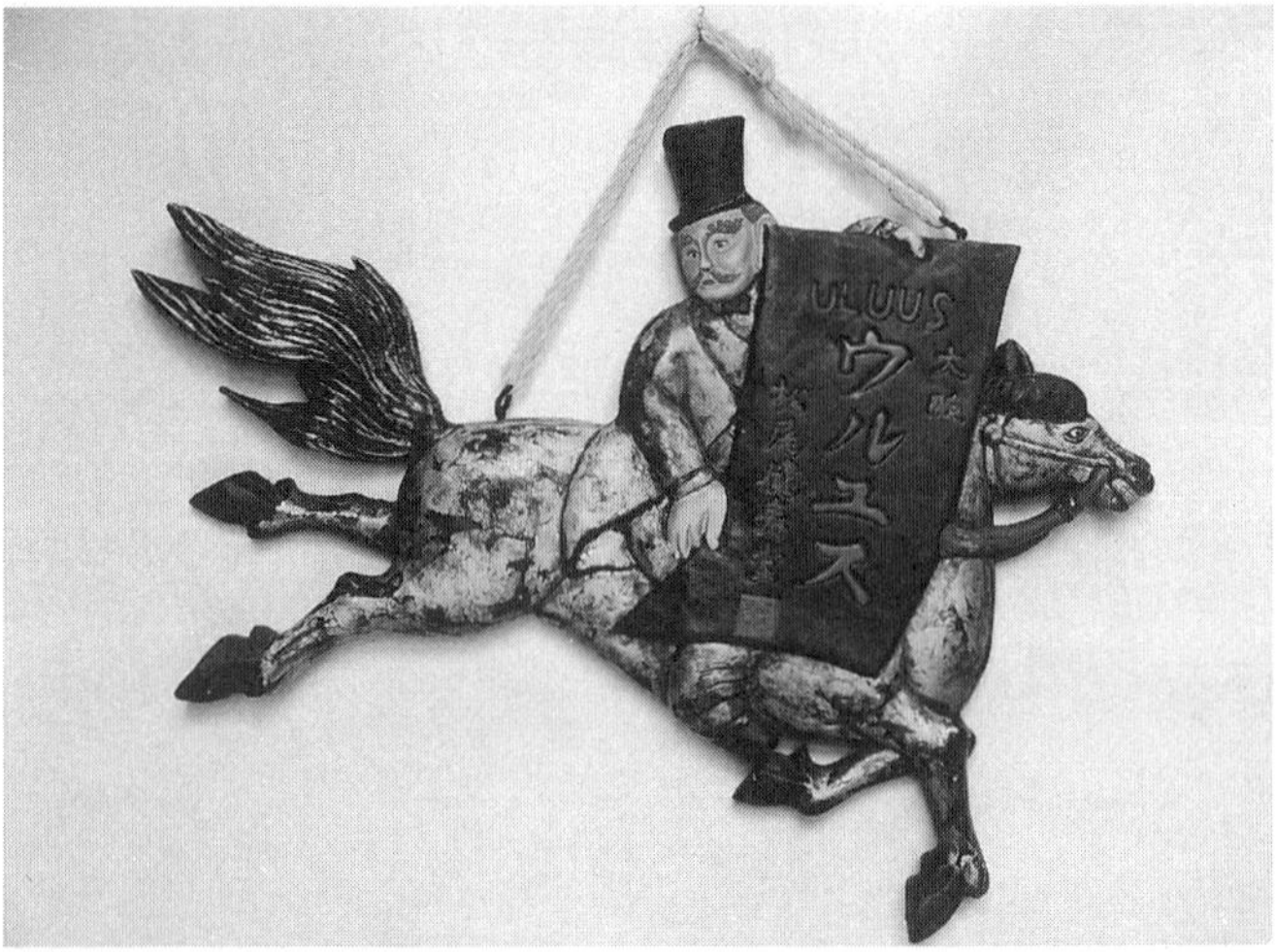

「ウルユス」の看板（大阪松尾健寿堂，原野農芸博物館）

風邪薬の看板（池大雅筆、大阪市立博物館）

「薬種」の看板（池大雅筆、鳩居堂）

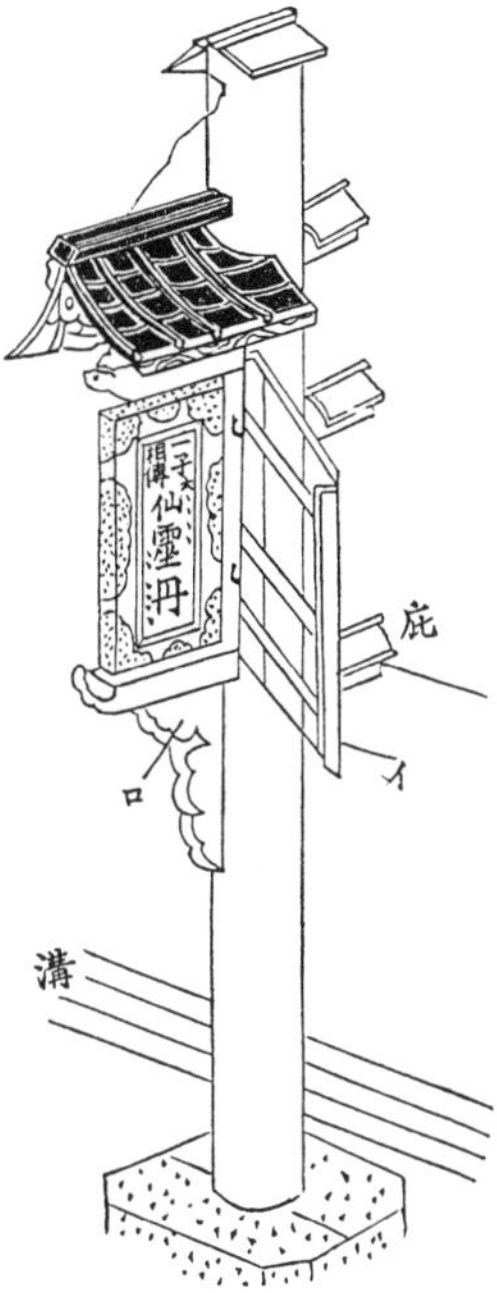

「和中散」の看板（『絵本家賀御伽』）

薬屋の看板（『守貞漫稿』）

「青龍丹」の看板
（『守貞漫稿』）

「人参補臟圓」の看板（『守貞漫稿』）

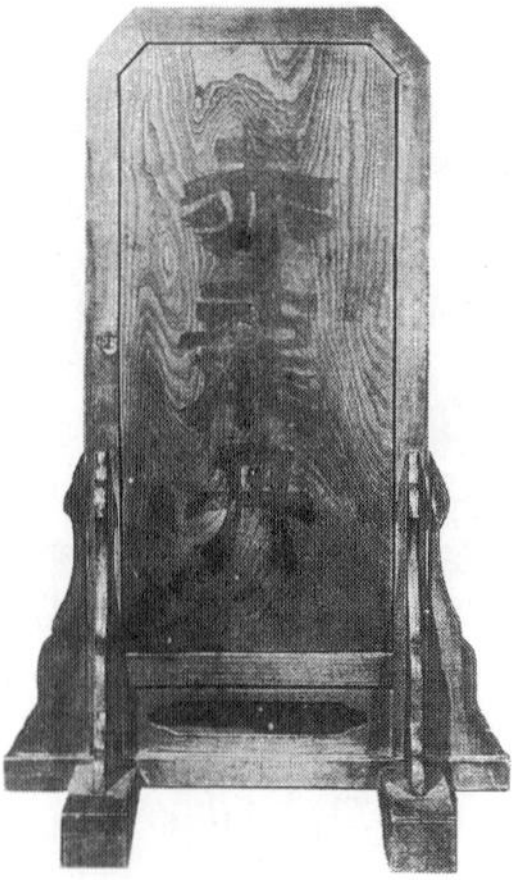

「赤龍丹」の看板
（大阪市立博物館）

「中将湯」の看板（原野農芸博物館）

婦人病・小児病の薬の看板（原野農芸博物館）

板を精美にする也。置看板と云、見世《みせ》正面に居レ之也」というように、高さ五、六尺もあるのは普通で、豪華な彫物や装飾を施したものが多い。『守貞漫稿』には「人参補臟圖」の衝立看板を紹介しているが、それには「御免」とか菊紋章がつけてある。それについて同書は「売薬専ら十六葩の菊紋を描く此菊御所の文也、親王家薬に因て密に課銭を出し、陽に宮の御用と唱へ其宝御紋を施て薬を売の一術とす」と説明している。

路上に面して大きく立てる看板もある。「立看板」は粗末なほうで、「建看板」は立派な豪華な看板である。よく知られる呉服屋三井越後屋の建看板と同じように巨大なものが見られる。むしろ薬屋のほうが凝っていて、夜間および雨天には看板の額面に影響のないように覆いをする仕組みになっている。こうした例も『守貞漫稿』は図示して紹介している。

なお、薬種屋は薬袋《やくたい》など薬容器の大きな模型に、「薬」「薬種」など大書きして店頭に吊るすのが普通であるが、この看板は江戸時代を通じてずっと見られたものである。

ところで、薬屋の看板は一般の看板の中でも凝ったものが多く、たいていは黒漆塗に金箔文字で薬名を表示している。この薬名の最後についている「丸」は丸薬、「散」は散薬、「丹」は精練したもの、「円」は練り薬、「湯」は濃く煮詰めた煎じ薬、「液」は薄い煎じ薬、「水」は水に溶かした液状の薬、「膏」は練った外用薬のことである。こうした命名用法もしだいに江戸時代末期から明治時代にかけて定着したようである。

特殊な薬でありよく知られるものに「中将湯」がある。津村順天堂の発売した婦人薬で、その初めは明治時代初期であるから新しいものであるが、婦人病専用ということと、その名称から人々の注目を集めた。その品名は中将姫伝説にあやかったものである。平安時代の『中将姫物語』によれば、藤原氏の中将姫が恋に悩み、大和の当麻寺に入って尼僧となった。この寺は中国渡来の品を多く所蔵し、中国の薬草学の中心でもあった。その中将姫という伝説上の女性を商標としたのであった。はじめは平安朝風の衣裳の中将姫を描いたようであるが、その意匠は年とともに変っていった。中将姫の容姿が明治三六年（一九〇三）に津村順天堂の登録商標になってからは、江戸時代の衣裳をつけた中将姫の姿を描いた吊看板が用いられた。この中将湯の看板は各地の薬屋に見られたが、豪華なもので、一風かわった看板として人々の注目をひいた。この長方形の吊看板とともに円形で中将姫の顔を中心に描いた吊看板もあった。

なお、薬は修験道の霊場でも薬や薬草などが土産物として売られた。大和大峯山麓で売られる「陀《だ》羅《ら》尼《に》助《すけ》」という胃腸薬はその代表的なものである。また中世には薬の調剤や医療は僧侶が掌るという風があって、寺院で薬が調剤された。その著名なものが伊勢朝熊山の「萬金丹」、陸奥平泉寺の「丸薬」、大和東大寺の「奇応丸」、西大寺の「豊心舟」、紀伊高野山の「煉膏薬」、木曽御嶽の「百薬」なとであった。

このほか肺病、胃腸病、貧血症によいとされた、大阪小西九兵衛商店の「次亜燐」、胃腸薬として知られた「地黄丸」、心・肺・肝・腎・脾・膽の六臓に効くという「六神丸」、胃薬として知られる「太田胃散」、風邪薬の「龍角散」、幼児専門薬の「宇津救命丸」や「奇應丸」など、江戸時代末期から明治時代にかけて人びとに迎えられた薬は枚挙にいとまがない。

ところで「ちゅうじょう」というと「中条流」という婦人病治療を想い起こさせる。それは日本最初の婦人科の医師で、豊臣家の婦人たちの侍医であった中条帯刀にはじまり、『中条流産書』『中条流小児秘法』『中条流小児療治集』『秘法書抜中条小児之書』などの写本が伝えられているが、元禄・宝永(一六八八～一七一一)頃には店先に「月水早流に朔日丸」と書いた行灯看板や板の吊看板が掲げられた。それは血の道の治療、妊婦の手当てをするのが表向であるが、不義密通の者のための堕胎もおこない、中将流といえばただちに堕胎を連想させるようにもなった。そして享和年間(一八〇一～一八〇四)になると、公然と「中条流婦人療治」の吊看板が掛けられた。ここではやはり朔日丸を売っていたが、それは月水早流にとしてはいるが避妊薬としても用いられたらしい。

2　艾屋

灸は艾《もぐさ》を患部の肌の軽穴《けいけつ》・灸穴《きゅうけつ》などと呼ぶ効果のあがる局部にのせて、これに火をつけて焼き、その熱気によって病を療治する漢方療法の一つである。こうした灸をすえることは古くから一般に普及していて、年中行事の中にも灸をすえる日があった。長崎の島原半島の山田では二月と八月の二日にエートスエといって灸をすえ、一般にもこの日を休日とした。熊本の下益城地方でもこの日はキュウスエビといって休みであった。山口の大島でもこの日をヤイトといって、昔はかならず子供に灸をす

胃腸薬の看板（ピーボディ博物館）

さらし艾屋の看板（日笠健一氏）

えたという。

艾というのはヨモギの葉を乾かして、綿のように揉みほぐしたもので、近江の伊吹山をその名産地とし、とくに近江の柏原の駅に艾の店が多くあった。とくに亀屋左京という店が江戸時代には有名であったという。艾を売るものはみな旅人に扮し、「江州伊吹山のふもと柏原本家亀屋左京薬艾はよい」といって売り歩いたという。

また各地に艾屋もでき、江戸では小網町に釜屋という艾屋が五軒あって、よく知られていた。艾は新しい乾燥不十分なものを使うと、瘢痕《はんこん》があとまで残るので、よく晒《さら》されて十分に乾いた古いものを選ぶ。それで艾屋ではわざわざ「さらし艾」と称して売った。だから看板にも「さらし艾」と書いたものが多く見られる。とくに上方では近江に近いため、よい艾が売られた。

艾屋の看板には、文字だけでなく達磨《だるま》の絵をあしらったものがある。ふつうは艾は熱いものという先入観があるので、「面壁九年」の坐禅をなしとげた達磨大師にあやかって、達磨のように辛抱して灸をすえなさいという意を込めている。また達磨大師は不倒翁といわれて、倒れても正常に起き上るものの象徴とされているので、病になってもこの艾で灸をすえて、たちどころに治るようにとの意も込めている。なかなか洒落っ気のある機知に富んだ意匠の看板である。

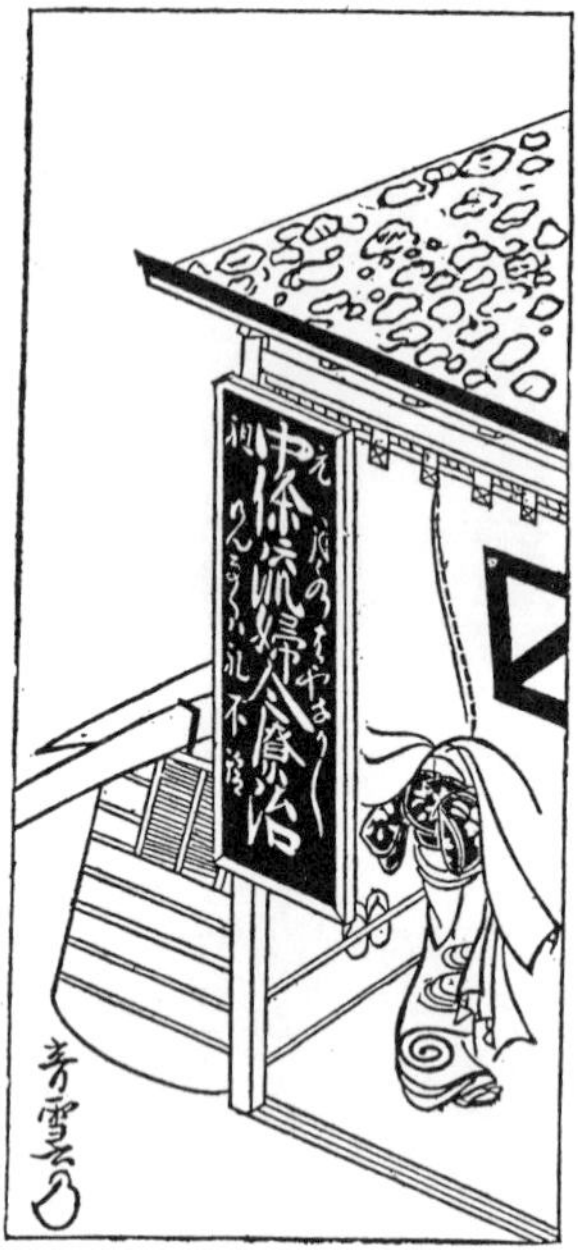

中条流堕胎屋の看板
(『江戸名物鹿子』)

3　堕胎屋

胎児をおろすことは古い時代からおこなわれており、『古事記』の水《ひ》蛭子《るこ》を葦の船で流したという神話は、堕胎を示すものと考えられる。平安時代にはすでに堕胎のための薬のあったことが『今昔物語』巻一二、三四に見ることができる。しかし、堕胎が多くなるのは江戸時代のとりわけ中期以降で、農村の窮乏が激しくなり、農民は堕胎や間引きで生活を守らねばならなくなる。都市においても堕胎を余儀なくされた。堕胎の方法として多くとられたのは、高所からの飛び降り、灰汁《あく》や水銀の飲用、鬼燈《ほおずき》・桑の根を掻爬《そうは》に用いるというようなものであった。

しかし、都市においてはかなり早くから堕胎を業とするものが現われ、「屋弥様於呂志《ややさまおろし》」の張紙などが見られたという。そして江戸時代中期になると、江戸時代初頭に著名であった中条帯刀の名前を利用して、中条流婦人療治の看板が目立つようになった。こうして堕胎屋があちこちに出現するが、その看板は暖簾《のれん》で、子持縞に錠前を染め抜いたものであった。それは鍵をかけることを錠をおろすということから、「子をおろす」の謎かけである。こうした堕胎屋と呼ばれる者のなかでも、医術をもった堕胎医というべき者は、堕胎に一両二分貰い受けて、胎児に二百匁または一朱をつけて、本所の回向院《えこういん》に送って埋葬した。回向院では寛政五年（一七九三）に、そうした胎児の供養のための水子《みずこ》塚を建立している。

幕府は正保年間（一六四四〜四七）に堕胎禁止の町触れを出して取締ったが効果がなかった。明治に入って明治十五年（一八八三）の刑法以降、堕胎罪が設けられている。

4　売薬行商

日本では古代に大陸から薬剤技術が伝えられ、その薬の一部は正倉院にも伝えられている。その後もいろいろな薬をつくる技術が進み、中世には荘園領主に保護された「薬座」や「地黄煎座」といった薬の製造販売を行う同業組合もできた。都市では薬を扱う商工業者が独立していくが、薬草などを採取しやすい山の麓の村では薬を個人でつくり、それをもって全国を行商して歩く者も現われた。

そうした薬には丸薬・散薬（粉薬）・練薬・煎薬などがあるが、特に丸薬は飲みやすくて変質しにくいので、行商の薬として適していた。この売薬行商の根拠地として代表的なところが越中や大和で、富山売薬・大和売薬の名で全国に知られる。どちらも木地屋や山伏が活躍するような奥山の山麓に起こった。なかでも有名なのが富山の薬売りで、

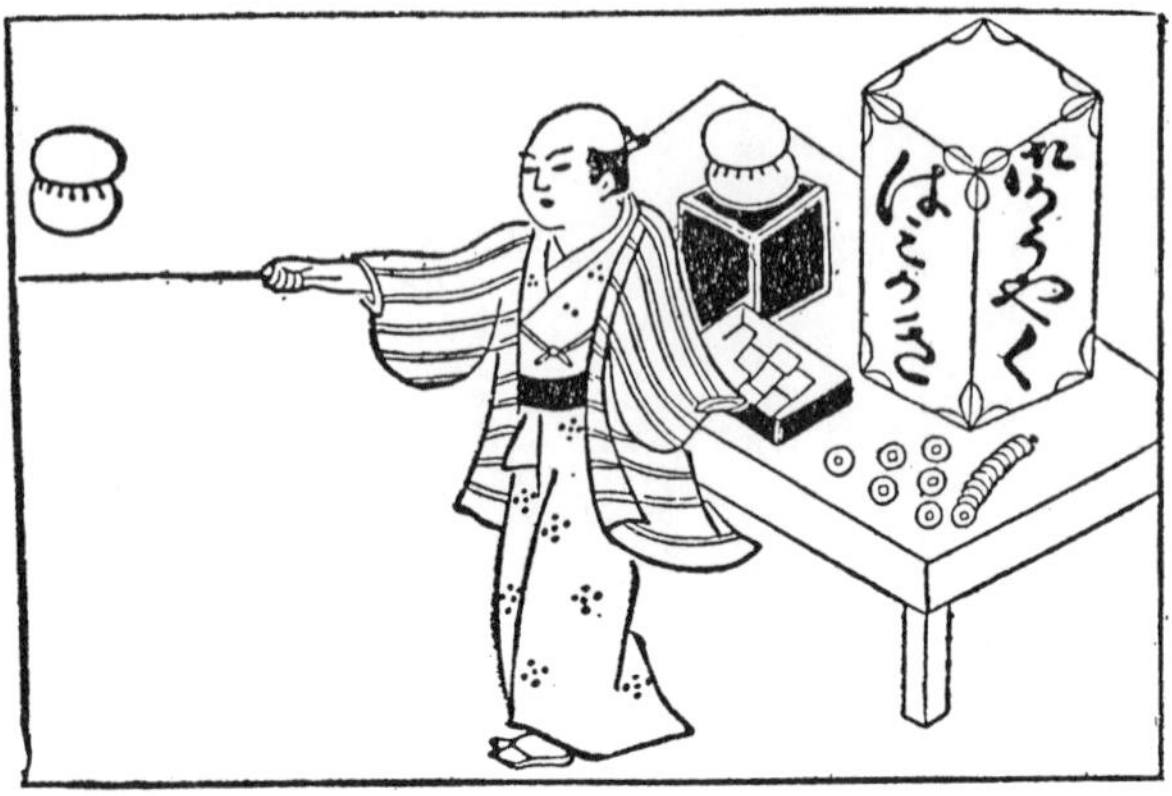

曲鞠（『見世物研究』）

曲独楽（『古道具昔話』）

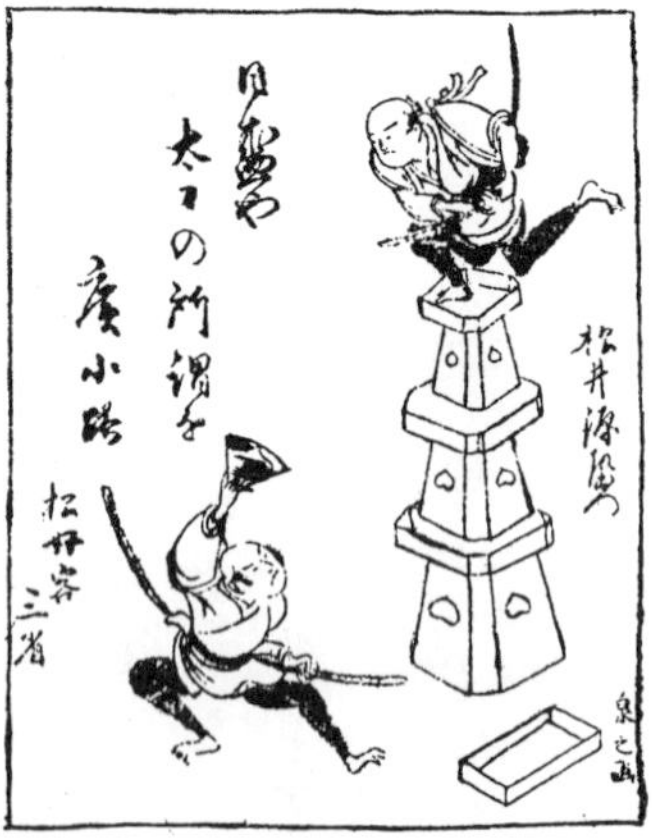

居合抜（『江戸名物鹿子』）

越中富山の反魂丹《はんこんたん》
鼻くそ丸めて万金丹《まんきんたん》
それをのむ奴アあんぽんたん

と歌われるほど、全国にその名が知られた。反魂丹・万金丹は富山売薬の代表的な丸薬であるが、最盛期には一二〇種類余りの薬を売り歩き、中部・関東を中心に、大和売薬の近畿を中心とする商圏を除いたほぼ全国に販売網をもった。その販売方法は、配置売薬といわれる「置き薬」に特色がある。

ところで、富山売薬がいつから始まったかは明らかではないが、胃腸病によく効く薬として有名な反魂丹は古くからあった。越中礪波《となみ》の松井玄長が反魂丹をつくり始め、二代目道元のときに武田信玄から売薬御免の朱印を受けたという。松井家は代々、縁日などで曲芸をしたり物を売ったりする香具師《やし》の家筋で、その四代目の源水（玄水）が江戸に出て、宣伝と人寄せのために、曲独楽《きょくごま》をはじめさまざまな芸をしながら反魂丹を売り、享保年間（一七一六〜三六）には源水の曲独楽はすでに江戸の名物として一般に認められていた。さらに三方《さんぽう》の上にのぼって居合抜きをする芸を見せ、反魂丹はもとより歯磨なども売り、歯の治療もしたという。この曲独楽・居合抜きこそが富山売薬の看板であった。

こうして反魂丹は人気をよび、江戸の常店の薬屋でも売られるようになるが、それは一般に長方形の板に「反魂丹」と書いた吊看板であった。

商う・行き交う

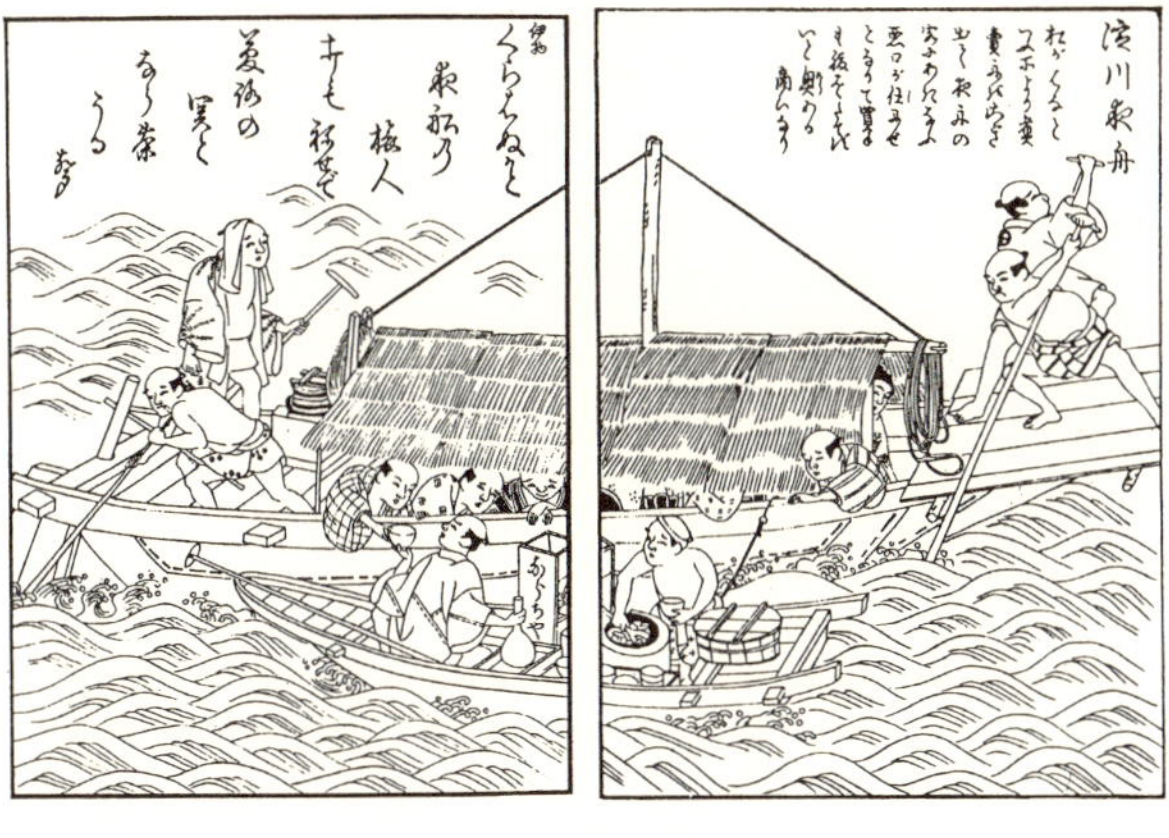

「淀川夜船」（三十石船とくらわんか船）（『絵本家賀御伽』）

1 両替屋

江戸時代における商品経済の発達以来、商取引はつねに貨幣取引を必要とする。ところが江戸時代の貨幣は実にやっかいなものであった。金・銀・銅がならび用いられていた。しかも金目は両、分、朱で四進法の定位貨幣、銀目は豆枝銀と丁銀を主とする秤量貨幣で、そのたびに秤にかけて取引きしなければならなかった。この二本立ての取引きにはどうしても両替が必要であったのである。だいたい江戸・関東は金目本位の取引きがおこなわれ、これにたいして大坂・関西では銀目本位であった。この金と銀の相場は、いちおう金一両を銀六〇匁としたのであるが、この相場も毎日変わってくるし、また別に銭にも相場が立つというありさまであったから、ここに両替屋の繁盛する理由があった。いまの大坂北浜の証券取引所のあたりに金相場会所があって、ここで市立てをしていた。そうした関係で大坂の北船場に両替屋が多く軒を並べていた。

両替屋ははじめその名のとおり、各種貨幣の交換にあたっていたのであるが、富裕な商人が多かったので、しだいに預金、貸付から手形の振出し、為替の取組などをする本両替が現われ、信用制度の発達をうながした。平野屋、天王寺屋、鴻池などは江戸の三井とならんで、こうした両替屋のうちでももっとも大きなものであった。また、両替屋のなかにはたんなる町人貸からしだいに大名貸もするようになり、しまいには大名貸専門の両替屋さえ現われた。鴻池はその代表である。かれらの実力はもはや大名をしのぐほどになり、ときには大名がその権力にものをいわせて借金を踏み倒すこともあったが、そのときは一致して「締貸」と称して貸付を拒否したのである。こうして「大坂の町人ひとたび怒れば天下の諸侯も顔色なし」といわれるほどに実力をたくわえ、隆盛をきわめたのである。

商品経済が全国的にいきわたると、どんな町でも多かれ少なかれ両替商が現われた。こうした両替商の看板は、そのものずばり、江戸では両替用天秤の分銅をかたどった板を吊るすのが一般的であった。小田原あたりでは直径五寸ぐらいの銅貨の玉をつくって、これに「壱銭」と書いて看板としたというし、北陸の町では木の棒に藤を巻きつけて銭を重ねた形にし、その下に寛永通宝の形を大きく作り、それを吊り下げて両替の看板とした。

加賀の金沢では暖簾《のれん》に「文久永宝」あるいは「宝永通宝」を染めだした暖簾看板、両替秤の分銅の銭の形を書いた暖簾看板が多かった。京都では「寛永通宝」あるいは「文久永宝」を染め出した暖簾と、銭の形に板を切り抜いてそれに「古銭両替」とか「金銭両替」を銭の文字と似た配置で書いたものなどがあった。

大坂での看板はもっとも簡単明瞭、分銅形の板に「両替」と大きく刻んだり書いたりしたもの、寛永通宝を拡大した模造の板形が多く、これが軒先に吊るされた。また、銭両替の店は、長方形の板の上部の寛永通宝の銭形を刻んだり書いたりし、その下に大きく「小売」と書いた。いずれにしても両替屋の看板は一見してすぐわかる、模型看板の代表的なものの一つであった。模型看板というのは文盲にもわかるという、宣伝広告のもっとも要を得たものであった。

両替屋(右)と銅屋（『人倫訓蒙図彙』）

両替屋の店頭（『万の文反古』）

明治の時代になると、近代世界に生きて行くため資本主義産業を興さねばならなかった。そのためにもまず江戸時代の複雑な通貨制度を統一する必要があり、明治三年（一八七〇）に円・銭・厘の十進法が採用され、明治五年（一八七三）に渋沢栄一らの努力によって国立銀行条例が公布された。このときの国立銀行というのは国法によって設立された銀行の意であった。そして第一（東京）・第二（横浜）・第四（新潟）・第五（大阪）の四行が設立された。正貨兌換を義務づけ、兌換銀行券を発行、明治九年（一八七六）にこの義務を取り除いたので急増し、明治十二年（一八七九）の第百五十三国立銀行設立まで続いたのであった。

なお、明治十五年（一八八二）の日本銀行設立以降、漸次普通銀行に移行したが、設立時のナンバー名称の銀行はいまも各地に残っている。

2 飛脚屋

徳川幕府は公文書を各地に伝達するため「継飛脚《つぎひきやく》」を制度化した。江戸を中心として整備した五街道の宿ごとに脚夫を継ぎ、蝦夷《えぞ》から長崎まで、情報ネットワークを張りめぐらせた。この幕府公用の継飛脚は、各宿駅の問屋場で人馬を継ぎ替えて書状や荷物を運んだ。人足は各宿駅に常時詰めていて、昼夜を問わず二人一組で走り継いだ。一人が長柄に「御用」と書いた高張提灯《たかはりちょうちん》を持って先駆けし、もう一人が小葛籠《つづら》に「御用」の会符《えふ》を付けて肩にかけて運んだ。昼夜の別なく運ぶので継飛脚を「時

「三度飛脚会所」看板（文部省史料館）

飛脚（『人倫訓蒙図彙』）

なし役」とも呼んだ。

　こうした飛脚の制度は民間にも普及し、江戸では「定飛脚」、大坂の「三度飛脚」、京の「順番飛脚」といった町飛脚が活躍した。江戸の町飛脚は風鈴をつけて書状を運んだことから、「チリンチリンの町飛脚」と呼ばれて人びとに親しまれたという。この定飛脚はもともと農民の日雇い稼ぎで、八百屋や瀬戸物屋が取次ぎをしたのであったが、しだいに飛脚問屋を専業とするものも現われ、天明二年（一七八二）に幕府は定飛脚の営業を許認可制としたのであった。

　三度飛脚は毎月三度、大坂から京・江戸の間を往来した町飛脚で、東海道の往復は六日を要したので「定六」とも呼ばれた。なお、京都の順番飛脚も「京三度飛脚」と称した。この三度飛脚は馬で運送するので、問屋場には常に馬三匹ずつの用意がなされていたのであった。そして三度飛脚は本来は売買荷物取扱業者であるが、御用飛脚も命じられたので、その威光を振りかざすこともあった。こうした飛脚は明治初年まで存続した。

3 講宿

庶民の旅は江戸時代になってから急速に増え、その目的も様相も複雑になった。そうすると当然専門の宿ができ、設備の整った宿も発達した。しかしそれは決して旅を楽しいものにしてくれるとはかぎらず、ときに宿が利を求めることに走りすぎ、旅を息ぐるしい用心深いものにするきらいもでてきた。

そこで、旅をする人の中から、安心して旅をし、泊れるようにしたいという要望により生まれたのが「講宿」であった。いまでいう旅行社等の指定旅館である。そのさきがけをなしたのが大坂玉造清水町に住む綿弓弦《ゆみづる》師松屋甚四郎であった。彼は手広く商売をし、手代源助は弓の弦を持って各地を行商していたが、信用のおける宿を求めるのに苦労していた。信用できる宿もあるが、すいぶんひどい宿もあり、宿というのは外から見ただけではわからない。

そこで源助は主人甚四郎と相談し、信用のおける宿が講をつくり、そういう宿にまた信用のおける客を紹介するようにしたら不案内な旅人も苦労しないだろうと考えた。そして甚四郎がまず江戸の松屋甚八と相談してつくったのが「浪花講」である。ときに文化元年（一八〇四）のことであった。こ

講宿（浪花講）の看板（日笠健一氏）

講宿（御榊講）の看板（日笠健一氏）

講宿（堂嶋講）の看板（鬼洞文庫）

講宿（日野商人定宿）の看板（鬼洞文庫）

の講に加盟する宿は誠意をもって客をもてなし、客が宿で不当な扱いをうければ発起人に知らせることにし、加盟宿には浪花講の看板をかけさせた。講元はもちろん甚四郎と甚八、世話人は源助で、江戸・京・大坂に世話方をおき、講加盟宿の案内を刷って旅人に配って案内した。

これに刺激されて天保元年（一八三〇）には、大坂日本橋の河内屋茂左衛門と江戸馬喰町の苅豆屋茂右衛門によって「三都講」が、ついで江戸湯島天神表通りの大坂屋良助によって「東講」がつくられ、そののち伊勢参宮のための講宿もたくさんでき、つぎつぎと各地にこうした講宿が生まれた。これらの講はたんに講宿の宣伝をし、旅人に信用のおける宿を斡旋するだけでなく、地方地方の旅案内などを発行して旅人の便宜をはかったのであった。代表的な浪花講の看板は、長方形の板の上部に浪花講のマークである日の丸扇子をあしらい、その下中央に大きく「浪花講」と墨書あるいは浮彫りし、その右側に「講元亼松屋甚四郎」、左側に「発起人(泉)まつや源助」と書いたものである。

なお、明治時代に入って内国通運会社が馬に乗って配達する配達人の宿を確保するために、明治七年（一八七四）「真誠講」と称する旅館組合ともいうべきものをつくった。この講に加盟する宿はこの看板をかけ、配達人や商人に宿を提供した。この看板は長方形の板の上部に朱で(通)のマークを描き、その左右にEEと書いている。それはEXPRESSすなはち急行便を表わしている。その下に大きく「真誠講」、その右側に「発起内国通運会社」、左側に「講元佐々木荘助」と書いていて、浪花講の看板がモデルとなっているようである。この内国通運会社はのちの日本通運すなわち日通であり、そのマークはそのまま今日に用いられているのである。

4　船着場

淀川は琵琶湖水運と瀬戸内水運を結ぶ、近畿の廊下ともいうべき川である。それには長い歴史があり、古来幾多の川舟が往来した。江戸時代以来もっとも人びとに親しまれたのが「三十石船」と「くらわんか船」であった。

三十石船は積荷の量からの呼び名で、荷物と旅客の乗合船であった。だいたい船の大きさは長さ約一七メートル、胴幅約二・五メートル、船頭五、六人、乗客定員三〇名であった。大坂天満の八軒家と京伏見の観月橋の間を往来し、上りは早朝に八軒家を出て約一二時間で伏見着の昼船。下りは夜半に伏見を出て翌早朝八軒家着の夜船であった。

上りの昼船は流れに逆らってのことなので、帆を張り途中九か所は船頭が岸に上って、曳綱を引いて溯ったが、下りの夜船は流れに乗って悠長であった。そして枚方《ひらかた》か柱本《はしらもと》あたりまで下ってくると、「くらわんか牛蒡汁、あん餅くらわんか、巻寿司どうじゃ、茶碗酒くらわんか……銭がないのでようくらわんか」などという、疳高い呼び声で目をさまされる。船頭のこの口ぎたない売りつけ声から、「くらわんか船」の異名をとった。

売りつけた勘定は茶碗や皿の数でしたので、客は食べ終るとよく茶碗や皿を川に投げ入れて勘定を誤魔化したものである。それがいまも淀川の川底から出てきて、世に「くらわんか茶碗」という。それは多くは高槻の古曽部焼であった。この煮売船《にうりぶね》の発祥地が柱本で、枚方はその発着で栄えた。「ここはどこじゃと船頭衆に問えば、ここは枚方鍵屋浦、鍵屋浦には碇はいらぬ、三味や太鼓が船とめる」と唄われ、鍵屋はその船宿として賑わった。

こうした淀川旅情は十返舎一九の『東海道中膝栗毛』や、浪曲の『石松代参』や落語の『三十石船』などに偲ばれる。下り夜船の人たちは天満の八軒家に上陸し、かわりにまた上り昼船の客たちが天満八軒家から乗船した。そのため船着場は賑わい、船宿も繁昌した。船着場には「乗合貸切三十石早船出所」などと書いた看板が下げられ、さらに船が入るとその看板の下に「入船」と書いた丸い小さな看板が吊るされて、船の入ったことを旅客に知らせたのであった。

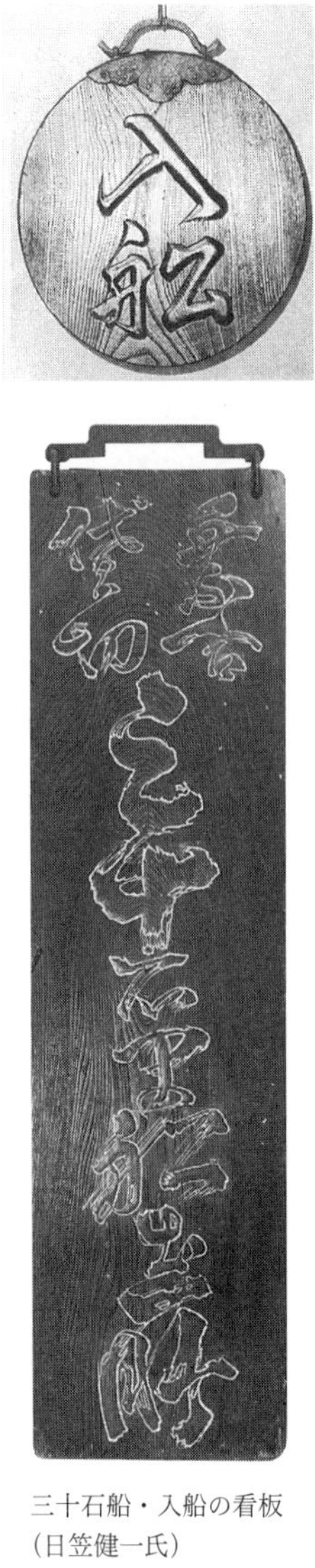

三十石船・入船の看板
(日笠健一氏)

参考文献

○著書・博物館図録

坪井正五郎『工商技藝・看板考』 哲学書院 明治二〇年

杉浦丘園『雲泉荘山誌――家蔵看板図譜』雲泉荘、昭和一五年

本山桂川『古今看板図譜』私家版 昭和一九年

松宮三郎『江戸の看板』 東峰書院 昭和三四年

東京新聞社『庶民芸術の粋 江戸の看板展』 東京新聞社 昭和三七年

大阪市立博物館『のれんと看板』 大阪市立博物館 昭和四三年

松本剛『広告の日本史』 新人物往来社 昭和四八年

天理大学附属天理参考館『看板とちらし』 天理参考館 昭和四八年

屋外広告研究会『日本の看板』 マール社 昭和五〇年

林美一『江戸看板図譜』 三樹書房 昭和五二年

岩手県立博物館『岩手の看板展――忘れられた文化財が語る庶民の生活』 岩手県立博物館 昭和五八年

デナ・レヴィ他／増田英夫訳『日本の看板』 淡交社 昭和五八年

山本武利『広告の社会史』 法政大学出版局 昭和五九年

日本テレビ放送網・読売新聞社『幕末―明治KANBAN展』 読売新聞社 昭和五九年

埼玉会館郷土資料室『看板』埼玉会館郷土資料室　昭和五九年
青木允夫・小山みか子『くすり看板』内藤記念くすり博物館　昭和六一年
たばこと塩の博物館『かんばん――商いの顔』たばこと塩の博物館　昭和六二年
電通広告資料収集事務局『商いのアイデンティティ――昔の看板』電通広告資料収集事務局　昭和六二年
小山市立博物館『商人たちの意気――看板の歴史』小山市立博物館　昭和六三年
国立民族学博物館『モースコレクション』小学館　平成二年
河原馨『岡山の看板』日本文教出版　平成二年
高井潔『暖簾』ぎょうせい　平成三年
横浜市勤労福祉財団『くらしに生きた看板の歴史展』横浜市勤労福祉財団　平成四年
栗東歴史民俗博物館『江戸の看板――文字のメッセージ』栗東歴史民俗博物館　平成四年
有鄰館運営委員会『くらしに生きた看板展』有鄰館　平成五年
高山市郷土館『高山の看板・引札』高山市郷土館　平成五年
蕨市立歴史民俗資料館『NAME――看板を中心として』蕨市立歴史民俗資料館　平成六年
松江市立松江郷土館『商都松江――看板にみる商人の心意気』松江市立松江郷土館　平成六年
千葉県立上総博物館『江戸の看板――広告の原点をたどって』千葉県立上総博物館　平成七年
青梅市郷土博物館『商いの宣伝――青梅の看板とちらし』青梅市郷土博物館　平成七年
北海道開拓記念館『看板と広告』北海道開拓記念館　平成九年
高村五郎『時代を映す　看板』里文出版　平成九年
船越幹央『日本を知る　看板の世界　都市を彩る広告の歴史』大巧社　平成一〇年
今津次郎『私は目立ちたい――看板・サイン・招牌』エム・ピー・シー　平成一一年

オオタ・マサオ『懐かしき昭和30年代を訪ねて　珖瑯看板』小学館　平成一一年
最上徳内記念館『看板と商標デザイン展――江戸時代から昭和にかけての「板」看板』最上徳内記念館　平成一一年
須坂市立博物館『須坂いま・昔――看板・広告・標札にみる須坂』須坂市立博物館　平成一一年
石巻文化センター『看板のむかし』石巻文化センター　平成一一年
たばこと塩の博物館『看板』煙草と塩の博物館　平成一三年
茨城県立歴史館『くらしの中の看板』茨城県立歴史館　平成一四年
八巻俊雄『広告』（ものと人間の文化史130）法政大学出版局　平成一七年

○論文等

藤澤衛彦「日本看板史」（『風俗雑誌』第一巻第一号～第二号）平凡社　昭和五年
杉浦丘園「看板について」（『工藝』第四号）聚楽社　昭和六年
遠藤武「かんばん」（遠藤武編『日本の民具』第一巻・町）慶友社　昭和四六年
林美一「江戸の看板」（『季刊　江戸っ子』第一八号）アドファイブ出版　昭和五三年
和久井文明「明治時代以前の看板の時期区分法について」（『岩手県立博物館研究報告』第二号）岩手県立博物館　昭和五九年
遠藤武「江戸の看板」（『日本の美術　江戸の狩野派』）至文堂　昭和六三年
谷田有史他「看板をよむ①～⑫」（『月刊歴史手帖』第二〇巻一〇号～第二一巻九号）名著出版　平成四年
佐藤要人他「続・看板をよむ①～⑫」（『月刊歴史手帖』第二二巻一一号～第二三巻一〇号）名著出版　平成四～五年

成六年〜七年
斉藤研一「描かれた暖簾、看板、そして井戸」(勝俣鎮夫編『中世人の生活世界』) 山川出版社 平成八年
岩井宏實「看板考——看板の社会史のための序章」(『帝塚山大学人文科学部紀要』創刊号) 帝塚山大学人文科学部 平成一一年

あとがき

看板は不思議な魔力をもっている。よくよく見るとその造形は日本人の美的表現の素晴らしさと、その根底にある暮らしの種々相を感得させてくれる。学生時代に京都や奈良の古い町並を徘徊していたときに、しばしば年代を経た看板を目にし、その広告術の卓抜さに心惹かれたものである。

たまたま謦咳に接し尊敬していた澁沢敬三先生が、昭和三十八年十月二十五日に逝去された。そこで日本常民文化研究所の研究者によって、昭和三十九年から四十年にかけて、澁沢敬三先生追悼記念出版として『日本の民具』全四巻が出版された。その第一巻が遠藤武氏の編になる『町』で、巻頭に四十三点の看板が薗部澄氏の写真で飾られ、要を得た遠藤氏の解説があり、それを見ていっそう看板に魅せられた。

そうしたことから、私が大阪市立博物館学芸員であった昭和四十三年に、特別展「のれんと看板」展を企画し、同年四月二十七日から六月二日まで開催した。そのさい『日本の民具』で紹介された看板をはじめ、昭和八年に青渕（澁沢栄一）記念として設立された実業史博物館に収集保管され、戦後文部省史料館に収められた多くの看板を調査させてもらい、二十六点を出品していただいた。

また、当時縁あって看板の一大コレクターである神戸の日笠健一氏と相見えることになった。氏の経営されていた茶房は、一階はもちろん二階や階段の壁面に、ずらりと看板が懸けられていて実に壮観であり、看板の種類がこれだけたくさんあるのかと驚嘆したものである。その日笠氏の看板もまた快く撮影を許され、二十九点を出品していただいた。

こうして文部省史料館と日笠健一氏の看板は、同特別展の核となるもので、大いに感謝した次第であった。またほかに多くの方々から資料提供とともに出品していただいた。岸和田市の出口神暁氏の鬼洞文庫は、上方文化資料のコレクションで知られるが、そのなかに看板も多くあり、そのうち七点の出品を得た。公立博物館での看板の特別展はおそらく初めてのことであったろう。幸いに盛況でもあり、大いに啓発され勉強させてもらった。

そのほか大阪市では三和銀行資料室、山本重太郎氏、葭谷晃氏、藤井寺市の道明寺、京都市の鳩居堂・竹苞書楼、伊東久重氏、水島義二氏、吉井哲夫氏、奈良市の古梅園、あかしや、さらに東京の樋口清之氏に出品いただき、それぞれの看板の由緒などについても御教示いただき、写真等の使用についてもお許しいただいた。

この間、財団法人原野農芸博物館の創設と資料収集に関与したこともあって、同館所蔵の看板五一点の活用の快諾を得たし、国立歴史民俗博物館教授に就任するや近世展示を担当し、「都市の繁栄」の展示でまたもや文部省史料館の看板二十数点の複製製作を許諾され、久し振りに同館の看板にお目見得し、精査することのできたのは感激であった。また、国立民族学博物館には開館当初から資料収集・評価などに関わらせていただき、種々御高配を賜ってきたが、また格調ある看板の資料を活用させていただいた。

ところで、昭和六十二年（一九八七）六月、アメリカのセイラム・ピーボディー博物館を訪れた。それはモースコレクションの全貌を知りたかったからである。ピーボディー博物館は大森貝塚の発見で知られるエドワード・S・モースの蒐集した、日本の民俗学・民族学資料の一大拠点である。その厖大な資料の中に三〇五点の看板がある。

このとき、ピーター・フェチコ館長の厚意を得、日本担当研究員のジョン・セイヤー氏の案内・説明で多くの看板をつぶさに実見し、資料の提供もいただいた。このコレクションの多くは明治前期の蒐集品なので、のちに日本では蒐集できなくなったような資料もあるので、大いに見聞を広めることができた。また、海外での日本民具の調査研究というのは新鮮な体験でもあった。

大阪市立博物館の特別展以来四〇年のあいだ、多くの公的機関・博物館や所蔵者の方々にたいへんお世話になった。そのため私の看板への関心は絶ゆることがなかった。まことに幸せであった。ここに改めて各位に御礼申し上げる次第である。

こうしたことから、十数年前より看板を日本の広告術の粋として、一本に纏めることを企図していたが、ついつい遅くなり今日に至ってしまった。そのことを出版を予定いただいていた法政大学出版局にお詫びしなければならない。また、編集の労をとっていただいた松永辰郎氏には心から御礼申し上げる次第である。

なお、本書は看板そのものの考証よりも、むしろその看板の造形に込められたアイデアの素晴らしさを顕彰するとともに、「ものと人間の文化史」の理念にそって、さまざまな生業の展開を文化史として叙述することに心がけた。それは充分に成し得なかったと危ぶむが、何らかの参考になれば幸いである。

また、付け加えて言うならば、看板についての諸書は当初においてはその形態分類あるいは種類によって叙述されることが多かったか、本書においては生活文化史の立場から、生活の営みをもとに章立てを試みたことを申し添えておきたい。

二〇〇六年十一月

岩井宏實

図版一覧

著者略歴

岩井宏實（いわい ひろみ）

1932年奈良県生まれ．立命館大学大学院日本史学専攻修士課程修了．文学博士（筑波大学）．大阪市立博物館主任学芸員，国立歴史民俗博物館教授，帝塚山大学学長，大分県立歴史博物館長等を経て，現在，国立歴史民俗博物館名誉教授，帝塚山大学名誉教授，大分県立歴史博物館顧問，主要著書：『地域社会の民俗学的研究』『絵馬』『曲物』（以上，法政大学出版局），『民具の博物誌』『民具の歳時記』『旅の民俗誌』（以上，河出書房新社），『環境の文化誌』（慶友社），『小絵馬』（三彩社），『神饌』（同朋舎）．

ものと人間の文化史 136・看板

2007年3月1日　　初版第1刷発行

著 者 © 岩 井 宏 實

発行所 財団法人 法政大学出版局

〒102-0073 東京都千代田区九段北3-2-7
電話03(5214)5540／振替00160-6-95814
印刷／平文社　製本／鈴木製本所

Printed in Japan

ISBN978-4-588-21361-8

⚜ ものと人間の文化史

★第9回梓会出版文化賞受賞

人間が〈もの〉とのかかわりを通じて営々と築いてきた暮らしの足跡を具体的に辿りつつ文化・文明の基礎を問いなおす。手づくりの〈もの〉の記憶が失われ、〈もの〉離れが進行する危機の時代におくる豊穣な百科叢書。

1 船　須藤利一編

海国日本では古来、漁業・水運・交易はもとより、大陸文化も船によって運ばれた。本書は造船技術、航海の模様の推移を中心に、漂流、船霊信仰、伝説の数々を語る。四六判３６８頁 '68

2 狩猟　直良信夫

人類の歴史は狩猟から始まった。本書は、わが国の遺跡に出土する獣骨、猟具の実証的考察をおこないながら、狩猟をつうじて発展した人間の知恵と生活の軌跡を辿る。四六判２７２頁 '68

3 からくり　立川昭二

〈からくり〉は自動機械であり、驚嘆すべき庶民の技術的創意がこめられている。本書は、日本と西洋のからくりを発掘・復元・遍歴し、埋もれた技術の水脈をさぐる。四六判４１０頁 '69

4 化粧　久下司

美を求める人間の心が生みだした化粧―その手法と道具に語らせた人間の欲望と本性、そして社会関係。歴史を遡り、全国を踏査して書かれた比類ない美と醜の文化史。四六判３６８頁 '70

5 番匠　大河直躬

番匠はわが国中世の建築工匠。地方・在地を舞台に開花した彼らの造型・装飾・工法等の諸技術、さらに信仰と生活等、職人以前の独自で多彩な工匠的世界を描き出す。四六判２８８頁 '71

6 結び　額田巌

〈結び〉の発達は人間の叡知の結晶である。本書はその諸形態および技法を作業・装飾・象徴の三つの系譜に辿り、〈結び〉のすべてを民俗学的・人類学的に考察する。四六判２６４頁 '72

7 塩　平島裕正

人類史に貴重な役割を果たしてきた塩をめぐって、発見から伝承・製造技術の発展過程にいたる総体を歴史的に描き出すとともに、その多彩な効用と味覚の秘密を解く。四六判２７２頁 '73

8 はきもの　潮田鉄雄

田下駄・かんじき・わらじなど、日本人の生活の礎となってきた伝統的はきものの成り立ちと変遷を、二〇年余の実地調査と細密な観察・描写によって辿る庶民生活史　四六判２８０頁 '73

9 城　井上宗和

古代城塞・城柵から近世代名の居城として集大成されるまでの日本の城の変遷を辿り、文化の各領野で果たしてきたその役割を再検討。あわせて世界城郭史に位置づける。四六判３１０頁 '73

10 竹　室井綽

食生活、建築、民芸、造園、信仰等々にわたって、竹と人間との交流史は驚くほど深く永い。その多岐にわたる発展の過程を個々に辿り、竹の特異な性格を浮彫にする。四六判３２４頁 '73

11 海藻　宮下章

古来日本人にとって生活必需品とされてきた海藻をめぐって、その採取・加工法の変遷、商品としての流通史および神事・祭事での役割に至るまでを歴史的に考証する。四六判３３０頁 '74

12 **絵馬** 岩井宏實
古くは祭礼における神への献馬にはじまり、民間信仰と絵画のみごとな結晶として民衆の手で描かれ祀り伝えられてきた各地の絵馬を豊富な写真と史料によってたどる。 四六判302頁 '74

13 **機械** 吉田光邦
畜力・水力・風力などの自然のエネルギーを利用し、幾多の改良を経て形成された初期の機械の歩みを検証し、日本文化の形成における科学・技術の役割を再検討する。 四六判242頁 '74

14 **狩猟伝承** 千葉徳爾
狩猟には古来、感謝と慰霊の祭祀がともない、人獣交渉の豊かで意味深い歴史があった。狩猟用具、巻物、儀式具、またけものたちの生態を通して語る狩猟文化の世界。 四六判346頁 '75

15 **石垣** 田淵実夫
採石から運搬、加工、石積みに至るまで、石垣の造成をめぐって積み重ねられてきた石工たちの苦闘の足跡を掘り起こし、その独自な技術の形成過程と伝承を集成する。 四六判224頁 '75

16 **松** 高嶋雄三郎
日本人の精神史に深く根をおろした松の伝承に光を当て、食用、薬用等の実用の松、祭祀・観賞用の松、さらに文学・芸能・美術に表現された松のシンボリズムを説く。 四六判342頁 '75

17 **釣針** 直良信夫
人と魚との出会いから現在に至るまで、釣針がたどった一万有余年の変遷を、世界各地の遺跡出土物を通して実証しつつ、漁撈によって生きた人々の生活と文化を探る。 四六判278頁 '76

18 **鋸** 吉川金次
鋸鍛冶の家に生まれ、鋸の研究を生涯の課題とする著者が、出土遺品や文献・絵画により各時代の鋸を復元・実験し、庶民の手仕事にみられる驚くべき合理性を実証する。 四六判360頁 '76

19 **農具** 飯沼二郎／堀尾尚志
鍬と犂の交代・進化の歩みとして発達したわが国農耕文化の発展経過を世界史的視野において再検討しつつ、無名の農民たちによる驚くべき創意のかずかずを記録する。 四六判220頁 '76

20 **包み** 額田巖
結びとともに文化の起源にかかわる〈包み〉の系譜を人類史的視野において捉え、衣・食・住をはじめ社会・経済史、信仰、祭事などにおけるその実際と役割とを描く。 四六判354頁 '77

21 **蓮** 阪本祐二
仏教における蓮の象徴的位置の成立と深化、美術・文芸等に見る人間とのかかわりを歴史的に考察。また大賀蓮はじめ多様な品種とその来歴を紹介しつつその美を語る。 四六判306頁 '77

22 **ものさし** 小泉袈裟勝
ものをつくる人間にとって最も基本的な道具であり、数千年にわたって社会生活を律してきたその変遷を実証的に追求し、歴史の中で果たしてきた役割を浮彫りにする。 四六判314頁 '77

23-I **将棋I** 増川宏一
その起源を古代インドに、我国への伝播の道すじを海のシルクロードに探り、また伝来後一千年におよぶ日本将棋の変化と発展を盤、駒、ルール等にわたって跡づける。 四六判280頁 '77

23-Ⅱ 将棋Ⅱ 増川宏一
わが国伝来後の普及と変遷を貴族や武家・豪商の日記等に博捜し、遊戯者の歴史をあとづけると共に、中国伝来説の誤りを正し、将棋宗家の位置と役割を明らかにする。四六判346頁 '85

24 湿原祭祀 第2版 金井典美
古代日本の自然環境に着目し、各地の湿原聖地を稲作社会との関連において捉え直して古代国家成立の背景を浮彫にしつつ、水と植物にまつわる日本人の宇宙観を探る。四六判410頁 '77

25 臼 三輪茂雄
臼が人類の生活文化の中で果たしてきた役割を、各地に遺る貴重な民俗資料・伝承と実地調査にもとづいて解明。失われゆく道具のなかに、未来の生活文化の姿を探る。四六判412頁 '78

26 河原巻物 盛田嘉徳
中世末期以来の被差別部落民が生きる権利を守るために偽作し護り伝えてきた河原巻物を全国にわたって踏査し、そこに秘められた最底辺の人びとの叫びに耳を傾ける。四六判226頁 '78

27 香料 日本のにおい 山田憲太郎
焼香供養の香から趣味としての薫物へ、さらに沈香木を焚く香道へと変遷した日本の「匂い」の歴史を豊富な史料に基づいて辿り、我国風俗史の知られざる側面を描く。四六判370頁 '78

28 神像 神々の心と形 景山春樹
神仏習合によって変貌しつつも、常にその原型＝自然を保持してきた日本の神々の造型を図像学的方法によって捉え直し、その多彩な形象に日本人の精神構造をさぐる。四六判342頁 '78

29 盤上遊戯 増川宏一
祭具・占具としての発生を『死者の書』をはじめとする古代の文献にさぐり、形状・遊戯法を分類しつつその〈進化〉の過程を考察。〈遊戯者たちの歴史〉をも跡づける。四六判326頁 '78

30 筆 田淵実夫
筆の里・熊野に筆づくりの現場を訪ねて、筆匠たちの境涯と製筆の由来を克明に記録しつつ、筆の発生と変遷、種類、製筆法、さらには筆塚、筆供養にまで説きおよぶ。四六判204頁 '78

31 ろくろ 橋本鉄男
日本の山野を漂移しつづけ、高度の技術文化と幾多の伝説とをもたらした特異な旅職集団＝木地屋の生態を、その呼称、地名、伝承、文書等をもとに生き生きと描く。四六判460頁 '79

32 蛇 吉野裕子
日本古代信仰の根幹をなす蛇巫をめぐって、祭事におけるさまざまな蛇の「もどき」や各種の蛇の造型・伝承に鋭い考証を加え、忘れられたその呪性を大胆に暴き出す。四六判250頁 '79

33 鋏（はさみ） 岡本誠之
梃子の原理の発見から鋏の誕生に至る過程を推理し、日本鋏の特異な歴史的位置を明らかにするとともに、刀鍛冶等から転進した鋏職人たちの創意と苦闘の跡をたどる。四六判396頁 '79

34 猿 廣瀬鎮
嫌悪と愛玩、軽蔑と畏敬の交錯する日本人とサルとの関わりあいの歴史を、狩猟伝承や祭祀・風習、美術・工芸や芸能のなかに探り、日本人の動物観を浮彫りにする。四六判292頁 '79

35 **鮫** 矢野憲一

神話の時代から今日まで、津々浦々につたわるサメの伝承とサメをめぐる海の民俗を集成し、神饌、食用、薬用等に活用されてきたサメと人間のかかわりの変遷を描く。四六判292頁 '79

36 **枡** 小泉袈裟勝

米の経済の枢要をなす器として千年余にわたり日本人の生活の中に生きてきた枡の変遷をたどり、記録・伝承をもとにこの独特な計量器が果たした役割を再検討する。四六判322頁 '80

37 **経木** 田中信清

食品の包装材料として近年まで身近に存在した経木の起源を、こけら経や塔婆、木簡、屋根板等に遡って明らかにし、その製造・流通に携った人々の労苦の足跡を辿る。四六判288頁 '80

38 **色** 染と色彩 前田雨城

わが国古代の染色技術の復元と文献解読をもとに日本色彩史を体系づけ、赤・白・青・黒等におけるわが国独自の色彩感覚を探りつつ日本文化における色の構造を解明。四六判320頁 '80

39 **狐** 陰陽五行と稲荷信仰 吉野裕子

その伝承と文献を渉猟しつつ、中国古代哲学＝陰陽五行の原理の応用という独自の視点から、謎とされてきた稲荷信仰と狐との密接な結びつきを明快に解き明かす。四六判232頁 '80

40-Ⅰ **賭博Ⅰ** 増川宏一

時代、地域、階層を超えて連綿と行なわれてきた賭博。――その起源を古代の神判、スポーツ、遊戯等の中に探り、抑圧と許容の歴史を物語る。全Ⅲ分冊の〈総説篇〉。四六判298頁 '80

40-Ⅱ **賭博Ⅱ** 増川宏一

古代インド文学の世界からラスベガスまで、賭博の形態・用具・方法の時代的特質を明らかにし、夥しい禁令に賭博の不滅のエネルギーを見る。全Ⅲ分冊の〈外国篇〉。四六判456頁 '82

40-Ⅲ **賭博Ⅲ** 増川宏一

聞香、闘茶、笠附等、わが国独特の賭博を中心にその具体例を網羅し、方法の変遷に賭博の時代性を探りつつ禁令の改廃に時代の賭博観を追う。全Ⅲ分冊の〈日本篇〉。四六判388頁 '83

41-Ⅰ **地方仏Ⅰ** むしゃこうじ・みのる

古代から中世にかけて全国各地で作られた無銘の仏像を訪ね、素朴で多様なノミの跡に民衆の祈りと地域の願望を探る。宗教の伝播、文化の創造を考える異色の紀行。四六判256頁 '80

41-Ⅱ **地方仏Ⅱ** むしゃこうじ・みのる

紀州や飛騨を中心に草の根の仏たちを訪ねて、その相好と像容の魅力を探り、技法を比較考証して仏像彫刻史に位置づけつつ、中世地域社会の形成と信仰の実態に迫る。四六判260頁 '97

42 **南部絵暦** 岡田芳朗

田山・盛岡地方で「盲暦」として古くから親しまれてきた独得の絵解き暦を詳しく紹介しつつその全体像を復元する。その無類の生活暦は、南部農民の哀歓をつたえる。四六判288頁 '80

43 **野菜** 在来品種の系譜 青葉高

蕪、大根、茄子等の日本在来野菜をめぐって、その渡来・伝播経路、品種分布と栽培のいきさつを各地の伝承や古記録をもとに辿り、畑作文化の源流とその風土を描く。四六判368頁 '81

44 つぶて　中沢厚
弥生投弾、古代・中世の石戦と印地の様相、投石具の発達を展望しつつ、願かけの小石、正月つぶて、石こづみ等の習俗を辿り、石塊に託した民衆の願いや怒りを探る。四六判３３８頁　'81

45 壁　山田幸一
弥生時代から明治期に至るわが国の壁の変遷を壁塗＝左官工事の側面から辿り直し、その技術的復元・考証を通じて建築史・文化史における壁の役割を浮き彫りにする。四六判２９６頁　'81

46 簞笥（たんす）　小泉和子
近世における簞笥の出現＝箱から抽斗への転換に着目し、以降近現代に至るその変遷を社会・経済・技術の側面からあとづける。著者自身による簞笥製作の記録を付す。四六判３７８頁　'82

47 木の実　松山利夫
山村の重要な食糧資源であった木の実をめぐる各地の記録・伝承を集成し、その採集・加工における幾多の試みを実地に検証しつつ、稲作農耕以前の食生活文化を復元。四六判３８４頁　'82

48 秤（はかり）　小泉袈裟勝
秤の起源を東西に探るとともに、わが国律令制下における中国制度の導入、近世商品経済の発展に伴う秤座の出現、明治期近代化政策による洋式秤受容等の経緯を描く。四六判３２６頁　'82

49 鶏（にわとり）　山口健児
神話・伝説をはじめ遠い歴史の中の鶏を古今東西の伝承・文献に探り、特に我国の信仰・絵画・文学等に遺された鶏の足跡を追って、鶏をめぐる民俗の記憶を蘇らせる。四六判３４６頁　'83

50 燈用植物　深津正
人類が燈火を得るために用いてきた多種多様な植物との出会いと個個の植物の来歴、特性及びはたらきを詳しく検証しつつ「あかり」の原点を問いなおす異色の植物誌。四六判４４２頁　'83

51 斧・鑿・鉋（おの・のみ・かんな）　吉川金次
古墳出土品や文献・絵画をもとに、古代から現代までの斧・鑿・鉋を復元・実験し、労働体験によって生まれた民衆の知恵と道具の変遷を蘇らせる異色の日本木工具史。四六判３０４頁　'84

52 垣根　額田巌
大和・山辺の道に神々と垣との関わりを探り、各地に垣の伝承を訪ねて、寺院の垣、民家の垣、露地の垣など、風土と生活に培われた生垣の独特のはたらきと美を描く。四六判２３４頁　'84

53-Ⅰ 森林Ⅰ　四手井綱英
森林生態学の立場から、森林のなりたちとその生活史を辿りつつ、産業の発展と消費社会の拡大により刻々と変貌する森林の現状を語り、未来への再生のみちをさぐる。四六判３０６頁　'85

53-Ⅱ 森林Ⅱ　四手井綱英
森林と人間との多様なかかわりを包括的に語り、人と自然が共生するための森や里山をいかにして創出するか、森林再生への具体的な方策を提示する21世紀への提言。四六判３０８頁　'98

53-Ⅲ 森林Ⅲ　四手井綱英
地球規模で進行しつつある森林破壊の現状を実地に踏査し、森と人が共存する日本人の伝統的自然観を未来へ伝えるために、いま何が必要なのかを具体的に提言する。四六判３０４頁　'00

54 **海老**（えび） 酒向昇
人類との出会いからエビの科学、漁法、さらには調理法を語り、めでたい姿態と色彩にまつわる多彩なエビの民俗を、地名や人名、詩歌・文学、絵画や芸能の中に探る。四六判４２８頁 '85

55-I **藁**（わら）I 宮崎清
稲作農耕とともに二千年余の歴史をもち、日本人の全生活領域に生きてきた藁の文化を日本文化の原型として捉え、風土に根ざしたそのゆたかな遺産を詳細に検討する。四六判４００頁 '85

55-II **藁**（わら）II 宮崎清
床・畳から壁・屋根にいたる住居における藁の製作・使用のメカニズムを明らかにし、日本人の生活空間における藁の役割を見なおすとともに、藁の文化の復権を説く。四六判４００頁 '85

56 **鮎** 松井魁
清楚な姿態と独特な味覚によって、日本人の目と舌を魅了しつづけてきたアユ――その形態と分布、生態、漁法等を詳述し、古今のアユ料理や文芸にみるアユにおよぶ。四六判２９６頁 '86

57 **ひも** 額田巌
物と物、人と物とを結びつける不思議な力を秘めた「ひも」の謎を追って、民俗学的視点から多角的なアプローチを試みる。『結び』、『包み』につづく三部作の完結篇。四六判２５０頁 '86

58 **石垣普請** 北垣聰一郎
近世石垣の技術者集団「穴太」の足跡を辿り、各地城郭の石垣遺構の実地調査と資料・文献をもとに石垣普請の歴史的系譜を復元しつつ石工たちの技術伝承を集成する。四六判４３８頁 '87

59 **碁** 増川宏一
その起源を古代の盤上遊戯に探ると共に、定着以来二千年の歴史を時代の状況や遊び手の社会環境との関わりにおいて跡づける。逸話や伝説を排して綴る初の囲碁全史。四六判３６６頁 '87

60 **日和山**（ひよりやま） 南波松太郎
千石船の時代、航海の安全のために観天望気した日和山――多くは忘れられ、あるいは失われた船舶・航海史の貴重な遺跡を追って、全国津々浦々におよんだ調査紀行。四六判３８２頁 '88

61 **篩**（ふるい） 三輪茂雄
臼とともに人類の生産活動に不可欠な道具であった篩、箕(み)、笊(ざる)の多彩な変遷を豊富な図解入りでたどり、現代技術の先端に再生するまでの歩みをえがく。四六判３３４頁 '89

62 **鮑**（あわび） 矢野憲一
縄文時代以来、貝肉の美味と貝殻の美しさによって日本人を魅了し続けてきたアワビ――その生態と養殖、神饌としての歴史、漁法、螺鈿の技法からアワビ料理に及ぶ。四六判３４４頁 '89

63 **絵師** むしゃこうじ・みのる
日本古代の渡来画工から江戸前期の菱川師宣まで、時代の代表的絵師の列伝で辿る絵画制作の文化史。前近代社会における絵画の意味や芸術創造の社会的条件を考える。四六判２３０頁 '90

64 **蛙**（かえる） 碓井益雄
動物学の立場からその特異な生態を描き出すとともに、和漢洋の文献資料を駆使して故事・習俗・神事・民話・文芸・美術工芸にわたる蛙の多彩な活躍ぶりを活写する。四六判３８２頁 '89

65–Ⅰ **藍**（あい）Ⅰ　風土が生んだ色　竹内淳子

全国各地の〈藍の里〉を訪ねて、藍栽培から染色・加工のすべてにわたり、藍とともに生きた人々の伝承を克明に描き、風土と人間が生んだ〈日本の色〉の秘密を探る。四六判４１６頁 '91

65–Ⅱ **藍**（あい）Ⅱ　暮らしが育てた色　竹内淳子

日本の風土に生まれ、伝統に育てられた藍が、今なお暮らしの中で生き生きと活躍しているさまを、手わざに生きる人々との出会いを通じて描く。藍の里紀行の続篇。四六判４０６頁 '99

66 **橋**　小山田了三

丸木橋・舟橋・吊橋から板橋・アーチ型石橋まで、人々に親しまれてきた各地の橋を訪ねて、その来歴と築橋の技術伝承を辿り、土木文化の伝播・交流の足跡をえがく。四六判３１２頁 '91

67 **箱**　宮内悊

日本の伝統的な箱（櫃）と西欧のチェストを比較文化史の視点から考察し、居住・収納・運搬・装飾の各分野における箱の重要な役割とその多彩な文化を浮彫りにする。四六判３９０頁 '91

68–Ⅰ **絹Ⅰ**　伊藤智夫

養蚕の起源を神話や説話に探り、伝来の時期とルートを跡づけ、記紀・万葉の時代から近世に至るまで、それぞれの時代・社会・階層が生み出した絹の文化を描き出す。四六判３０４頁 '92

68–Ⅱ **絹Ⅱ**　伊藤智夫

生糸と絹織物の生産と輸出が、わが国の近代化にはたした役割を描くと共に、養蚕の道具、信仰や庶民生活にわたる養蚕と絹の民俗、さらには蚕の種類と生態におよぶ。四六判２９４頁 '92

69 **鯛**（たい）　鈴木克美

古来「魚の王」とされてきた鯛をめぐって、その生態・味覚から漁法、祭り、工芸、文芸にわたる多彩な伝承文化を語りつつ、鯛と日本人とのかかわりの原点をさぐる。四六判４１８頁 '92

70 **さいころ**　増川宏一

古代神話の世界から近現代の博徒の動向まで、さいころの役割を各時代・社会に位置づけ、木の実や貝殻のさいころから投げ棒型や立方体のさいころへの変遷をたどる。四六判３７４頁 '92

71 **木炭**　樋口清之

炭の起源から炭焼、流通、経済、文化にわたる木炭の歩みを歴史・考古・民俗の知見を総合して描き出し、独自で多彩な文化を育んできた木炭の尽きせぬ魅力を語る。四六判２９６頁 '93

72 **鍋・釜**（なべ・かま）　朝岡康二

日本をはじめ韓国、中国、インドネシアなど東アジアの各地を歩きながら鍋・釜の製作と使用の現場に立ち会い、調理をめぐる庶民生活の変遷とその交流の足跡を探る。四六判３２６頁 '93

73 **海女**（あま）　田辺悟

その漁の実際と社会組織、風習、信仰、民具などを克明に描くとともに海女の起源・分布・交流を探り、わが国漁撈文化の古層としての海女の生活と文化をあとづける。四六判２９４頁 '93

74 **蛸**（たこ）　刀禰勇太郎

蛸をめぐる信仰や多彩な民間伝承を紹介するとともに、その生態・分布・捕獲法・繁殖と保護・調理法などを集成し、日本人と蛸との知られざるかかわりの歴史を探る。四六判３７０頁 '94

75 曲物（まげもの）　岩井宏實
桶・樽出現以前から伝承され、古来最も簡便・重宝な木製容器として愛用された曲物の加工技術と機能・利用形態の変遷をさぐり、手づくりの「木の文化」を見なおす。四六判318頁 '94

76-I 和船I　石井謙治
江戸時代の海運を担った千石船（弁才船）について、その構造と技術、帆走性能を綿密に調査し、通説の誤りを正すとともに、海難と信仰、船絵馬等の考察にもおよぶ。四六判436頁 '95

76-II 和船II　石井謙治
造船史から見た著名な船を紹介し、遣唐使船や遣欧使節船、幕末の洋式船における外国技術の導入について論じつつ、船の名称と船型を海船・川船にわたって解説する。四六判316頁 '95

77-I 反射炉I　金子功
日本初の佐賀鍋島藩の反射炉と精練方＝理化学研究所、島津藩の反射炉と集成館＝近代工場群を軸に、日本の産業革命の時代における人と技術を現地に訪ねて発掘する。四六判244頁 '95

77-II 反射炉II　金子功
伊豆韮山の反射炉をはじめ、全国各地の反射炉建設にかかわった有名無名の人々の足跡をたどり、開国か攘夷かに揺れる幕末の政治と社会の悲喜劇をも生き生きと描く。四六判226頁 '95

78-I 草木布（そうもくふ）I　竹内淳子
風土に育まれた布を求めて全国各地を歩き、木綿普及以前に山野の草木を利用して豊かな衣生活文化を築き上げてきた庶民の知られざる知恵のかずかずを実地にさぐる。四六判282頁 '95

78-II 草木布（そうもくふ）II　竹内淳子
アサ、クズ、シナ、コウゾ、カラムシ、フジなどの草木の繊維から、どのようにして糸を採り、布を織っていたのか——聞書きをもとに忘れられた技術と文化を発掘する。四六判282頁 '95

79-I すごろくI　増川宏一
古代エジプトのセネト、ヨーロッパのバクギャモン、中近東のナルド、中国の双陸などの系譜に日本の盤雙六を位置づけ、遊戯・賭博としてのその数奇なる運命を辿る。四六判312頁 '95

79-II すごろくII　増川宏一
ヨーロッパの鵞鳥のゲームから日本中世の浄土双六、近世の華麗な絵双六、さらには近現代の少年誌の附録まで、絵双六の変遷を追って時代の社会・文化を読みとる。四六判390頁 '95

80 パン　安達巖
古代オリエントに起ったパン食文化が中国・朝鮮を経て弥生時代の日本に伝えられたことを史料と伝承をもとに解明し、わが国パン食文化二〇〇〇年の足跡を描き出す。四六判260頁 '96

81 枕（まくら）　矢野憲一
神さまの枕・大嘗祭の枕から枕絵の世界まで、人生の三分の一を共に過す枕をめぐって、その材質の変遷を辿り、伝説と怪談、俗信と民俗、エピソードを興味深く語る。四六判252頁 '96

82-I 桶・樽（おけ・たる）I　石村真一
日本、中国、朝鮮、ヨーロッパにわたる厖大な資料を集成してその豊かな文化の系譜を探り、東西の木工技術史を比較しつつ世界史的視野から桶・樽の文化を描き出す。四六判388頁 '97

82–Ⅱ
桶・樽（おけ・たる）Ⅱ　石村真一

多数の調査資料と絵画・民俗資料をもとにその製作技術を復元し、東西の木工技術を比較考証しつつ、技術文化史の視点から桶・樽製作の実態とその変遷を跡づける。　四六判３７２頁　'97

82–Ⅲ
桶・樽（おけ・たる）Ⅲ　石村真一

樹木と人間とのかかわり、製作者と消費者とのかかわりを通じて桶樽と生活文化の変遷を考察し、木材資源の有効利用という視点から桶樽の文化史的役割を浮彫にする。　四六判３５２頁　'97

83–Ⅰ
貝Ⅰ　白井祥平

世界各地の現地調査と文献資料を駆使して、古来至高の財宝とされてきた宝貝のルーツとその変遷を探り、貝と人間とのかかわりの歴史を「貝貨」の文化史として描く。　四六判３８６頁　'97

83–Ⅱ
貝Ⅱ　白井祥平

サザエ、アワビ、イモガイなど古来人類とかかわりの深い貝をめぐって、その生態・分布・地方名、装身具や貝貨としての利用法などを豊富なエピソードを交えて語る。　四六判３２８頁　'97

83–Ⅲ
貝Ⅲ　白井祥平

シンジュガイ、ハマグリ、アカガイ、シャコガイなどをめぐって世界各地の民族誌を渉猟し、それらが人類文化に残した足跡を辿る。参考文献一覧／総索引を付す。　四六判３９２頁　'97

84
松茸（まつたけ）　有岡利幸

秋の味覚として古来珍重されてきた松茸の由来を求めて、稲作文化と里山（松林）の生態系から説きおこし、日本人の伝統的生活文化の中に松茸流行の秘密をさぐる。　四六判２９６頁　'97

85
野鍛冶（のかじ）　朝岡康二

鉄製農具の製作・修理・再生を担ってきた農鍛冶の歴史的役割を探り、近代化の大波の中で変貌する職人技術の実態をアジア各地のフィールドワークを通して描き出す。　四六判２８０頁　'98

86
稲　品種改良の系譜　菅　洋

作物としての稲の誕生、稲の渡来と伝播の経緯から説きおこし、明治以降主として庄内地方の民間育種家の手によって飛躍的発展をとげたわが国品種改良の歩みを描く。　四六判３３２頁　'98

87
橘（たちばな）　吉武利文

永遠のかぐわしい果実として日本の神話・伝説に特別の位置を占めて語り継がれてきた橘をめぐって、その育まれた風土とかずかずの伝承の中に日本文化の特質を探る。　四六判２８６頁　'98

88
杖（つえ）　矢野憲一

神の依代としての杖や仏教の錫杖に杖と信仰とのかかわりを探り、人類が突きつつ歩んだその歴史と民俗を興味ぶかく語る。多彩な材質と用途を網羅した杖の博物誌。　四六判３１４頁　'98

89
もち（糯・餅）　渡部忠世／深澤小百合

モチイネの栽培・育種から食品加工、民俗、儀礼にわたってそのルーツと伝承の足跡をたどり、アジア稲作文化という広範な視野からこの特異な食文化の謎を解明する。　四六判３３０頁　'98

90
さつまいも　坂井健吉

その栽培の起源と伝播経路を跡づけるとともに、わが国伝来後四百年の経緯を詳細にたどり、世界に冠たる育種と栽培・利用法を築いた人々の知られざる足跡をえがく。　四六判３２８頁　'99

91 珊瑚（さんご）　鈴木克美
海岸の自然保護に重要な役割を果たす岩石サンゴから宝飾品として知られる宝石サンゴまで、人間生活と深くかかわってきたサンゴの多彩な姿を人類文化史として描く。四六判370頁 '99

92－I 梅I　有岡利幸
万葉集、源氏物語、五山文学などの古典や天神信仰に表れた梅の足跡を克明に辿りつつ日本人の精神史に刻印された梅を浮彫にし、梅と日本人の二〇〇〇年史を描く。四六判274頁 '99

92－II 梅II　有岡利幸
その植生と栽培、伝承、梅の名所や鑑賞法の変遷から戦前の国定教科書に表れた梅まで、梅と日本人との多彩なかかわりを探り、桜との対比において梅の文化史を描く。四六判338頁 '99

93 木綿口伝（もめんくでん）第2版　福井貞子
老女たちからの聞書を経糸とし、厖大な遺品・資料を緯糸として、母から娘へと幾代にも伝えられた手づくりの木綿文化を掘り起し、近代の木綿の盛衰を描く。増補版　四六判336頁 '00

94 合せもの　増川宏一
「合せる」には古来、一致させるの他に、競う、闘う、比べる等の意味があった。貝合せや絵合せ等の遊戯・賭博を中心に、広範な人間の営みを「合せる」行為に辿る。四六判300頁 '00

95 野良着（のらぎ）　福井貞子
明治初期から昭和四〇年までの野良着を収集・分類・整理し、それらの用途と年代、形態、材質、重量、呼称などを精査して、働く庶民の創意にみちた生活史を描く。四六判292頁 '00

96 食具（しょくぐ）　山内昶
東西の食文化に関する資料を渉猟し、食法の違いを人間の自然に対するかかわり方の違いとして捉えつつ、食具を人間と自然をつなぐ基本的な媒介物として位置づける。四六判290頁 '00

97 鰹節（かつおぶし）　宮下章
黒潮からの贈り物・カツオの漁法から鰹節の製法や食法、商品としての流通までを歴史的に展望するとともに、沖縄やモルジブ諸島の調査をもとにそのルーツを探る。四六判382頁 '00

98 丸木舟（まるきぶね）　出口晶子
先史時代から現代の高度文明社会まで、もっとも長期にわたり使われてきた刳り舟に焦点を当て、その技術伝承を辿りつつ、森や水辺の文化の広がりと動態をえがく。四六判324頁 '01

99 梅干（うめぼし）　有岡利幸
日本人の食生活に不可欠の自然食品・梅干をつくりだした先人たちの知恵に学ぶとともに、健康増進に驚くべき薬効を発揮する、その知られざるパワーの秘密を探る。四六判300頁 '01

100 瓦（かわら）　森郁夫
仏教文化と共に中国・朝鮮から伝来し、一四〇〇年にわたり日本の建築を飾ってきた瓦をめぐって、発掘資料をもとにその製造技術、形態、文様などの変遷をたどる。四六判320頁 '01

101 植物民俗　長澤武
衣食住から子供の遊びまで、幾世代にも伝承された植物をめぐる暮らしの知恵を克明に記録し、高度経済成長期以前の農山村の豊かな生活文化を愛惜をこめて描き出す。四六判348頁 '01

102 **箸**（はし） 向井由紀子／橋本慶子

そのルーツを中国、朝鮮半島に探るとともに、日本人の食生活に不可欠の食具となり、日本文化のシンボルとされるまでに洗練された箸の文化の変遷を総合的に描く。 四六判３３４頁 '01

103 **採集** ブナ林の恵み 赤羽正春

縄文時代から今日に至る採集・狩猟民の暮らしを復元し、動物の生態系と採集生活の関連を明らかにしつつ、民俗学と考古学の両面から山に生かされた人々の姿を描く。 四六判２９８頁 '01

104 **下駄** 神のはきもの 秋田裕毅

古墳や井戸等から出土する下駄に着目し、下駄が地上と地下の他界を結ぶ聖なるはきものであったという大胆な仮説を提出、日本の神々の忘れられた側面を浮彫にする。 四六判３０４頁 '02

105 **絣**（かすり） 福井貞子

膨大な絣遺品を収集・分類し、絣産地を実地に調査して絣の技法と文様の変遷を地域別・時代別に跡づけ、明治・大正・昭和の手づくりの染織文化の盛衰を描き出す。 四六判３１０頁 '02

106 **網**（あみ） 田辺悟

漁網を中心に、網に関する基本資料を網羅して網の変遷と網をめぐる民俗を体系的に描き出し、網の文化を集成する。「網に関する小事典」「網のある博物館」を付す。 四六判３１６頁 '02

107 **蜘蛛**（くも） 斎藤慎一郎

「土蜘蛛」の呼称で畏怖される一方「クモ合戦」など子供の遊びとしても親しまれてきたクモと人間との長い交渉の歴史をその深層に遡って追究した異色のクモ文化論。 四六判３２０頁 '02

108 **襖**（ふすま） むしゃこうじ・みのる

襖の起源と変遷を建築史・絵画史の中に探りつつその用と美を浮彫にし、衝立・障子・屏風等と共に日本建築の空間構成に不可欠の建具となるまでの経緯を描き出す。 四六判２７０頁 '02

109 **漁撈伝承**（ぎょろうでんしょう） 川島秀一

漁師たちからの聞き書きをもとに、寄り物、船霊、大漁旗など、漁撈にまつわる〈もの〉の伝承を集成し、海の道によって運ばれた習俗や信仰の民俗地図を描き出す。 四六判３３４頁 '03

110 **チェス** 増川宏一

世界中に数億人の愛好者を持つチェスの起源と文化を、欧米における膨大な研究の蓄積を渉猟しつつ探り、日本への伝来の経緯から美術工芸品としてのチェスにおよぶ。 四六判２９８頁 '03

111 **海苔**（のり） 宮下章

海苔の歴史は厳しい自然とのたたかいの歴史だった――採取から養殖、加工、流通、消費に至る先人たちの苦難の歩みを史料と実地調査によって浮彫にする食物文化史。 四六判１７２頁 '03

112 **屋根** 檜皮葺と杮葺 原田多加司

屋根葺師一〇代の著者が、自らの体験と職人の本懐を語り、連綿として受け継がれてきた伝統の手わざを体系的にたどりつつ伝統技術の保存と継承の必要性を訴える。 四六判３４０頁 '03

113 **水族館** 鈴木克美

初期水族館の歩みを創始者たちの足跡を通して辿りなおし、水族館をめぐる社会の発展と風俗の変遷を描き出すとともにその未来像をさぐる初の〈日本水族館史〉の試み。 四六判２９０頁 '03

114 古着（ふるぎ）　朝岡康二

仕立てと着方、管理と保存、再生と再利用等にわたり衣生活の変容を近代の日常生活の変化として捉え直し、衣服をめぐるリサイクル文化が形成される経緯を描き出す。　四六判２９２頁 '03

115 柿渋（かきしぶ）　今井敬潤

染料・塗料をはじめ生活百般の必需品であった柿渋の伝承を記録し、文献資料をもとにその製造技術と利用の実態を明らかにして、忘れられた豊かな生活技術を見直す。　四六判２９４頁 '03

116-Ⅰ 道Ⅰ　武部健一

道の歴史を先史時代から説き起こし、古代律令制国家の要請によって駅路が設けられ、しだいに幹線道路として整えられてゆく経緯を技術史・社会史の両面からえがく。　四六判２４８頁 '03

116-Ⅱ 道Ⅱ　武部健一

中世の鎌倉街道、近世の五街道、近代の開拓道路から現代の高速道路網までを通観し、道路を拓いた人々の手によって今日の交通ネットワークが形成された歴史を語る。　四六判２８０頁 '03

117 かまど　狩野敏次

日常の煮炊きの道具であるとともに祭りと信仰に重要な位置を占めてきたカマドをめぐる忘れられた伝承を掘り起こし、民俗空間の壮大なコスモロジーを浮彫りにする。　四六判２９２頁 '04

118-Ⅰ 里山Ⅰ　有岡利幸

縄文時代から近世までの里山の変遷を人々の暮らしと植生の変化の両面から跡づけ、その源流を記紀万葉に描かれた里山の景観や大和・三輪山の古記録・伝承等に探る。　四六判２７６頁 '04

118-Ⅱ 里山Ⅱ　有岡利幸

明治の地租改正による山林の混乱、相次ぐ戦争による山野の荒廃、エネルギー革命、高度成長による大規模開発など、近代化の荒波に翻弄される里山の見直しを説く。　四六判２７４頁 '04

119 有用植物　菅　洋

人間生活に不可欠のものとして利用されてきた身近な植物たちの来歴と栽培・育種・品種改良・伝播の経緯を平易に語り、植物と共に歩んだ文明の足跡を浮彫にする。　四六判３２４頁 '04

120-Ⅰ 捕鯨Ⅰ　山下渉登

世界の海で展開された鯨と人間との格闘の歴史を振り返り、「大航海時代」の副産物として開始された捕鯨業の誕生以来四〇〇年にわたる盛衰の社会的背景をさぐる。　四六判３１４頁 '04

120-Ⅱ 捕鯨Ⅱ　山下渉登

近代捕鯨の登場により鯨資源の激減を招き、捕鯨の規制・管理のための国際条約締結に至る経緯をたどり、グローバルな課題としての自然環境問題を浮き彫りにする。　四六判３１２頁 '04

121 紅花（べにばな）　竹内淳子

栽培、加工、流通、利用の実際を現地に探訪して紅花とかかわってきた人々からの聞き書きを集成し、忘れられた〈紅花文化〉を復元しつつその豊かな味わいを見直す。　四六判３４６頁 '04

122-Ⅰ もののけⅠ　山内昶

日本の妖怪変化、未開社会の〈マナ〉、西欧の悪魔やデーモンを比較考察し、名づけ得ぬ未知の対象を指す万能のゼロ記号〈もの〉をめぐる人類文化史を跡づける博物誌。　四六判３２０頁 '04

122-II **もののけII** 山内昶
日本の鬼、古代ギリシアのダイモン、中世の異端狩り・魔女狩り等々をめぐり、自然＝カオスと文化＝コスモスの対立の中で〈野生の思考〉が果たしてきた役割をさぐる。 四六判２８０頁 '04

123 **染織**（そめおり） 福井貞子
自らの体験と厖大な残存資料をもとに、糸づくりから織り、染めにわたる手づくりの豊かな生活文化を見直す。創意にみちた手わざのかずかずを復元する庶民生活誌。 四六判２９４頁 '05

124-I **動物民俗I** 長澤武
神として崇められたクマやシカをはじめ、人間にとって不可欠の鳥獣や魚、さらには人間を脅かす動物など、多種多様な動物たちと交流してきた人々の暮らしの民俗誌。 四六判２６４頁 '05

124-II **動物民俗II** 長澤武
動物の捕獲法をめぐる各地の伝承を紹介するとともに、全国で語り継がれてきた多彩な動物民話・昔話を渉猟し、暮らしの中で培われた動物フォークロアの世界を描く。 四六判２６６頁 '05

125 **粉**（こな） 三輪茂雄
粉体の研究をライフワークとする著者が、粉食の発見からナノテクノロジーまで、人類文明の歩みを〈粉〉の視点から捉え直した壮大なスケールの〈文明の粉体史観〉 四六判３０２頁 '05

126 **亀**（かめ） 矢野憲一
浦島伝説や「兎と亀」の昔話によって親しまれてきた亀のイメージの起源を探り、古代の亀卜の方法から、亀にまつわる信仰と迷信、鼈甲細工やスッポン料理におよぶ。 四六判３３０頁 '05

127 **カツオ漁** 川島秀一
一本釣り、カツオ漁場、船上の生活、船霊信仰、祭りと禁忌など、カツオ漁にまつわる漁師たちの伝承を集成し、黒潮に沿って伝えられた漁民たちの文化を掘り起こす。 四六判３７０頁 '05

128 **裂織**（さきおり） 佐藤利夫
木綿の風合いと強靭さを生かした裂織の技と美をすぐれたリサイクル文化として見なおす。東西文化の中継地・佐渡の古老たちからの聞書をもとに歴史と民俗をえがく。 四六判３０８頁 '05

129 **イチョウ** 今野敏雄
「生きた化石」として珍重されてきたイチョウの生い立ちと人々の生活文化とのかかわりの歴史をたどり、この最古の樹木に秘められたパワーを最新の中国文献にさぐる。 四六判３１２頁〔品　切〕 '05

130 **広告** 八巻俊雄
のれん、看板、引札からインターネット広告までを通観し、いつの時代にも広告が人々の暮らしと密接にかかわって独自の文化を形成してきた経緯を描く広告の文化史。 四六判２７６頁 '06

131-I **漆**（うるし）**I** 四柳嘉章
全国各地で発掘された考古資料を対象に科学的解析を行ない、縄文時代から現代に至る漆の技術と文化を跡づける試み。漆が日本人の生活と精神に与えた影響を探る。 四六判２７４頁 '06

131-II **漆**（うるし）**II** 四柳嘉章
遺跡や寺院等に遺る漆器を分析し体系づけるとともに、絵巻物や文学作品の考証を通じて、職人や産地の形成、漆工芸の地場産業としての発展の経緯などを考察する。 四六判２１６頁 '06

132 **まな板** 石村眞一
日本、アジア、ヨーロッパ各地のフィールド調査と考古・文献・絵画・写真資料をもとにまな板の素材・構造・使用法を分類し、多様な食文化とのかかわりをさぐる。 四六判372頁 '06

133-I **鮭・鱒**（さけ・ます）I 赤羽正春
鮭・鱒をめぐる民俗研究の前史から現在までを概観するとともに、原初的な漁法から商業的漁法にわたる多彩な漁法と用具、漁場と社会組織の関係などを明らかにする。 四六判292頁 '06

133-II **鮭・鱒**（さけ・ます）II 赤羽正春
鮭漁をめぐる行事、鮭捕り衆の生活等を聞き取りによって再現し、人工孵化事業の発展とそれを担った先人たちの業績を明らかにするとともに、鮭・鱒の料理におよぶ。 四六判352頁 '06

134 **遊戯** その歴史と研究の歩み 増川宏一
古代から現代まで、日本と世界の遊戯の歴史を概説し、内外の研究者との交流の中で得られた最新の知見をもとに、研究の出発点と目的を論じ、現状と未来を展望する。 四六判296頁 '06

135 **石干見**（いしひみ） 田和正孝編
沿岸部に石垣を築き、潮汐作用を利用して漁獲する原初的漁法を日・韓・台に残る遺構と伝承の調査・分析をもとに復元し、東アジアの伝統的漁撈文化を浮彫りにする。 四六判332頁 '07

136 **看板** 岩井宏實
江戸時代から明治・大正・昭和初期までの看板の歴史を生活文化史の視点から考察し、多種多様な生業の起源と変遷を多数の図版をもとに紹介する〈図説商売往来〉。 四六判266頁 '07